KB095449

———————— 님의 소중한 미래를 위해

이 책을 드립니다.

수익률을 2배 올려주는

부동산
절세 비법

부 동 산 세 금,아는 만큼 돈이다

수익률을 2배 올려주는
부동산 절세 비법

주용철 지음

메이트북스

메이트북스 우리는 책이 독자를 위한 것임을 잊지 않는다.
우리는 독자의 꿈을 사랑하고,
그 꿈이 실현될 수 있는 도구를 세상에 내놓는다.

수익률을 2배 올려주는 부동산 절세 비법

초판 1쇄 발행 2019년 4월 11일 | **지은이** 주용철
펴낸곳 ㈜원앤원콘텐츠그룹 | **펴낸이** 강현규 · 정영훈
책임편집 김슬미 | **편집** 김하나 · 안미성 · 이수민 · 최유진
디자인 최정아 | **마케팅** 한성호 · 김윤성 | **홍보** 이선미 · 정채훈 · 정선호
등록번호 제301-2006-001호 | **등록일자** 2013년 5월 24일
주소 04778 서울시 성동구 뚝섬로1길 25 서울숲 한라에코밸리 303호 | **전화** (02)2234-7117
팩스 (02)2234-1086 | **홈페이지** www.matebooks.co.kr | **이메일** khg0109@hanmail.net
값 17,000원 | **ISBN** 979-11-6002-222-3 03320

이 도서의 국립중앙도서관 출판시도서목록(CIP)은 e-CIP홈페이지(http://www.nl.go.kr/ecip)에서
이용하실 수 있습니다.(CIP제어번호 : CIP2019008145)

많은 사람들이 부자가 되기를 원한다,
그러나 대부분의 사람들은 원하기만 하지,
부자가 되려고 노력하지 않는다.

• 짐 로저스(세계적인 투자자) •

부동산투자의 관건은
이제 절세가 되었다!

　평균수명이 길어지고 고령화 사회로 진입하면서 은퇴 이후의 생활에 대비해야 할 필요성이 점차 강조되고 있다. 은퇴 이후의 소득원천은 국가에서 받는 공적연금과 일반보험사에서 수령하는 사적연금, 부동산 임대료, 보유한 자산의 처분 등이 주된 현금수입원이 된다. 특히 부동산은 임대수익을 통한 안정적인 노후수익과 가치상승으로 인한 시세차익을 동시에 노릴 수 있는 투자 상품으로 언제나 관심의 대상이 된다.

　부동산이 트렌드라면 부동산의 수익률에 영향을 미치는 요인을 알아보자. 우선은 저금리다. 최근의 저금리는 임대료가 과거와 유사한 시세를 유지할 때 부동산의 가격을 올리는 중요한 원인이 되었다. 과거 고금리에서 경험했었던, 임대료로 이자가 충당되지 않았던 기억은 이제 존재하지 않는다. 저금리로 고액자산가는 더욱 낮은 이자율을 적용받게 되었고, 시가 대비 3~5%에 불과한 임대수익에서도 이자를 내고 남은 돈이 있을 정도로 이자율은 계속 하락해 왔다. 이는 결국 부동산 가격의 폭등을 가져왔다.

두 번째로는 세금이다. 부동산의 취득 · 보유 · 처분 과정에 관련된 세금을 이해하지 않고서는 제대로 된 투자를 하는 것은 힘들다. 부동산을 처분하고 세금을 내고 나면 처분한 부동산과 유사한 부동산을 취득하는 것은 불가능하다. 특히 다주택자에 대한 중과세로 인해서 그러한 현상은 최근 두드러지게 나타난다. 또한 자녀들에게 보유하던 아파트라도 증여하고 나면 거액의 증여세로 인하여 가족 전체의 현금 유동성은 쉽게 고갈된다. 최근에는 아파트 담보대출이 사실상 막혀있는 상태이므로 증여세를 납부를 위해 보유한 부동산을 급매로 처분해야할 위험까지도 직면하게 된다. 이렇게 부동산의 처분 과정에 발생하는 거액의 세금은 부동산을 매각하는 것보다는 보유하도록 강제하고 있다.

부동산과 관련된 세금은 크게 취득 관련 세금, 보유 관련 세금, 그리고 처분 관련 세금으로 나누어진다. 취득 관련 세금은 취득세가 대표적이고, 보유 관련 세금은 재산세와 종합부동산세가 있다. 처분과 관련된 세금은 양도소득세·증여세·상속세로 정리될 수 있다. 증여세와 상속세의 경우 처분은 아니지만 무상으로 다른 사람에게 명의가 변경된다는 점에서 처분으로 분류했다. 이러한 취득·보유·처분과 관련된 세금들은 각각 별개의 세금이다. 하지만 이를 완전히 구분된 별도의 세금으로 이해하게 될 경우 잘못된 결정을 하게 된다. 이 3가지 유형의 세금은 각 유기적 연관성을 가지고 있다.

이 책에서 특히 말하고 싶은 부분이 그 유기적인 관련성이다. 상속세와 양도소득세를 보자. 무슨 관계가 있을까 싶지만, 상속받은 부동산의 상속세법상 평가액이 나중에 그 부동산을 양도할 때는 취득원가가 된다. 따라서 상속세만을 줄이기 위해서 부동산을 평가하게 될 경우 향후 커다란 양도소득세 폭탄을 맞게 된다.

증여세와 상속세는 또 어떤 관계일까? 상속 개시일 전 10년 이내의 증여재산은 상속재산에 합산한다. 다만 증여 당시의 평가액으로 합산된다. 즉 증여를 언제 하느냐에 따라 상속재산에 합산되지 않을 수도 있고, 시세가 저평가되었을 때 증여해서 전체적인 상속재산의 평가액을 낮출 수도 있게 되는 것이다.

증여세와 양도소득세의 관계도 알아보자. 기본적으로는 상속세와 유사하다. 즉 증여받은 부동산의 평가액이 향후 이 부동산을 양도할 때 취득원가가 된다. 다만 증여가 배우자나 직계존비속 간에 일어난 경우, 그리고 기타의 친족들에게 이루어진 경우 각각의 법 적용이 달라지게 된다. 이러한 법 적용은 그 활용도에 따라서 거액의 절세를 가능하게 한다. 따라서 고가의 부동산을 양도할 때는 증여를 할 좋은 기회라고 생각해도 무방하다.

사람들은 통상 부동산을 취득하거나 양도할 때만 일시적으로 부동산과 관련된 세금에 관심을 기울인다. 경우에 따라서는 평생 세금과는 관련없는 삶을 살기도 한다. 하지만 한 번의 잘못된 선택으로 어떤 사람은 거액의 세금을 부담하기도 하고, 어떤 사람은 슬기롭게 피해가기도 한다.

부동산과 관련된 세금은 어렵다. 또 매년 바뀐다. 그렇다고 포기할 수는 없다. 독자는 서두에 설명한 것처럼 이 책을 통해서 각 세금과의 연관성을 이해하는 데 주력했으면 한다. 목차에 있는 사례 등을 참고해 독자 본인의 경우와 비교하면 어느 정도 방향성을 잡을 수 있을 것이다.

끝으로 이 책이 출판되기까지 아낌없는 성원을 보내준 사랑하는 아내 현주와 딸 현빈, 그리고 기획과 편집에 정성을 기울여준 메이트북스에 감사드린다.

주용철

차 례

1장
부동산을 취득할 때 꼭 알아야 할 절세 비법

2장
부동산을 보유할 때 꼭 알아야 할 절세 비법

3장
부동산을 양도할 때 꼭 알아야 할 절세 비법

5장
부동산을 양도할 때 꼭 알아야 할 양도소득세 절세 비법

6장
부동산을 증여할 때 꼭 알아야 할 절세 비법

부동산과 관련된 세금은

크게 취득 관련 세금, 보유 관련 세금

그리고 처분 관련 세금으로 나누어진다.

『수익률을 2배 올려주는
부동산 절세 비법』
저자 심층 인터뷰

Q. 『수익률을 2배 올려주는 부동산 절세 비법』을 소개해주시고, 이 책을 통해 독
자들에게 전하고 싶은 메시지는 무엇인지 말씀해주세요.

A. 제가 세무사 생활을 한 지 벌써 20년이 가까워지고 있습니다. 그동
안 부동산과 관련된 세금을 주로 다루면서 많은 사람과 상담을 하
다 보니, 재미있는 사례들을 많이 경험할 수 있었습니다. 이 책은 주
로 그동안 제가 겪었던 이런저런 사례들을 중심으로 구성했습니다.
매년 세법이 바뀌어도 그 큰 맥락은 유지되고 있기 때문입니다. 그
러니 독자분들도 이 책을 통해서 부동산 세금을 간접적으로 체험하
시고, 장기적인 부동산투자에 활용하시면 좋을 듯합니다.

Q. 독자들이 이 책을 어떻게 활용하면 좋은지 설명 부탁드립니다.

A. 이 책은 크게 부동산을 취득하고 보유해서 소득을 얻다가 처분하는 단계까지의 세금을 다루고 있습니다. 독자분들도 본인의 관심 있는 단계를 먼저 선택하시고, 해당 단계에서 세부적인 사례를 찾아보시면 될 듯합니다.

예를 들어 집을 파는 경우 양도가 되겠지요. 그럼 양도편의 사례를 통해 본인의 집이 비과세가 될 수 있는지 확인해보면 됩니다. 만약 현재 비과세가 아니라 어떻게 비과세를 받을 수 있을지, 또 어떻게 하면 세금을 줄일 수 있는지 사례를 통해서 확인하면 됩니다.

Q. 이 책이 다른 유사 도서와의 차이점이 있다면 어떤 것이 있을까요?

A. 글쎄요, 제가 볼 때는 기존의 책들과 크게 차이가 나지 않는 것 같아요. 세금이라는 것이 항상 바뀌고, 재미없는 내용으로 가득 차 있는데, 이런 내용을 아무리 잘 구성해서 책으로 옮겼다고 해도 크게 차이는 없을 것 같습니다.

그래도 다른 책과 차이가 있다면 기존에는 잘 다루지 않았던 재건축·재개발 조합원의 세금을 보강했어요. 최근에 재건축·재개발 단지가 성공적으로 분양이 되고, 이것이 전체적인 부동산의 경기에도 큰 영향을 주고 있거든요. 아무래도 관심이 있는 분야고 일반적인 부동산 세금과도 차이나는 부분이 많아서 다루게 되었어요.

Q. 세금을 잘 모르면 부동산에 투자하지 말라고 강하게 말씀하셨는데요, 어떤 의미인지 자세한 설명 부탁드립니다.

A. 부동산에 투자할 때 가장 걱정하는 부분이 세전의 이익을 가지고 수익률을 산정하는 방식입니다. 예를 들어 빌라를 지어서 팔면서, 땅값하고 공사비만 빼고 수익률을 계산하는 거지요. 이 경우 세금은 누구의 명의로 사업을 진행하는지, 임대를 목적으로 했다가 양도하는 것인지, 단순히 매매만을 목적으로 하는지 등 다양한 조건에 따라서 크게 차이가 발생합니다.

그런데도 세금은 생각하지도 않고 다른 곳에 사업이익을 모두 소진한 상태라고 하면, 갑자기 신용불량으로 전락하는 사태가 발생하게 됩니다. 부동산과 관련된 세금은 미리 사전에 계획하고 접근할 경우와 그냥 대책 없이 부딪히는 경우, 그 차이가 수십배 이상 날 수도 있습니다. 그런데 아직까지도 별 생각없이 접근하시는 분들이 적지는 않은 것 같아서 걱정입니다.

Q. 부동산과 관련된 세금은 어떤 것이 있는지 자세한 설명 부탁드립니다.

A. 우선 취득할 때 내는 세금으로 취득세가 있습니다. 보유할 때 내는 세금으로는 재산세, 종합부동산세 그리고 임대소득에 대한 종합 소득세가 있어요. 그리고 처분할 때 내는 세금으로 양도소득세, 상속세, 그리고 증여세가 있습니다.

많은 분이 상속세와 증여세를 헷갈려합니다. 예를 들어 아버지가 살아생전에 재산을 주면 증여가 되는 것이고, 아버지가 돌아가셨을 때 재산을 물려받게 되면 상속입니다. 증여는 받는 사람이 세금을 내야 하고, 상속은 돌아가신 분의 재산으로 세금을 내야 합니다. 상속세와 증여세는 이러한 차이가 있습니다.

Q. 상속세와 양도소득세는 어떤 유기적 연관성이 있나요?

A. 상속세는 누군가의 사망을 통해서 그 분이 살아생전에 벌었던 소득을 정산하는 개념의 세금입니다. 그렇지만 상속인의 입장에서는 돌아가신 분이 남겨놓은 재산을 새롭게 본인의 명의로 취득하게 되는 거지요. 따라서 취득세도 다시 내야 하고, 그 재산을 보유하면서 재산세나 종부세 등의 보유세를 본인의 명의로 납부해야 합니다.

또한 이 부동산을 나중에 양도할 경우 상속받았을 때의 재산평가액이 취득가액으로 계산되기 때문에 둘 사이의 관계는 끝과 또 다른 시작으로 볼 수 있는 것이지요.

Q. 증여세와 상속세는 어떤 유기적 연관성이 있나요?

A. 증여자가 살아 있을 때 증여를 하게 되면 궁극적으로 상속을 통해서 물려줄 재산이 줄어드는 효과가 발생하게 됩니다. 그리고 이 과정을 통해서 일정 부분의 세금이 줄어들기도 하고요.

세법에서는 과도한 세부담 감소를 예방하기 위해서 10년이라는 기간 제한을 두고 있습니다. 10년 동안 증여한 재산은 합산해 과세하고, 역시 증여 후 10년 이내에 상속이 이루어진 경우 상속재산에 증여재산을 합산하도록 하고 있는 것이지요.

그런데 이러한 제한규정을 역으로 이용하게 되면 상당한 절세가 가능하다는 사실이 그동안의 사례를 통해서 입증되고 있습니다.

Q. 증여세와 양도소득세는 어떤 유기적 연관성이 있나요?

A. 상속세와 양도소득세의 관계와 유사한데요, 증여한 재산의 평가액이 향후 그 부동산을 양도할 때 취득가액이 됩니다. 그런데 특이한 점은 증여한 재산의 평가방법이 부동산의 종류별로 달라질 수 있다는 것입니다. 또 증여 이후 일정 기간 내에 양도가 이루어진 경우 부모와 자식 간의 증여인지, 배우자 간의 증여인지 아니면 기타 친족 간의 증여인지에 따라서 수증자가 내야 하는 양도 소득세 산정방식이 달라집니다. 이 부분을 잘 이용하면 역시 재미있는 절세방안이 탄생하게 됩니다.

Q. 부동산 세금 공부를 하는 효과적인 방법이 있다면 소개 부탁드립니다.

A. 지금까지 공부를 할 때 가장 재미있었을 때가 언제인지 생각하시면 됩니다. 언제가 재미있으셨나요? 실생활에서 나하고 직접 부딪히는 공부가 제일 재미있지 않으셨나요? 예를 들어 연말정산을 공부해서 몇 십만 원의 세금을 줄였을 때 큰 희열을 느끼게 되지요. 이처럼 부동산 세금도 본인의 사례와 직접 접목되었을 때 재미있어집니다.

집을 살 예정이라면 언제 사는 것이 좋은지, 또 어떻게 운영하는 것이 좋은지, 나중에 어떻게 수익을 내고 처분하는 것이 좋은지, 그때마다 발생하는 세금은 어떻게 절세할 것인지 등을 궁리하다 보면 어느새 세금 전문가가 되어 있는 본인의 모습을 발견할 수 있을 것입니다.

Q. 부동산 세금은 아무리 공부를 해도 불안함을 떨칠 수 없는데요, 개인 공부 외에 전문가의 도움을 어떻게 받는 것이 좋은가요?

A. 명백한 비과세가 아니라면, 또 전혀 세금이 발생하지 않는 상황이라면, 전문가가 굳이 필요하지 않겠지요. 세법이 정책적인 분위기를 반영하다 보니 논리와 어긋나는 규정, 그리고 기존에는 혜택을 주다가 나중에는 내용이 바뀌는 사례가 종종 발견됩니다. 따라서 과거의 사례만으로 중요한 의사결정을 할 경우 타격이 매우 클 수도 있습니다. 본인이 세금 공부를 열심히 해서 어느 정도의 실력을 갖춘 상황일수록 사전검증은 반드시 필요합니다. 또 그런 분들이 저한테 질문할 때 저도 좀더 긴장해서 검토하게 되고 그러다 보면 나은 대안이 결과물로 나오기도 합니다.

1. 네이버 검색창 옆의 카메라 모양 아이콘을 누르세요.
2. 스마트렌즈를 통해 이 QR코드를 스캔하면 됩니다.
3. 팝업창을 누르면 이 책의 소개 동영상이 나옵니다.

부동산은 취득·보유·양도·상속·증여 등 각 단계별로 세금 문제가 발생한다. 그 중 부동산 취득과 관련된 세금 문제는 부동산 절세 전략의 출발점이라 할 수 있다. 누구 명의로 살 것인지, 언제 살 것인지, 공동명의가 유리한지 아니면 단독명의가 유리한지, 자녀 명의로 취득해도 되는지 등 '어떻게 취득할지'에 대한 문제는 매우 중요한 사항이다. 취득세 및 등록세 문제는 물론 향후 보유와 양도 단계에서 발생하는 세금에까지 영향을 미친다. 물론 상속세 및 증여세도 '어떻게 취득'의 영향에서 자유롭지 못하다. 1장에서는 이에 대한 명쾌한 해답을 제시하고자 한다.

1장

부동산을 취득할 때
꼭 알아야 할
절세 비법

서민주택과 임대주택을 취득하면서 취득세 100% 절세하기

서민주택을 구입시 취득세를 100% 감면받는 방법이 있으며,
신규 분양하는 임대용 공동주택은 취득세를 최고 100%까지 면제받을 수 있다.

무주택의 설움을 온몸으로 느끼며 절치부심한 차정열 씨. 그는 아파트를 사고자 했으나, 지금 형편상 부득이하게 지하철역 인근에서 분양하는 원룸을 구입하기로 했다. 그동안 월세를 전전하면서 살아온 세월을 되새기면서 새로운 집에 입주할 생각에 비록 작은 집이지만 마음은 뿌듯했다. 미분양 상태라서 바로 입주할 수 있어 더욱 기분이 좋아진 정열 씨는 우선 입주할 때 들어가는 세금이 얼마나 되는지 알아보기 위해 법무사를 찾았다. 법무사는 입주 평형과 분양가 등을 물어보더니 "12평형이고 분양가가 9천만 원이니까 1.1%의 세율이 적용되어 99만 원이 되겠네요"라고 했다.

서민주택을 구입해 1가구 1주택이 되는 경우에는 취득세를 감면해준다. 또한 임대 목적으로 일정 규모 이하의 신규 분양아파트 내지 오피스텔을 취득하는 경우 역시 취득세를 감면받을 수 있다.

서민주택에 대한 감면은 생계가 어려운 서민의 주택 구입을 지원하고, 임대주택 지원은 임대주택의 신규 공급을 촉진하기 위해 임대사업자를 지원하는 제도다.

서민주택을 취득하면
취득세가 면제

2021년 12월 31일까지 서민주택을 취득할 경우 취득세를 100% 면제받는다. 종전에는 주택 공급을 확대하기 위해서 신규 분양분에 대해서만 취득세를 면제했으나, 지금은 기존 주택에 대해서도 혜택을 준다. 요건은 다음과 같다.

첫째, 서민주택을 취득해 2주택이 되면 안 된다. 감면 혜택은 소시민을 대상으로 하기 때문에 여러 채의 주택을 가지고 있는 사람은 해당되지 않는다.

한편 그 주택으로 이사를 가기 위해 기존의 주택을 팔려고 했으나 팔리지 않는 경우에는 부득이하게 1가구 2주택이 될 수 있다. 이때는 주택을 취득한 날(통상 잔금 청산일)로부터 60일 이내에 종전의 주택을 매각(증여는 제외)하면 감면 혜택을 받을 수 있다. 즉 두 달간의 유예 기간을 주는 셈이다.

2주택 보유 여부는 1가구를 기준으로 한다. 이때 1가구에 대한 판단은 주민등록등본에 기초하며, 세대주의 배우자와 미혼인 30세 미만의 직계비속은 동일한 세대별 주민등록등본에 있지 않더라도 동일한 가구에 속한다고 본다. 즉 감면을 받기 위해 이미 다른 주택을 소유하고 있는 배우자 또는 자녀를 주민등록상 분가시켜도 감면 혜택은 주지 않는다. 또한 30세 미만의 자녀는 결혼을 하지 않는 한 소득이 있더라도 분리 세대로 인정받지 못한다는 점에 유의해야 한다.

하지만 65세 이상의 직계존속, 65세 이상은 아니지만 국가유공자 또는 장애인인 직계존속을 부양하는 호주 승계인은 비록 주민등록이 부모와 함께 되어 있어도 세대가 분리된 것으로 본다. 예를 들어 1채의 집을 보유한 65세의 아버지를 호주 승계인인 아들이 부양한다면 주민등록이 같이 되어 있어도 취득세를 감면받을 수 있다.

둘째, 전용면적이 40m^2(12평, 분양면적 기준으로는 18평형 내지 20평형 정도) 이하이고, 취득가격이 1억 원에 미달해야 한다.

셋째, 취득 후 3개월 이내에 전입하고 2년 이상 계속해서 거주해야 한다.

신축 임대주택을 취득하면 취득세가 면제

공동주택을 취득해 임대사업을 할 경우 취득세를 최대 100% 면제받는다. 요건은 다음과 같다.

첫째, 분양할 목적으로 건축한 공동주택 또는 오피스텔을 최초로 분양받아야 한다. 따라서 기존의 아파트 등을 취득하는 경우에는 감면 대상에 포함되지 않는다. 한편 분양권을 취득하는 경우 최초 분양받는 것으로 인정할지에 대해 다툼이 있었으나 유권해석상 감면 혜택을 주고 있다.

둘째, 주택 중에서도 공동주택(아파트·연립주택·다세대주택)이거나,

주거용 오피스텔이어야 한다. 즉 단독주택(다가구주택 포함)의 경우 감면 대상에서 제외한다.

셋째, 전용면적이 60㎡(18평, 분양면적으로 24평형 내지 26평형) 이하여야 한다.

넷째, 잔금 전까지 '민간 임대주택에 관한 특별법'에 의한 임대사업자 등록을 해야 하고, 동법에 의한 임대 의무 기간을 준수해야 한다. 위배시 감면 세금을 추징당하게 된다.

임대주택에 대한 감면은 서민주택과 다르게 가격에 대한 제한이 없다. 2016년 강남권 아파트의 분양가를 기준으로 감면액을 산정해보면 분양가가 7억 원인 경우 세율이 2.2%가 적용되고, 감면이 없는 경우 1,540만 원의 취득세가 산정된다. 만약 해당 주택을 임대사업자로 등록할 경우 거액의 취득세를 절세할 수 있다. 다만 2015년부터 취득세 감면액이 200만 원을 초과하면 감면액의 15%를 부담해야 하는 최소납부세제가 도입되어, 실질 감면액은 85%로 봐야 한다.

1분 절세 칼럼 ●●● 차정열 씨가 부모님과 함께 주민등록이 되어 있다면 세대를 분리할 수 있는지 살펴보아야 한다. 정열 씨가 30세 이상이거나 결혼을 했다면 세대 분리로 취득세를 감면받을 수 있기 때문이다. 다만 잔금 청산일 이전까지 세대 분리가 이루어져야 감면 혜택을 받을 수 있다. 특히 지방에 계시는 부모님의 의료보험 때문에 주민등록을 위장전입했을 경우, 부동산 취득시 감면 혜택을 못 받을 수도 있으니 각별한 주의를 요한다.

주택을 살 때는 1~3%의
취득 관련 세금을 내야 한다

부동산을 취득시 취득세 · 인지세 등을 내야 한다.
주택은 최대 3.5%, 주택 이외의 부동산은 4.6%의 취득세를 내야 한다.

차정열 씨 옆에 서 있던 조성우 씨는 차정열 씨가 빌라를 사면서 취득세를 면제받는 것을 보고 부러움을 금치 못했다. 조성우 씨는 2억 원의 돈으로 상가를 살지, 주택을 살지 고민중이었다. 얼마 전 시골에 임야를 취득할 때도 4.6%라는 높은 비율의 취득세를 냈기 때문에 취득세를 줄일 수 있는 방법이 없는지 찾는 중이다.

부동산을 취득하는 가장 일반적인 방법은 매매다. 즉 돈을 주고 부동산을 사는 것이다. 부모한테서 무상으로 증여받거나 부모의 사망으로 받는 상속도 취득의 한 유형이다. 건물을 신축하기도 하고, 가지고 있는 서로의 부동산을 교환해 타인의 부동산을 취득할 수도 있다. 또 바다를 메워서 지도상에 없었던 땅을 취득하는 방식도 있다. 다만 취득세는 취득 방식에 따라 과세표준의 산정과 세율을 다르게 적용하므로 부동산을 어떻게 취득했느냐가 매우 중요하다.

주택 취득시 최저 1.1%,
그 외의 부동산 취득시 4.6%

부동산을 취득하면 지방세인 취득세를 납부해야 한다. 또한 세트처럼 과세되는 세금도 있다. (종전)취득세에는 농어촌특별세가, (종전)등록세에는 지방교육세가 추가로 과세되는데 농어촌특별세는 (종전)취득세액의 10%(감면받는 경우에는 감면받는 취득세액과 등록세액의 20%)가 과세된다. 지방교육세에는 (종전)등록세액의 20%가 추가 과세된다.

이들 세금은 정해진 시기까지 신고·납부해야 하며, 신고 기한을 넘기는 경우 가산세(신고를 하지 않을 경우 납부할 세금의 20%, 납부를 하지 않을 경우 연 10.25%)가 부과된다. 취득세의 경우 취득한 날로부터 60일 이내에 해당 시·군·구에 신고·납부해야 하고, 등기 신청시에는 관련 영수증을 첨부해야 한다.

취득세의 과세표준을 산정할 때 기준이 되는 금액은 실거래가 신고 등을 통해 구청에서 검인받은 금액이다. 다만 그 금액이 시가표준액에 미달하는 경우에는 시가표준액을 과세표준액으로 한다. 시가표준액은 흔히 '공시가액'이라고 하는데, 토지는 개별공시지가를, 주택은 개별주택가액이나 공동주택가액 등을 의미한다.

그런데 신고된 가액이 시가표준액보다 더 적어도 과세표준액으로 인정되는 사례가 있다. 법원에서 공·경매를 통해 취득하거나 법인으로부터 취득하는 경우 등이다. 한편 상속이나 증여의 경우에는

| 표 1-1 | 취득 형태별 취득세율

구분(취득유형)			취득세	농특세 (종전취 득세액의 10%)	지방교육 세(종전등 록세액의 20%)	합계세율
일반매매(농지·주택 제외)			4.0%	0.20%	0.40%	4.60%
농지매매			3.0%	0.20%	0.20%	3.40%
주택매매	6억 원 이하	85㎡ 이하	1.0%	–	0.10%	1.10%
		85㎡ 초과	1.0%	0.20%	0.20%	1.30%
	6억 원 초과 9억 원 이하	85㎡ 이하	2.0%	–	0.20%	2.20%
		85㎡ 초과	2.0%	0.20%	0.20%	2.40%
	9억 원 초과	85㎡ 이하	3.0%	–	0.30%	3.30%
		85㎡ 초과	3.0%	0.20%	0.30%	3.50%
부동산 신축		일반	2.8%	0.20%	0.16%	3.16%
		85㎡ 이하 주택	2.8%	–	0.16%	2.96%
부동산 상속		농지	2.3%	0.20%	0.06%	2.56%
		농지 외	2.8%	0.20%	0.16%	3.16%
부동산 증여			3.5%	0.20%	0.30%	4.00%

별도의 실거래가액이 없기 때문에 시가표준액이 과세표준이 된다. [표 1-1]에서 확인할 수 있듯이 현행 세율은 주택과 농지 취득에 대해 혜택을 주고 있으며, 상속이나 증여처럼 무상으로 취득하는 경우에도 어느 정도 배려하고 있다.

　그 밖에 계약서 등 증서를 작성시 부담하는 인지세가 있다. 인지세는 별도로 납부할 필요 없이 은행에서 해당 금액만큼 인지를 사서 계약증서 등에 첨부하고, 인장(印章) 또는 서명으로 소인하는 형

| 표 1-2 | 증서의 기재금액에 따라 부과되는 인지세액 현황

기재금액	인지세액
1천만 원 초과 3천만 원 이하	2만 원
3천만 원 초과 5천만 원 이하	2만 원
5천만 원 초과 1억 원 이하	7만 원
1억 원 초과 10억 원 이하	15만 원
10억 원 초과	35만 원

태로 납세가 이루어진다. 이때 기재하는 금액은 매매계약의 경우 매매금액이 되고, 증여계약의 경우 증여금액이 된다. 다만 주택의 거래금액이 1억 원 이하일 때는 인지세를 비과세해주고 있다.

1분 절세 칼럼 ●●● 매매로 주택을 취득하는 경우, 거래세부담을 완화시키기 위해 거래가액별로 일반 세율보다 현저히 낮은 세율을 적용하고 있다. 결국 다른 부동산보다 주택을 매입하는 것이 우대 혜택을 받는 셈이다. 매매가 아닌 증여 등으로 주택을 취득하는 경우 1~3%의 세율이 아닌 4%대의 세율이 적용되므로 오히려 불리하다. 단지 시세가 아닌 시가표준액을 과세표준으로 하기 때문에 증여 등으로 인한 취득세부담은 매매와 유사할 수 있다.

부동산을 취득할 때는
소득원을 만들어놓아야 한다

부동산을 취득할 때는 나이와 결혼 여부를 고려해야 하며,
자금출처를 쉽게 입증하려면 부부 공동명의로 취득하는 것이 유리하다.

조성우 씨는 이미 집이 1채가 있지만, 새로 취득하는 주택에 대해 2.2%의 세율로 취득세를 낼 수 있다는 말에 기분이 살짝 좋아졌다. 매매계약을 체결하고 계약금도 지불하고 나니 공인중개사가 60일 내에 주택 거래신고를 해야 한다고 알려주었다. 또한 현재 취득한 주택가격이 3억 원 이상이기 때문에 자금조달계획서도 제출해야 한다고 한다. 그 말을 들은 성우 씨는 무언가 알 수 없는 불안감에 사로잡혔다.

8·2 주택시장 안정화 대책 일환으로 투기과열지구 소재 3억 원 이상 주택거래시 자금조달 및 입주 계획(이하 '자금조달계획서') 제출이 의무화되었다. 따라서 2018년 말 기준 서울, 세종, 경기 과천, 대구 수성, 성남 분당, 광명, 하남 주택거래(분양·입주권 공급·전매계약 포함) 중 매매계약서상의 금액이 3억 원 이상인 경우 부동산 거래신고 외에 별도의 자금조달계획서를 의무적으로 제출해야 한다.

부동산 거래신고,
기준부터 알아두자

부동산 또는 부동산을 취득할 권리를 매매한 경우 계약일부터 60일 이내에 부동산 거래신고를 해야 한다. 종전에는 부동산만을 대상으로 했으나, 분양권(소규모 사업장의 분양권은 제외)도 거래신고 대상에 추가되었다. 거래신고 대상 분양권은 [표 1-3]과 같다.

즉 아파트와 단독주택을 1개 사업부지에서 30호 이상 분양할 경우 해당 분양권의 매매에 대해서 거래신고를 해야 하고, 연립이나 빌라의 경우도 50호 이상을 분양하는 사업지에서 분양계약을 할 경우 거래신고를 해야 하는 것이다.

또한 오피스텔의 경우 대부분 30실 이상이므로 당연히 분양권 취득시 전매시 거래신고대상이 되고, 대규모 상가를 분양받는 경우도 신고대상이 된다. 특히 택지 개발지구내에서 토지를 분양받은 경우도 신고대상이므로 주의해야 할 것이다.

물론 최초 분양계약 체결시에는 분양 주체인 한국토지주택공사

| 표 1-3 | 거래신고 대상 분양권

유형	아파트 등 주택	오피스텔, 상가 등	토지(택지)
공급 (분양) 근거 법률	– 주택법 ＊ 단독 30호 이상 ＊ 공동주택 30세대 이상 ＊ 단지형 연립/다세대 50세대 　 이상 등 – 도시 및 주거환경 정비법	– 건축물의 분양에 관 　한 법률 ＊ 오피스텔 30실 이상, 　분양하는 부분의 바닥 　면적 합계 3천㎡ 이상 　등	– 택지개발촉진법 – 도시개발법 – 공공주택 특별법 – 산업입지 및 개발에 　관한 법률

등에서 신고를 하겠지만, 이를 전매하는 경우 매매 당사자에게 거래 신고의무가 주어진다.

해당 거래시 거래를 중개한 중개사가 있는 경우 해당 공인중개사가 부동산거래 신고를 해야 하고, 쌍방합의에 의한 거래에 대해서는 거래당사자가 신고의무를 갖게 된다.

통상 이 경우 법무사측에서 거래신고를 대행한다. 신고할 내용은 매매계약서상의 내용과 거의 동일하다. 매도 매수측의 인적사항, 매매대금 및 그 지급시기, 거래대상부동산의 내역, 기타 특약 등이 신고사항이다.

다만 투기과열지구에 소재한 3억 원 이상의 주택 등을 취득할 때는 자금조달계획서를 추가로 함께 제출해야 한다. 해당 계획서에는 자금의 원천별로 자기 돈과 빌린 돈을 구분해 기재하도록 하고 있다.

자기 돈의 종류는 기존의 금융기관 예금액, 주식·채권의 매각대금, 부동산의 처분대금, 기존에 보유하고 있던 현금, 증여 또는 상속받은 재원이 기록된다.

기존에 보유한 현금 등의 규모가 큰 경우 국세청에서 탈세혐의가 있는 것으로 보고 추가적인 세무조사를 받을 수 있으므로 유의해야 한다.

빌린 돈은 금융기관의 대출액과 임대보증금 그리고 회사 또는 지인에게 차입한 돈을 기록하도록 되어있고, 금융기관과 임대보증금이 아닌 다른 형태의 차입금 역시 추가적인 세무조사를 각오해야 한다.

| 표 1-4 | 부동산 거래신고 인터넷 신고 절차

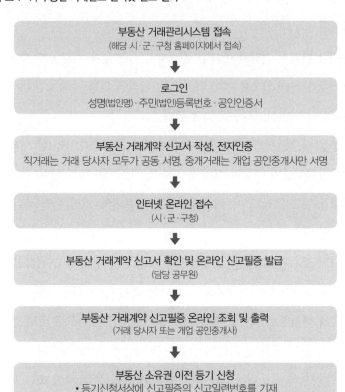

부동산 거래관리시스템 접속
(해당 시·군·구청 홈페이지에서 접속)

로그인
성명(법인명)·주민(법인)등록번호·공인인증서

부동산 거래계약 신고서 작성, 전자인증
직거래는 거래 당사자 모두가 공동 서명, 중개거래는 개업 공인중개사만 서명

인터넷 온라인 접수
(시·군·구청)

부동산 거래계약 신고서 확인 및 온라인 신고필증 발급
(담당 공무원)

부동산 거래계약 신고필증 온라인 조회 및 출력
(거래 당사자 또는 개업 공인중개사)

부동산 소유권 이전 등기 신청
• 등기신청서상에 신고필증의 신고일련번호를 기재
• 법원(등기소)에서 온라인으로 신고필증 직접 확인

＊ 출처 : 국토교통부

부동산 거래신고는 매매계약 체결일부터 60일 이내에 해야 하고, 거래신고를 받은 등록관청(부동산소재지 구청 등)은 즉시 신고필증을 발급하도록 되어있다. 신고의무자가 신고를 하지 않는 경우 300만 원 이하의 과태료가 부과되며, 허위로 신고할 경우 최대 3천만 원 이하의 과태료가 부과된다.

| 표 1-5 | 부동산 거래신고 방문신고 절차

부동산 거래계약 신고서 작성
(서명 또는 날인)

⬇

시·군·구청 방문접수

⬇

부동산 거래계약 신고서 신고 처리
(담당공무원)

⬇

신고필증 발급
(담당공무원)

⬇

부동산 등기 신청
(신고필증 첨부)

* 출처 : 국토교통부

중개사가 없는 쌍방합의 거래의 경우 관할 구청 등에 직접 방문해 거래신고를 하거나, 인터넷을 통해서 할 수 있다.

특히 국토교통부의 부동산거래관리시스템(rtms.molit.go.kr/index.do)에 접속할 경우 공인인증서만으로 구청 방문 없이 거래신고 절차를 진행할 수 있다.

자금출처조사,
이렇게 대비하자

부동산 거래신고된 부동산은 다음과 같은 절차에 따라 가격의 적정성 여부를 자동으로 판정하게 된다.

　우선 토지에 대해서는 표준지 공시지가와 개별공시지가 산정시 조사된 실제 거래 시가, 읍·면·동별 현실화율, 매월 조사하는 지가변동률 등을 종합적으로 고려해서 기준가격을 정한다. 아파트는 한국감정원의 조사가격을 활용하고, 단독·연립주택은 주택 공시가격을 현실화해서 매월 가격을 보완한다. 또한 이와 같이 산정된 기준가격에 대해서 조사시점과 실제 평가시점 간의 가격변동 역시 반영하게 된다.

| 표 1-6 | 자금출처조사 제외 대상

구분		취득재산		채무 상환	총액한도
		주택	기타 재산		
세대주인 경우	30세 이상인 자	1억 5천만 원	5천만 원	5천만 원	2억 5천만 원
	40세 이상인 자	3억 원	1억 원	5천만 원	5억 원
세대주가 아닌 경우	30세 이상인 자	7천만 원	5천만 원	5천만 원	1억 5천만 원
	40세 이상인 자	1억 5천만 원	1억 원	5천만 원	3억 원
30세 미만인 자		5천만 원	3천만 원	5천만 원	8천만 원

1) 매매·증여·상속 등으로 취득한 주택으로서 전국에 1호 이상의 주택을 임대하는 경우
2) 직접 건설해 취득한 주택으로서 특별시·광역시·도별 2호 이상의 주택을 임대하는 경우

평가결과는 '적정' '부적정' '보류(비교 기준가격이 없는 경우 등)' '판정불가(관계지번이 포함된 토지거래 등)'로 구분한다. 국세청, 시·군·구의 지방세과에 판정사유를 포함한 모든 거래정보를 통지해 과세 참고자료로 활용하게 된다. 특히 국세청에는 가격 적정성 진단결과와 거래정보를 국세청 국세전산망에 월 단위로 제공하고 있다.

국세청에서는 어떤 사람이 능력 이상의 과도한 재산을 취득했다면 그 사람에게 어떻게 마련한 돈으로 그 재산을 취득했는지 입증할 것을 요구한다. 탈세 여부를 판단하기 위해서인데, 재산을 취득한 사람의 최근 5년간 소득 상황과 재산 매매 현황 등을 전산으로 분석해 자금출처조사의 대상자를 선정한다.

조사 결과 확인된 소득에 비해 지출(부동산 구입, 신용카드 사용 등)이 과한데도 부동산 등을 추가로 취득했을 때 그 출처를 밝히지 못하는 부분에 대해서 증여세를 부과한다. 출처의 입증은 10억 원을 기준으로 한다. 취득한 재산의 금액이 10억 원 미만이라면 취득자금의 80%까지만 입증하면 되고, 10억 원 이상이면 2억 원을 제외한 나머지 취득자금을 전부 소명해야 자금출처를 입증했다고 본다.

예를 들어 취득한 재산이 8억 원인 경우에는 그 80%인 6억 4천만 원만 입증하면 되고, 취득한 재산이 20억 원이라면 2억 원을 제외한 나머지 18억 원에 대해 그 출처를 밝힐 수 있어야 한다. 하지만 실무상 나이, 세대주 여부, 직업, 재산 상태 등을 참작해 일정 금액 이하인 경우에 명백히 증여했다는 증거가 없는 한 별도의 자금출처조사를 하지 않는다.

예를 들어 30세 미만인 사람이 5천만 원 이하의 주택을 살 경우에는 자금출처조사를 면할 수 있다. 30세 이상인 사람은 세대주인 경우 1억 5천만 원까지, 세대주가 아닌 경우에는 7천만 원까지 자금출처조사 없이 집을 취득할 수 있다.

40세 이상인 사람은 세대주인 경우 3억 원까지, 세대주가 아닌 경우 1억 5천만 원까지 자금출처조사 없이 집을 취득할 수 있다. 물론 증여받았다는 사실이 명확하게 확인되는 경우에는 증여세를 내야 한다.

출처로 인정되는 돈은
세금을 내고 남은 돈

세무서에서는 음성적으로 거래된 돈은 자금의 출처로 인정하지 않는다. 원칙적으로 세무서에 정당하게 신고한 돈만 인정된다. 예를 들어 사업을 해서 번 돈이나 근로소득, 증여받은 돈, 이미 가지고 있는 출처 확인된 재산을 처분한 돈 등이 여기에 포함된다. 또한 재산을 취득하기 위해 은행에서 빌린 돈도 출처로 인정받을 수 있다.

다만 은행이 아니라 부모에게 빌린 돈처럼 일반 개인에게서 조달한 돈은 그 출처로 인정받기가 까다롭다. 개인에게 돈을 빌렸다고 설명한 경우 돈을 빌려준 사람의 자금출처는 정당한 것인지, 원금은 나중에 제대로 상환했는지, 이자를 주기로 한 건지, 이자에 대한 세금은 제대로 냈는지 등 점검해야 할 내용이 너무 많다. 부모한테서의 차입은 특별관리 대상이다.

소득의 원천별로 출처로 인정해주는 금액 범위도 다르다. 개인 사업자의 경우 매출액 전부가 자금의 출처라고 인정되지 않으며, 관련 비용과 세금 등을 공제해서 실질적으로 사용할 수 있는 금액만 인정된다. 따라서 사업소득, 부동산 임대소득, 산림소득이 있는 사람들은 '매출액-해당 매출을 얻기 위해 소요한 비용-소득세'에 상당하는 금액만 자금의 출처로 인정받는다. 이른바 고소득 자영업자에 대한 세무조사시에도 이러한 부분에 착안한다.

한편 본인이 소유한 재산을 처분한 경우에는 매매대금에서 양도소득세 및 채무(전세보증금, 은행대출 등)를 차감한 잔액을 출처로 인정한다. 현금 흐름상 매매대금은 모두 당사자에게 귀속되기 때문이다.

근로자는 우대해주는데, 총 급여에서 세금만 차감해서 취득자금으로 인정해준다. 즉 급여를 받아 생활비로 사용할 수도 있지만, 생활비 등으로 사용한 비용은 무시하고 세금을 뺀 금액을 모두 인정해준다. 예를 들어 10억 원 매출을 올리는 중소기업 사장의 경우 각종 비용을 뺀 나머지 소득액이 1천만 원이고 납부할 세금이 100만 원이라면, 세금을 뺀 900만 원만 출처로 인정된다. 하지만 연봉이 2천만 원인 근로자는 납부할 세액이 100만 원이라면, 2천만 원에서 세금 100만 원을 뺀 1,900만 원이 자금출처로 인정된다.

타깃성 자금출처조사에
각별히 유의하라

정부에서는 자금출처조사를 정책적 차원에서 활용하는 경우가 있다. 일단 자금출처조사를 한다고 하면 불법적인 투기성 자금이나 증여성 자금 등이 부동산 거래 과열지역에 유입되는 현상을 어느 정도 진정시킬 수 있기 때문이다. 다만 조사대상이 되는 사람들이 꽤 많아서 조사의 효율성을 위해 어떤 일정한 기준을 두고 있다. 자세한 내용은 다음과 같다.

우선 해당 지역에서 고가의 아파트나 토지를 취득한 사람을 대상으로 한다. 이 중에서 특히 부동산 구입자금의 원천이 불확실하거나 수증(受贈) 혐의 금액 등이 큰 사람을 주 대상으로 한다. 예를 들어 자금을 동원할 능력이 부족한 저연령층이나 가정주부 등 취득자금을 증여받았을 가능성이 높은 사람들, 소득세 신고는 조금밖에 하지 않으면서 해외여행이 빈번하거나 사치스러운 생활을 하는 사람들이 해당된다. 해당 지역에서 부동산의 취득이나 양도 건수가 잦은 사람들도 해당된다.

이러한 조사의 특성 중 하나는 일종의 시범성 조사라는 것이다. 그렇기 때문에 해당되는 당사자뿐만 아니라 세대별 구성원에 대해서도 조사가 이루어진다는 점을 각별히 유의해야 한다.

우선 과거 5년간 취득·양도한 부동산 거래에 관한 자금 흐름을 함께 추적해 혐의가 있는 경우 관련된 모든 세금을 추징한다. 나이가 어린 사람이 부동산을 취득한 경우에는 돈을 증여받은 혐의가 있기 때문에 증여세 탈세 여부를 집중 조사하고, 탈루한 사업소득으로 부동산을 취득한 혐의가 있는 경우라면 관련 사업장에서 사업소득세 등을 과소하게 신고했는지를 조사한다.

예를 들어 소득세 신고시 순이익은 1억 원 정도인데, 그해에 취득한 부동산의 가액이 신고한 소득금액을 훨씬 초과할 경우 조사대상으로 선정될 수 있다. 고가의 외제차를 취득하고, 해외여행을 자주 나가면서 신용카드 대금으로 상당한 금액을 사용하는 경우 등도 단골 조사대상이 된다. 또한 단기 양도 등을 한 후에 아예 신고를 하지 않았거나 과소하게 신고한 혐의가 있는 경우, 실질 거래가액을 확인해 양도소득세 탈루 혐의를 조사한다.

타깃성 출처조사시
금융거래내역 조사는 필수

출처조사시 조사대상자에 대해서는 매매대금의 흐름이 어떻게 이루어지고 있는지 금융거래내역을 우선 확인한다. 또한 거래 당사자가 사실확인 등의 조사에 대해 응하지 않거나 허위 증빙을 제시하는 등 정상적인 세무조사가 어렵다고 판단된다면 거래 상대방에 대해서도 금융거래확인조사를 함께 실시한다.

이렇게 조사한 금융자료를 토대로 어떤 돈으로 부동산을 취득했는지 그 원천을 확인한다. 그 원천에 따라 부모에게 돈을 받았다면 증여세를 부과하고, 사업소득에 대한 세금을 탈세한 돈으로 부동산을 샀다면 사업소득세 등을 추징한다.

한편 본인의 소득원이 많아도 안심할 수는 없다는 점에 유의해야 한다. 과세관청에서 대금 흐름을 추적하다 보면 소득이 있어도 세금을 추징당할 수 있기 때문이다. 취득자금의 원천이 금융자료 조사 등을 통해 밝혀진다면 그 실질적인 관계가 드러나는 것이기 때문에 실질과세의 원칙에 따라 과세한다.

이러한 경우 재산취득자의 소득금액 또는 재산양도대금 등을 포괄적으로 봤을 때 자금 동원 능력이 인정되더라도 실제 취득자금의 원천에 따라 과세한다. 예를 들어 기존에 세금을 내고 신고한 소득이 1억 원이더라도, 계좌내역을 추적하다가 부모에게 1억 원을 증여받은 사실이 발견되었다면 소득원이 있어도 그 1억 원에 대해서는 증여세를 내야 한다.

그렇지만 부모 자식 간 또는 부부 간에 금전을 빌리거나 또는 빌려주는 일은 다반사로 발생한다. 이때 별다른 검토 없이 금융기관을 통해 계좌이체하거나 무통장 입금할 경우 그 내역에 대해 소명할 준비를 갖추어야 한다.

물론 생활비나 용돈 명목으로 지급하는 돈까지 과세하지는 않는다. 통념상 거액의 자금이 계좌를 통해 흘러가야 하는 경우 또는 매월 일정액이 계좌이체되는 경우라면 그 내역에 대해서는 향후의 세금 조사 등을 대비해 증여인지 아니면 금전 대여인지를 확실하게 정해두어야 한다.

자금출처조사시 제출할 증빙유형은 다음과 같다.

- 은행 차입금: 부채증명원, 통장거래내역
- 전세보증금: 전세계약서, 통장거래내역, 세입자의 전입사실증명, 사업자 등록번호 등
- 개인 간의 사채: 입출금 기록이 있는 쌍방의 통장 사본, 차용증, 이자 수수내역

1분 절세 칼럼 ●●● 부담부 증여시의 부담 부분, 즉 담보대출금이나 전세보증금에 대해서는 5년간 국세청에서 사후관리를 한다. 6개월 단위로 대출이 상환되거나 세입자가 변경되어 보증금의 변동이 생기면 그 자금의 흐름을 소명하도록 요구한다. 채무 등을 상환시에는 반드시 국세청에 신고된 합법적 소득원의 범위 내에서 상환해야 추가 세무조사를 면할 수 있다. 50억 원 이상의 고액 상속자 역시 재산변동이 있는 경우 그 출처를 소명해야 한다. 상속재산의 누락 여부를 체크하기 위해서다.

조합원과 일반분양자는
내는 세금이 다르다

조합원은 취득 시점에 따라 다른 취득세를 낸다.
아파트가 준공된 후 등기할 때 일반분양자와 조합원은 차별대우를 받는다.

김영오 씨는 무주택자다. 아파트를 취득하기에는 자금 사정이 어려워 주변의 권유에 따라 재개발 지분을 취득하기로 하고, 경기도 수원의 재개발 구역 내에 있는 연립주택을 투자대상으로 선정했다. 관리처분계획인가가 떨어지고 주택은 철거 직전이었다. 사업 기간도 짧고 당장의 부담도 얼마 되지 않아서 당장 계약하기로 하고 계약금을 지급했다. 다만 잔금 지급은 사정상 2개월 뒤로 미룰 생각이었다. 그런데 잔금 지급을 뒤로 미루면 취득세를 더 내야 한다는데, 왜 그런 것일까?

재건축·재개발 주택은 기존의 부동산 상태에서 조합원 지분을 승계하는 경우와 건물의 철거 상태에서 승계하는 경우, 준공 시점에 건물분을 취득한 경우 등은 각각 그 과세표준과 세율이 달라진다. 또한 방식이 재개발이냐 재건축이냐에 따라서도 과세방식이 각각 달라진다.

주택이 멸실되기 전에
소유권을 이전하자

재개발이나 재건축 조합원의 지분을 인수할 때 관리처분인가의 전후에 따라서 부동산 거래신고의 방식이 달라진다. 인가 전에는 일반적인 주택 등 부동산으로 신고하게 되고, 인가 후부터는 부동산을 취득할 수 있는 권리, 즉 입주권으로 보고 신고하게 된다.

입주권의 신고는 입주예정 주택의 거래신고와 종전부동산에 대한 거래신고로 구분된다. 입주예정 주택이라고 하면 조합원이 새로 분양받는 아파트를 의미한다. 따라서 조합원 분양가격이라는 표현을 쓰게 되며, 신고가격은 종전토지 등에 대한 권리가격에 추가 부담금을 가산한 금액으로 한다. 환급받는 경우에는 환급청산금을 차감한 가격으로 한다. 종전부동산의 거래신고는 종전부동산 등의 권리가격에 프리미엄을 가산해 정한다.

기존의 주택 건물이 존재하는 상태에서 조합원 지분을 승계하는 경우, 건물이 멸실되지 않았기에 종전부동산의 과세표준과 세율은 기존 주택을 취득하는 것과 동일하게 적용된다. 따라서 거래금액별로 1~3%의 낮은 세율이 적용된다.

그런데 건물이 멸실되어 사실상 토지만 존재하는 상태에서 지분을 승계한다면 등기상 토지에 대한 지분만 승계된다. 과세표준은 주택건물분의 철거 전과 동일하지만, 과세 대상의 종류가 주택에서 단순 토지로 전환되면서 세율은 1.1~3.5%가 아니라 4.6%로 적용된다.

즉 6억 원 이하의 거래가액일 때 종전에는 1%의 취득세만 부담했으나, 철거 이후에는 4%의 세율이 적용되어 무려 4배의 세부담이 발생하는 것이다.

일반분양자와 조합원은
입주시 내는 취득세가 다르다

조합원의 경우 건물이 멸실되고 나면 새로운 건물을 취득한다. 따라서 새롭게 취득하는 건물분에 대한 취득세를 내야 한다. 이때 적용되는 과세표준은 건물의 공사에 투입된 공사비로, 일반분양자들의 과세표준이 되는 분양가와는 차이가 있다.

공사비는 재개발·재건축 조합의 회계장부상 금액을 기준으로 한다. 즉 새로운 아파트 및 상가 등을 건축하기 위해 실제 투입된 공사비 및 부대비용이 건축물에 대한 취득세 과세표준의 기준금액이 되는 것이다. 이 금액은 일반분양자의 분양계약서상 건물분 분양가와도 다르다. 분양계약서상의 건물분 분양가는 내부의 적절한 기준으로 정해진 경우가 많으며, 실제공사비하고는 차이가 있다.

조합원의 건물이 완공시 예상되는 취득세 과세표준을 간략하게 산정하는 방식이 있다. 예를 들어 공사비를 평당 500만 원 정도로 본다면, 34평형은 1억 7천만 원가량이 취득세 과세표준으로 산정되는 셈이다.

이렇게 산정된 과세표준에 대해 적용되는 세율도 다르다. 조합원은 신축과 관련된 세율이 적용되고, 일반분양자의 경우 주택 매매에 대한 세율이 적용되기 때문에 조합원은 3.16%(국민주택 규모 이하는 2.96%), 일반분양자는 1.1~3.5%의 세율이 적용된다. 세율의 측면에서 일반분양자가 유리하지만 조합원의 과세표준이 현저히 적기 때문에 일반적으로 소형은 일반분양자가, 대형은 조합원이 유리하다.

한편 일정 공익사업으로 인한 조합원 취득에 대해서는 취득세를 비과세한다. 대표적인 대상이 주택재개발사업, 도시개발사업 및 도시환경정비사업의 원조합원이 분양받게 되는 신규 아파트다. 유의할 점은 재건축에 의한 주거환경정비사업은 별도의 혜택이 없다는 것이다. 따라서 이미 언급한 방식으로 과세된다.

주택재개발사업 등도 종전부동산과 동일한 가치의 부동산으로 환지되었다고 보기 어려운 다음과 같은 2가지 경우에는 취득세를 과세한다.

첫째, 원조합원은 환지에 의해 새로 취득하는 부동산의 가격이 종전부동산보다 더 많아 추가 부담금을 납부하는 경우에는 이 추가 부담금에 대한 취득세를 낸다. 다만 국민주택 규모 이하의 아파트는 이 추가 부담금에 대해서 비과세한다.

둘째, 사업시행인가 이후에 조합원의 지분을 승계·취득한 경우에는 비록 추가 부담금을 부담하지 않아도 그 취득가액과 환지로 받은 부동산 가격의 차액에 대해 과세한다.

- 원조합원의 신축아파트에 대한 과세표준(원조합원이 국민주택 규모

  이하의 아파트 분양시 면제)

  과세표준 = 조합원 분양가 - 권리가액
- 승계조합원의 신축아파트에 대한 과세표준

  과세표준 = 조합원 분양가 - 취득가액(권리가액+프리미엄 등)

한편 도시 및 주거환경정비법(이하 '도정법')에 따른 주택재개발사업과 주거환경개선사업의 시행으로 사업시행자인 조합에서 취득하는 다음의 부동산에 대해서도 취득세를 면제한다. 다만 취득일에서 5년 이내에 별장이나 고급 오락장 등이 되어 과세 대상이 되거나 관계법령을 위반해 건축한 경우에는 면제된 취득세를 추징한다.

- 조합이 주택재개발사업의 대지조성을 위해 취득하는 부동산
- 조합이 관리처분계획에 따라 취득하는 주거용 부동산
- 사업시행자가 주거환경개선사업을 시행하기 위해 취득하는 주거

  용 부동산

1분 절세 칼럼 ●●● 김영오 씨의 경우 주택건물이 멸실되지 않은 상태에서 조합원 지분을 취득하면 절세 혜택을 받을 수 있다. 멸실되지 않은 경우 주택으로 보고 세금을 감면해주기 때문이다. 건물이 철거된 순간에는 토지만 취득했다고 보아 4.6%의 높은 세율을 적용받게 된다.

부부 공동명의,
양도소득세 절세시 유리하다

부부 공동명의는 많은 장점이 있지만 그 실익을 명확히 따져봐야 한다.
특히 농지 임야등 오래 보유한 부동산을 매각할 때 유리하다.

조세기 씨는 5년 전 3억 원에 취득한 서울시 광진구의 아파트와 부인 명의로 10년 전 1억 원에 취득한 경기도 하남시의 단독주택을 소유하고 있다. 계속 단독주택에 거주하고 있으며, 아파트에는 거주한 사실이 없다. 현재 아파트의 경우 7억 원 정도에, 단독주택의 경우 6억 원 정도에 거래된다. 지금 팔면 2주택 상태라 매매차익의 50%를 세금으로 내야 한다는 말에 2채 모두 팔지 못하고 있다. 그러던 그에게 필자는 이렇게 조언했다. "아내에게 집을 주면 양도소득세를 한 푼도 안 낼 수 있습니다."

조세기 씨와 같은 경우 아파트를 배우자에게 증여하면 세금이 얼마나 과세되는지 살펴보자. 일단 아파트를 증여할 경우 시세를 기준으로 과세되는데, 아파트의 현재 시세는 7억 원이다. 부부끼리는 6억 원까지 세금 없이 증여할 수 있으므로 증여세는 6억 원을 초과하는 1억 원에 대해서만 과세된다.

대략 1억 원에 대해서는 1천만 원 정도의 증여세가 과세되고, 증여등기도 해야 하므로 세기 씨의 경우 취득세로 2천만 원 정도가 소요된다. 결국 최초 증여등기시 3천만 원 정도의 비용이 소요되는 셈이다. 상당히 많은 비용이 소요되지만, 이러한 절차를 거쳐 양도할 때와 그렇지 않을 때 납부해야 하는 세금은 엄청나게 차이가 난다.

부부 공동명의로
양도소득세를 줄인다

먼저 증여 없이 양도하는 경우의 세부담이 어느 정도인지 살펴보자. 2주택 상태에서 양도했을 때 가장 적은 양도세를 내는 최선의 전략은 먼저 매매차익이 적은 주택을 양도하고, 남아 있는 주택에 대해서는 비과세를 받는 것이다.

즉 매매차익이 상대적으로 적은 아파트를 먼저 양도하고 그 다음 단독주택을 양도한다면 아파트는 3억 원에 취득해 7억 원에 양도하는 것이 되므로 매매차익 4억 원에 대해서는 50% 세율이 적용되고, 1억 7천만 원 정도의 양도소득세가 발생한다. 다만 단독주택은 아파트 양도 후 1주택이 되어 비과세 혜택을 받을 수 있으므로 2채 모두 매각시 약 1억 7천만 원의 세금이 발생한다.

그런데 아파트를 증여받고 7억 원에 양도할 경우 7억 원에 증여를 받았기 때문에 수증자의 양도차익은 0원이다. 양도소득세는 양도차익이 있어야 과세하는 세금인데, 양도차익이 0원이므로 결국 양도소득세도 0원인 것이다. 이렇게 0원의 양도소득세를 부담하고 나서 남아있는 단독주택을 양도하면 양도소득세 비과세 혜택을 받을 수 있기 때문에 결국 3천만 원의 비용 부담으로 9천만 원의 세금을 줄이는 셈이 된다.

만약 아파트 대신에 단독주택을 배우자가 남편에게 이전하는 경우 단독주택의 특성상 명의이전비용이 더 적고, 증여세도 발생하지 않게 되므로 더 유리하다. 물론 배우자가 이를 동의하고 받아들여야 가능하다.

여하튼 이러한 절세 전략은 일단 부부끼리 증여를 하고 5년이 경과된 후에 양도를 해야 유효하다. 5년 이내에 양도할 경우 배우자는 7억 원의 취득가액을 인정받지 못하고, 당초 소유자의 취득가액을 적용해 양도소득세를 계산하게 된다. 즉 증여의 효과가 무시되는 것이다. 이러한 경우 증여등기비용까지 감안하면 오히려 손해를 보는 셈이므로 각별한 주의가 필요하다.

부부 공동명의는
실익을 따져야 한다

부부 간 증여는 신중해야 하고, 그 실익을 따져 진행해야 한다. 세기 씨의 경우 매매차익이 크고, 2채의 주택을 보유해 비과세를 받지 못하기 때문에 절세 효과가 컸다. 반면에 매매차익도 별로 없거나, 소유한 주택도 1채밖에 안 되어 비과세 혜택을 받을 수 있다면 굳이 돈을 들여서까지 명의를 바꿀 필요는 없다.

판단컨대 다음의 3가지 경우에 해당될 때 부부 간 증여를 해야 양도소득세를 절세할 수 있다.

첫째, 매매차익이 커야 실익이 있다. 부부 간 증여는 취득가액을 증여 시점의 시세에 맞추는 효과가 있기 때문에 매매차익이 클수록 절세 효과가 크다.

둘째, 최소 5년 이상 보유하고 양도하는 것이 확실할 때 실행해야 한다. 5년 이내에 다시 양도할 때에는 오히려 손해를 볼 수 있다.

셋째, 농지, 임야, 목장용지, 나대지 등은 실제 토지의 용도대로 사용하지 못할 경우 비사업용 토지로 분류되어 일반적인 부동산에 비해 10%의 세율을 추가과세받게 된다.

특히 오래전 상속이나 증여 등으로 취득한 농지 등의 경우 그 취득금액이 개별공시지가로 매겨지는 경우가 많으므로 장기간의 보유에도 불구하고 거액의 매매차익이 발생해 세금 때문에 매매가 이루어지지 못하는 사례가 빈번하다.

이때 활용할 수 있는 것이 부부 간 증여다. 증여공제 6억 원을 활용해 농지 등을 배우자에게 시세로 증여하고, 5년이 경과해 양도할 때는 증여 당시의 시세와 양도 시점의 시세차이에 대해서만 양도세를 부담하게 되어 절세 효과가 극대화된다.

부부 간 공동명의로
상속세도 줄인다

상속세는 상속·유증 및 사인 증여로 취득한 재산을 기준으로 매기는 세금이다. 따라서 미리 증여할 경우 상속할 재산이 줄어들어 과세표준을 줄이는 효과가 발생한다. 부부 간에는 6억 원이라는 배우자공제를 활용할 수 있어서 미리 증여하면 많은 상속세를 줄일 수 있다.

다만 기간에 제한을 두고 있다. 증여 후 10년 이내에 사망한 경우 비록 증여를 했기 때문에 증여인 명의의 재산은 아니지만, 증여인의 상속재산으로 간주해 다른 상속재산과 합산해 상속세를 계산한다. 이러한 합산 규정이 없다면 상속 전에 재산을 미리 조금씩 증여해둠으로써 높은 구간의 상속세율을 회피할 수 있다. 예를 들어 재산을 1억 원 이하로 나누어 증여해두면 최저 세율인 10%만 적용되는 모순이 발생하게 된다.

하지만 합산된다고 해서 꼭 증여의 실익이 없는 것은 아니다. 상속세 산정시 합산되는 재산가액은 사망 시점의 시세가 아니라 당초에 증여할 때의 시세가 적용된다.

결국 시세가 상승하는 자산을 미리 증여할 경우 그 시세 상승분이 상속세 과세표준에서 제외되는 효과를 볼 수 있다. 예를 들어 상가의 경우 객관적 시세를 확인하기 어려우므로 시세가 아닌 기준시가를 과세표준으로 해 증여세를 매긴다. 따라서 현금을 증여하는 것보다 유리하다.

또한 부동산 실거래가 내역이 실시간으로 누적되고 있는 상황에서 상속 당시 상가의 시세반영율이 지금보다 현저히 높아질 가능성이 매우 크다. 그럼에도 상속 재산에 합산되는 이미 증여한 재산의 평가액은 증여 당시의 기준시가이다.

1분 절세 칼럼 ●●● 재산을 공동명의로 하기 전에는 '왜 부부인가?'를 생각해보자. 이왕이면 자녀와 공동명의도 생각해볼 수 있는데 왜 부부 공동명의로 할까? 그 해답은 배우자에게 증여할 수 있는 한도액이 자녀와 비교해 월등히 크기 때문이다. 세부담 없이 증여할 수 있는 금액이 배우자의 경우 6억 원까지인데, 자녀의 경우 고작 5천만 원까지만 가능하다. 공동명의를 통해 절세 효과를 얻기 위해서는 상당 기간이 소요된다. 실질적 효과는 5년 이후에 발생한다고 해도 과언이 아니다. 5년이라는 기간에 어떤 일이 생길지도 모르는 상황에서 비용을 투입한다는 것은 상당히 큰 리스크일 수 있다. 결국 비용을 최대한 줄여서 절세를 도모해야 하고, 그렇다면 배우자 공제가 되는 범위 내에서의 증여가 해답일 수 있다.

부부 공동명의,
재개발·재건축 활용시 유리하다

재개발·재건축의 경우처럼 미래에 시세차익이 크게 발생할 부동산에 대해서는
취득시부터 공동명의로 취득여부를 검토해야 한다.

조세기 씨는 부동산은 재개발이 최고라는 확신을 가지고 있다. 최근 강북에 정비구역
으로 지정된 지역에 급매로 단독주택이 나왔다는 나중개 씨의 전화에 계약금을 들고
중개사무소로 뛰어갔다. 이미 조세기 씨 명의로 주택이 있었기 때문에 계약할 때 누
구 명의로 할지 고민이다. 배우자인 세무순의 이름으로 하자니, 어제 아침부터 아침
도 챙겨주지 않고 바가지를 긁어대는 통에 마음이 썩 내키지는 않은 상태다. "세무
사님, 어떻게 할까요?"

부동산을 2년 이상 보유했다가 팔 경우 6~42%(지방소득세 별도 이하
동일)의 누진세율이 적용된다. 누진이란 소득이 커질수록 높은 세율
이 적용되는 구조를 의미하는데, 양도소득세의 경우 매매차익이 클
수록 높은 세율을 적용받는다.

양도소득세율을
낮출 수도 있다

예컨대 양도차익이 2천만 원인 경우 한 사람의 이름으로 등기해 팔았다면 1,200만 원에 대해서는 6%의 세율을 적용하고, 1,200만 원을 넘는 800만 원에 대해서는 15%의 세율을 적용하므로 192만 원의 세금이 부과된다.

하지만 공동명의라면 2천만 원의 차익이 부부 두 사람에게 나누어져 각각의 양도차익은 1천만 원씩이고, 이에 대해 6%의 세율을 적용하므로 각 60만 원씩 120만 원의 세금만 부담하면 된다. 즉 단독명의로 했을 때보다 세부담이 총 72만 원이나 줄어드는 셈이다. 매매차익이 10억 원 이상인 경우 절세 효과는 무려 3,540만 원까지 발생할 수 있다.

재건축·재개발 지분,
공동명의를 언제 해야 유리할까?

관리처분인가일 이전까지의 단계는 일반적인 주택과 세법상 동일하다. 관리처분인가일 이후에는 입주권, 즉 부동산을 취득할 수 있는 권리로 변한다. 철거되기 전에도 부동산이 아닌 권리로 본다. 이때 유의할 점은 양도소득세와 상속, 증여세 등 국세의 기준으로 볼 때만 그렇다는 것이다. 재산세, 취득세 등 지방세 및 청약과 관련된 법령 등에서는 별도의 기준으로 판단한다.

관리처분인가일 이후부터 이주가 시작되고, 철거된 후 착공해 준공될 때까지 입주권 상태에서 배우자와 공동명의를 진행하게 될 경우의 장점을 확인해보자.

첫째, 낮은 평가액으로 증여할 수 있기 때문에 향후 가치 상승분을 수증자인 배우자에게 세금 없이 증여할 수 있게 된다. 현재 재건축·재개발의 입주권 전매는 원칙적으로 허용되지 않는다. 즉 입주권에 대한 거래가 불가능하므로 시세 확인이 어렵고 단지 호가만이 존재하는 상황이므로 가격을 낮게 평가하는 것이 어느 정도 가능하다.

또한 준공시점 이후에 거래되는 가격이 통상 공사중인 상태보다는 높은 것이 현실이므로 아무래도 준공 이전에 증여하는 것이 절세 효과가 높게 된다.

둘째, 취득세가 저렴하다. 증여세는 프리미엄 등을 감안한 시가를 기준으로 한다. 그러나 지방세는 매매와 증여를 달리 취급한다. 즉 매매는 실지거래가인 시가를 과세표준으로 하지만, 증여는 거래가액이 없으므로 시가보다 낮은 시가표준액이 과세표준이 된다.

준공 후에는 공동주택에 대한 가격고시가 있다. 해당 고시가액은 시가반영율이 70% 이상이다. 또한 건물분에 대한 가격도 반영된다. 재건축 대상 주택 등이 멸실된 후에 증여시 대지지분에 대한 시가표준액이 과세표준이 되므로 상대적으로 저렴한 과세표준을 기준으로 취득세를 납부하게 된다.

재개발·재건축 입주권,
배우자에게 증여·양도하고 절세하기

부동산의 경우 배우자에게 증여하고 양도할 때 이월과세 규정이 적용된다. 즉 배우자가 5년 이내에 증여받은 부동산을 양도할 경우 증여 당시의 평가액이 아니라 증여자의 취득가액을 취득원가로 계산해서 양도소득세를 산정한다. 5년이 경과한 후에 양도해야 증여 시점의 평가액을 취득원가로 할 수 있어서 증여한 후 상당기간 부동산의 매각이 유보되는 단점이 있다.

입주권은 부동산이 아니다. 따라서 부동산을 증여했을 때와 세법상 달리 취급된다. 입주권을 배우자에게 6억 원 상당액을 증여하고 양도할 경우로서, 해당 입주권의 매매대금이 수증자인 배우자에게 실질적으로 귀속된다면 6억 원의 취득가액을 인정받을 수 있다. 이는 5년이라는 시간이 유보되지 않는다. 증여하고 그 다음날 양도해도 동일한 효과를 얻을 수 있다. 이를 양도소득세 부당행위 계산 부인이라 한다.

아쉽게도 2019년 2월경 소득세법시행령이 개정되면 아파트분양권과 조합원 입주권도 이월과세 대상에 포함된다. 즉 배우자에게 증여하고 5년 이내 양도할 경우 증여평가액에도 불구하고 증여자의 최초 취득가액을 취득가액으로 하고 부담한 증여세를 필요경비로 공제해 수증자의 양도세를 계산하게 된다. 조합원 입주권의 경우 증여로 인한 취득세가 투입되므로 절세 효과가 크게 떨어지게 된다.

따라서 2019년 2월 이후 증여받은 지 5년이 되지 않은 입주권을 양도할 때는 주의해야 한다.

1분 절세 칼럼 ••• 6억 원까지는 증여세가 없다고 해서 무작정 증여를 할 경우 별 실익도 없이 과도한 취득세만 부담하게 되는 경우가 많다. 또한 공식적으로 증여를 한 사실은 없지만 현금 또는 금품 등의 증여를 통해서 기존에 증여공제를 모두 충족한 경우 또는 10년 이내에 증여한 사실을 놓치고 증여한 경우 생각지도 못한 세금에 충격을 받을 수 있으니 주의하자.

부부 공동명의,
이런 혜택들도 있다

세금은 원칙적으로 명의자별 과세다. 따라서 명의자별로 주어지는 공제 혜택을
최대한 누릴 수 있는 방안 중 가성비가 최고인 것은 부부공동명의다.

조세기 씨는 아파트를 수십 채 가지고 있다. 태어날 때 할아버지에게 출생 기념으로
1채, 돌잔치 때는 돌반지 대신 아파트를 받았다. 매년 삼촌과 고모들에게 용돈 대신
아파트를 1채씩 받다보니 본의아니게 다주택자가 되었다. 내년부터는 종부세가 크게
늘어난다고 한다. 조세기 씨는 종부세를 줄이기 위해서 부부 간 증여를 하는 모습이
너무 부러웠다. 그래서 결혼을 하고 혼인신고 다음날에 부부 공동명의를 통해서 종부
세를 줄이고자 한다. "세무사님, 괜찮겠죠?"

종전에는 세대 단위로 보유한 자산을 합산해서 종합부동산세를 과
세했었다. 같은 세대원라는 이유로 부부가 각자의 명의로 보유한 주
택을 합산해서 높은 누진세율로 과세했던 것이다. 이는 사회적 논란
이 되어왔고, 결국 2008년에 헌법재판소의 일부 위헌 판결로 부부
또는 동일 세대원끼리 합산 과세하는 방식이 폐지되었다.

부부 공동명의,
종부세를 낮춘다

주택에 대한 종합부동산세는 주택공시 가격이 6억 원을 초과하는 경우에 과세된다. 따라서 부부가 각 6억 원씩 총 12억 원의 주택을 가지고 있는 경우에는 종합부동산세가 과세되지 않는다. 그러나 부부 중 한 사람의 명의로 공시가액 12억 원짜리 주택을 가지고 있다면 6억 원을 초과하는 부분에 대해서 과세되므로 세부담의 큰 차이가 발생한다. 이러한 문제점 때문에 1세대 1주택에 한해 3억 원의 추가 공제를 적용해준다.

결국 1세대 1주택자의 경우 공시가액 9억 원을 넘는 주택에 대해서만 종합부동산세가 과세된다. 또한 보유 기간별로 세액의 일부를 공제해준다. 5년에서 10년 보유시 20%를 깎아주고, 10년에서 15년 사이는 40%, 15년 이상 보유시는 50%를 공제해준다. 물론 1세대 1주택에 한한 혜택이다.

만약 1세대원 중 한명이 2주택 이상 보유한 경우는 어떨까? 한 명이 6억 원짜리 아파트 2채를 보유해 동일하게 공시가액 12억 원의 주택을 가지고 있는 경우, 1세대 1주택자가 아니므로 추가공제 3억 원을 적용하지 않는다. 그리고 이 경우 9억 원이 아닌 6억 원 초과분에 대해 종합부동산세가 과세된다. 따라서 배우자공제를 활용한 증여를 통해서 둘 중 1채를 증여한다면, 인당 공제 6억 원을 적용받아 종부세 과세대상에서 제외된다.

나대지와 같은 토지의 경우도 마찬가지다. 종합합산 대상 토지에 대해서는 세대별로 합산하다가 헌법재판소의 일부 위헌 판결로 개인별 과세로 전환되었다. 그렇기 때문에 부부 공동명의로 할 경우 보유토지의 공시가액이 최대 10억 원(공시가액)까지는 종합부동산세를 피할 수 있게 되었다.

토지를 공동명의로 할 경우 재산세도 절세가 가능한데, 부부 공동명의시 명의자별로 합산되므로 단독명의일때보다 낮은 토지분 재산세율을 적용받게 된다.

한편 2019년부터는 공동명의로 있는 주택의 경우 각각 1채씩 보유한 것으로 본다. 따라서 부부 공동명의의 경우에는 조정 대상 지역에 주택이 있다고 할 때 0.6~3.2%의 할증과세를 적용받는다. 다만 이런 경우도 기준금액 초과부분이 발생할 경우에만 걱정거리가 된다. 즉 각자 보유지분의 공시가격이 6억 원을 넘어야 과세 대상이 되기 때문에 종부세 절세를 위한 부부 공동명의는 아직까지 나름 의미가 있다.

부부 공동명의,
무소득 배우자의 자금출처로도 활용된다

부부 공동명의는 무소득 배우자의 자금출처로도 활용된다. 고분양가 논란이 있는 아파트나 소득이 없는 부녀자가 부동산을 취득해 자금출처 조사가 우려되는 경우 그 출처를 미리 준비한 상태에서 취득을 해야 한다. 그래야 생각지도 못한 증여세 추징을 면할 수 있다. 기존 부동산을 미리 공동명의로 하면 그 이후 매각대금으로 자금출처를 입증할 수 있다.

예를 들어 기존에 가지고 있는 집(1세대 1주택 비과세 요건 충족)을 공동명의로 변경해 매도했다고 해보자. 기존주택의 시가는 20억 원(기준시가 12억 원)이다. 이 중 50%를 배우자에게 증여시 기준 금액이 6억 원에 불과하기 때문에 증여세는 없다.

이후 5년 이내에 이 부동산을 양도할 경우의 세금을 생각해보자. 우선 배우자에게 증여 후 5년 이내에 양도했기 때문에 이월과세 규정이 적용된다.

이월과세의 경우 수증자의 취득가액(수증당시 기준시가)과 취득시기(증여 등기 접수일)를 증여자의 취득가액(단독주택의 실제 취득가액)과 취득시기(단독주택의 매수일)로 변경해 수증자의 양도소득세를 계산하는 규정을 말한다.

일반적인 경우라면, 증여 후 양도시 증여를 통한 취득가액의 인상 효과 없이 증여세만 부담하게 되어 불리하다. 하지만 배우자에게 증여 후 양도되는 1세대 1주택에 대해서는 장기보유특별공제와 9억 원 초과분에 대한 양도차익이 미비하기 때문에 증여 후 양도와 증여 없이 양도하는 것에 대한 세액의 큰 차이는 없다. 따라서 배우자에게 실질적으로 지분에 대한 매매대금이 귀속된다면, 양도세 계산시 불이익은 발생하지 않는다.

결국 주택을 매각해서 현금으로 줄 수도 있지만, 현금으로 6억 원을 주는 것보다 6억 원짜리 단독주택 지분을 증여해 향후 10억 원의 자금출처를 만들 수 있다면, 거액의 부동산 취득에 소요되는 합법적인 자금출처가 되는 것이다.

금융자산도
공동명의가 좋다

금융자산은 그 이자나 배당소득이 1인당 2천만 원이 넘는 경우 근로소득, 사업소득 등과 종합과세한다. 종합과세 대상이 될 경우 해당 이자 등이 발생하게 된 원천자금의 출처의 소명이 요구될 수 있다. 또한 소득이 높은 배우자에게 금융소득이 집중될 경우 종합 과세시 높은 세율의 적용으로 금융기관에서 원천징수당한 세금 외의 추가 세부담이 발생하게 된다.

예를 들어 고액연봉자의 경우 최고세율 45%(지방소득세 포함)를 적용받게 되는데, 이자 등 금융소득을 얻을 때 원천징수당한 세율 15.4%와의 차이인 30%를 추가로 납부해야 한다. 만약 이런 경우에 소득원이 없는 배우자의 명의로 금융소득을 얻을 경우 15.4%의 원천징수세율로 소득세는 종결된다. 특히 배당소득의 경우 무소득자가 1억 5천만 원 가량을 배당받는 경우라도 당초 원천징수세율 외의 추가세금이 없다.

즉 배우자공제 6억 원을 이용해 한 사람에게 편중된 금융재산을 증여세부담 없이 증여한다면, 소득 분산을 통해서 이러한 절세 효과를 볼 수 있다.

부부 공동명의,
이런 단점이 있다

재산을 부부 공동명의로 해두면 이처럼 많은 장점들이 있긴 하지만 그 실익을 꼼꼼하게 따져봐야 한다. 예를 들어 새로 부동산을 취득하는 경우라면 부부 공동명의가 유리하다. 하지만 기존에 한 사람 명의로 되어 있는 부동산을 부부 공동명의로 바꿀 때는 실익을 잘 따져봐야 한다.

첫째, 1세대 1주택으로서 양도소득세 비과세 혜택을 받을 수 있다면 굳이 공동명의를 하지 않는 것이 유리하다. 현재 1세대 1주택 비과세 대상 금액이 9억 원이며, 공동명의를 통한 양도소득세 절세 효과가 미비하기 때문에 실익이 없다.

물론 공동명의로 전환함으로써 재산세와 종합부동산세의 절세 효과를 기대할 수 있지만, 명의 변경에 들어가는 비용을 종합부동산세 등의 절세액으로 만회하려면 상당 기간이 소요된다. 물론 증여 이후 재산가치 상승을 통한 합법적인 자금출처를 마련을 위한 계획이라면 의미는 있다.

둘째, 양도차익이 적어서 양도소득세부담이 적다면 굳이 번거롭게 공동명의로 할 필요가 없다. 반대로 양도차익이 크거나 비사업용 토지처럼 중과세되는 부동산의 경우 공동명의를 적극 활용할 필요가 있다.

1분 절세 칼럼 ••• 공동명의를 하기 전에 '증여세·취득세·등록세'를 합친 금액과 '양도소득세·재산세·종합부동산세·상속세'의 절세액을 비교해야 한다. 명의이전에 소요되는 '증여세·취득세·등록세'의 합계액이 절세보다 더 크다면 실익은 없다.

오피스텔 절세 포인트,
주택인가 사무실인가?

오피스텔을 주거용으로 사용하다가 양도하는 경우 양도소득세를 내야 한다.
사업용으로 사용하던 오피스텔을 팔면 부가가치세와 양도소득세를 내야 한다.

최주희 씨는 최근 강남역 앞에 있는 오피스텔을 샀다. 임대 수요가 풍부해 임차인을
구하는 것도 걱정 없고, 투자금액 대비 임대수익률도 괜찮다고 해서 큰마음 먹고 오피
스텔을 구입했다. 계약시 사업자 등록을 하고 환급 신청을 하니 관련 부가가치세도 환
급받을 수 있었다. 드디어 준공이 되었고, 예상대로 임차인을 구하기도 어렵지 않았다.
그런데 임차인이 오피스텔을 주거용으로 사용하면 기존에 환급받은 부가가치세를 추
징당하고, 주택을 보유했다고 인정되어 세금에서도 불이익을 본다는 신문기사를 접한
순간 주희 씨의 마음은 어두워지기 시작했다.

주거용 오피스텔은 실질과세의 원칙에 따라 과세한다. 즉 실제 주택
으로 사용하는 경우에는 주택으로 보아 과세하고, 그렇지 않은 경우
에는 상가와 동일하게 보고 과세한다.

　다만 아파트의 청약 자격과 관련해서는 조금 다르다. 청약 자격을
판단하고자 주택수를 산정할 때는 단독주택과 공동주택 등 공부상
주택만을 대상으로 하기 때문에 등기상의 업무용 시설인 주거용 오

피스텔은 주택수에서 제외된다.

　주거용으로 사용하는 오피스텔을 1채 가지고 있는 경우 1세대 1주택으로 취급해 양도소득세를 비과세받을 수 있다. 다만 사실상 용도를 확인하기 어렵다는 점을 이용해 실제 주거용으로 쓰면서 업무용으로 사용하는 것처럼 위장하는 경우도 많다.

주거용 오피스텔은
취득세를 감면받지 못한다?

무주택자가 전용면적 40㎡(12평) 이하에 매매가 1억 원 미만인 서민주택을 취득할 경우 취득세를 면제받게 된다. 그런데 주거용 오피스텔은 실제 주거용으로 사용하더라도 공부상 현황(등기부등본, 건축물관리대장 등)이 업무용 시설로 되어있어서 취득세 면제는 논란의 여지가 있다.

주거용으로 임대할 때는
취득세와 양도소득세에서 혜택받자

신규 분양받은 오피스텔은 2가지 용도 중 하나를 선택해야 한다. 주거용인지, 아니면 업무용인지를 택해야 한다.

주거용 임대가 목적인 경우 취득세를 100% 감면받을 수 있다. 대신 부가가치세 환급은 포기해야 한다.

업무용으로 사용할 경우 취득세는 분양가액의 4.6%다. 대신 분양가액의 7% 가량인 부가가치세를 환급받을 수 있다. 만약 주거용으로 임대하는데도 업무용으로 환급받은 경우, 향후 주거용으로 사용하는 것이 확인될 때 기환급받은 부가가치세를 추징당하게 된다. 게다가 당초 취득세 신고 시 업무용으로 신고했기 때문에 취득세도 감면받지 못하게 된다.

신규 분양된 주거용 오피스텔을 임대주택으로 인정받고 취득세를 감면받기 위해서는 잔금일부터 60일 이내에 부동산 소재 관할구청 등에 임대사업자 등록을 해야 한다. 통상 감면신청시 임대사업자 등록이 되어 있어야 하므로 소유권 이전등기 전까지 임대사업자 등록을 한다고 생각하면 된다. 임대사업자 등록시 관련법에 의해 4년 또는 8년 이상 임대해야 하고, 임대의무 기간을 지키지 않는 경우에는 취득세 추징 및 별도의 추가 과태료 제재가 뒤따른다는 단점도 있다.

그러나 임대하는 동안에는 1세대 1주택 비과세 판단시 주택수에서 제외된다. 예를 들어 주거용 오피스텔 5채를 임대사업자 등록(구청 및 세무서)을 하고, 거주용 주택을 양도할 경우 비록 주택수는 6채이지만 거주용 주택을 1주택으로 보아 비과세받을 수 있다.

부가가치세를 환급받으면
불리한 경우

오피스텔을 분양받는 경우 분양대금에는 부가가치세가 포함되어 있다. 수분양자는 사업자 등록을 하고 환급신청을 통해서 기납부한 부가가치세를 돌려받게 된다. 그런데 부가가치세를 환급받으면 오히려 불리해지는 경우가 있다.

우선 업무용으로 사용하다가 주거용으로 전환하는 경우다. 당초 수분양자에 대한 부가가치세 환급은 국세청의 입장에서 손해보는 장사가 아니다. 향후 상가임대료 등을 통해서 부가가치세가 징수되기 때문이다. 그런데 주거용으로 전환되는 순간 더이상 사업용이 아니므로 임대료 등에 대한 부가가치세 징수가 불가능해진다. 이때 국가는 기존에 환급해주었던 분양대금에 포함된 부가가치세를 추징한다. 다만 전체가 아니라 임대한 기간 1년당 10%를 차감한 잔액을 추징한다.

예를 들어 준공 후 업무용으로 3년간 임대하다가 주거용으로 전환하는 경우, 최초 환급액이 1천만 원이었다면 3년간 30%를 차감한 700만 원을 부가가치세로 추징당한다.

비록 업무용으로 사용했으나 환급을 위한 사업자 등록 때문에 임대료에 대해 납부할 부가가치세가 늘어나는 경우도 있다. 예를 들어 임차인이 일반과세자인 경우 임대료를 받을 때 부가가치세를 더 받아서 납부하면 되지만, 간이과세자인 경우 그 사업자가 부가가치세를 공제받을 수 없기 때문에 추가로 부가가치세를 받아내기 어렵다.

결과적으로 임대인이 본인 부담으로 부가가치세를 내는 경우가 발생하기 때문에 수입이 줄어드는 효과가 나타난다. 예를 들어 월세 100만 원을 받을 때 세입자가 일반과세자라면 부담 없이 10만 원을 더 받아 납부하면 되지만, 간이과세자라면 부가가치세를 더 받기 어렵고 100만 원 중 포함된 부가가치세에 상당하는 9만 원 가량을 납부해야 한다. 즉 월세 수입이 100만 원에서 부가가치세를 제외한 금액, 즉 91만 원으로 줄어드는 셈이다.

오피스텔을 주거용으로
사용하다가 양도한 경우

오피스텔을 주거용으로 사용했다면 주택을 보유한 것으로 본다. 따라서 일반주택을 보유중인 사람이 주거용으로 사용하는 오피스텔을 추가로 구입한 경우 1세대 2주택자가 되므로 3년이 경과한 후에 일반주택을 양도할 때 비과세를 받지 못하게 된다. 조정 대상 지역의 경우 오피스텔도 중과세율이 적용될 수 있다.

이와 반대로 보유한 부동산이 주거용 오피스텔 1채밖에 없다면 1세대 1주택의 비과세 혜택을 적용받을 수 있다. 비과세 요건은 주택을 2년 이상 보유하고, 양도 시점에 다른 주택이 없으면 된다. 다만 주거용 오피스텔은 주거용으로 실사용 기간에 대한 입증자료를 추가로 준비해야 한다. 만약 기존에 업무용 등으로 사용했던 기간이 있다면 보유 기간에서 제외된다. 예를 들어 등기부상 보유 기간이 4년이지만 업무용으로 2년, 주거용으로 1년을 사용했다면 추가로 1년을 더 주거용으로 사용해야 비과세 요건을 충족한다.

업무용으로 사용하던 오피스텔을 팔 경우

임대사업 등에 제공되던 오피스텔을 매각할 경우 건물분에 대해 10%의 부가가치세를 납부해야 한다. 예를 들어 오피스텔을 5억 원에 양도했는데, 이 중 건물의 가액이 2억 원이라면 2억 원의 10%인 2천만 원을 부가가치세로 내야 한다. 매수인에게 세금계산서를 교부하고 부가가치세를 더 받아야 하지만 매수자가 주거용으로 사용할 계획이라면 부가가치세를 더 받기 어려울 수 있다.

부가가치세를 추가로 받지 않고 거래하는 방법도 있다. 예를 들어 임대사업을 하고 있는 사업자가 양도하고, 그 오피스텔을 사는 사람이 동일하게 세입자를 승계해 임대업을 계속하는 경우다. 이 경우 사업을 양도한 것으로 보아 부가가치세를 과세하지 않는다.

하지만 매도인이 일반과세자인 경우 매수인도 일반과세자로 임대사업자 등록을 해야 한다는 조건이 뒤따른다. 만약 매도인이 일반과세자인데 매수인이 간이과세자인 경우, 매도인이 최초 분양받을 때 환급받은 부가가치세에 대한 사후 관리(주거용으로 오피스텔을 임대할 경우 기존에 환급받은 부가가치세를 추징당하는 불이익)가 매수인에게 전가된다.

부가가치세와는 별도로 양도소득세도 납부해야 한다. 개인이 보유한 임대용 부동산 또는 사업에 직접 사용하던 부동산을 양도할 경우, 그 양도차익에 대해서 양도소득세를 잔금일이 속하는 달의 말일부터 2개월 이내에 신고·납부해야 한다. 양도차익은 매매가액에서 취득 당시의 분양가(환급받은 부가가치세는 불포함)와 취득 관련 비용 등을 차감해 계산한다.

주거용 오피스텔은 이렇게 구분한다

이를 종합해볼 때 오피스텔에 과세할 때는 실제 사용 용도에 따라 구분하는데, 다만 자의적 판단을 방지하기 위해 일정한 기준을 두고 있다.

우선 임차인 또는 소유자가 그 오피스텔에 주민등록을 전입했는지가 첫째 판단 기준이 된다. 전입되어 있다면 주택으로 간주한다. 일반적으로 사무실에는 주민등록을 이전해놓지 않는다. 그래서 주거용 오피스텔 소유자는 임차인에게 주민등록을 옮기지 않는 조건으로 임대차 계약을 맺기도 한다.

또한 미성년인 자녀의 거주 여부도 확인한다. 학적부상 주소가 오피스텔로 되어 있다면 주택으로 간주한다. 사무실의 경우에는 전기료와 전화비 등 부담하는 금액과 실제 금액을 비교해서 사무실인지 아닌지를 판단하기도 한다. 신문·잡지 구독이나 주거래 은행 등의 소재지로 구분하기도 하지만 가장 중요한 기준은 주민등록의 전입 여부라고 할 수 있다.

오피스텔은 주거와 업무를 동시에 해결할 수 있도록 지어진 건물이다. 그래서 실제 용도가 무엇인지는 사실 구분하기 어려운 경우가 많다. 확실하게 업무용으로 인정받으려면 해당 오피스텔에서 사업을 하면 된다. 소유자가 그 오피스텔에서 임대사업을 하는 것은 의미가 없고, 실사용자가 그 오피스텔에서 사업을 해야 한다. 즉 세입자가 오피스텔을 사업장으로 해 사업자 등록을 하거나, 오피스텔 주인이 임대업 외의 다른 사업, 예를 들어 소프트웨어 개발업 등을 그 오피스텔에서 하는 방법이 가장 확실하다.

1분 절세 칼럼 ••• 오피스텔은 주택의 성격과 사무실의 성격을 동시에 지니고 있어 이에 대한 판단은 양도 시점을 기준으로 이루어지고 있다. 즉 향후 양도 시점에 오피스텔이 주택으로 취급되느냐, 사무실로 취급되느냐에 따라 세부담이 달라진다. 결국 어떻게 취급되는 것이 유리한지를 미리 파악해 대비한다면 절세가 가능하다. 예를 들어 사무실로 취급되는 것이 유리하다면 양도 시점 이전에 사무실로 사용할 임차인을 구하거나 소유자 자신이 사업을 직접 운영하면 절세할 수 있다.

오피스텔은 주거와 업무를

동시에 해결할 수 있도록 지어진 건물이다.

그래서 실제 용도를 구분하기 어려운 경우가 많다.

부동산을 취득해 가지고 있으면 보유 사실 자체에 세금을 부담할 수 있는 능력인 담세력이 있다고 보고 재산세와 종합부동산세 같은 보유세가 부과된다. 이때 과세 기준일인 6월 1일은 매우 중요한 의미를 지닌다. 또한 보유한 부동산이 주택인지 상가인지에 따라서 소득세와 부가가치세의 과세 체계가 달라져 궁극적으로 부동산의 수익률에 영향을 미치게 된다. 2장에서는 부동산을 누구의 명의로 보유하면 좋은지, 언제까지 보유하고 양도해야 절세에 도움이 되는지, 어떻게 보유하면 유리한지 등에 대한 명쾌한 해답을 제시하고자 한다.

2장

부동산을 보유할 때
꼭 알아야 할
절세 비법

부동산을 보유하면
기본적으로 재산세를 내야 한다

재산세는 시가가 아니라 시가표준액을 기준으로 내는 세금이다.
재산세는 지방교육세·공동시설세·도시계획세가 하나의 세트다.

올해는 부동산 가격이 폭락하고 주가도 폭락해 조세기 씨에게 최악의 한 해였다. 다른 사람이 소유한 자산은 오르는데, 자신의 자산은 왜 오히려 떨어지는지…. 무엇보다 그를 가장 화나게 하는 것은 가뜩이나 가격이 폭락해서 얼마 되지도 않는 아파트 1채에 대해 꼬박꼬박 나오는 재산세였다. '이것 좀 내지 않고 살 수 없나?' 세기 씨의 한숨은 깊어만 간다.

재산세는 부동산·선박·항공기에 대해 부과하는 세금이다. 매년 6월 1일 현재 재산세 과세대장에 재산의 소유자로 등재되어 있는 사람, 즉 현재 부동산 등의 사실상 소유자가 납부의 의무를 진다. 매매 등의 사유로 소유권이 양도되거나, 도시계획사업을 시행하거나, 기타 사유로 실제 소유자와 재산세 과세대장에 등재된 사람이 다른 경우에도 실제 소유자가 재산세를 납부할 의무를 진다.

6월 1일 현재의 실제 소유자가
재산세를 부담

유상으로 부동산의 소유권이 이전되는 경우 잔금 지급일과 등기일 중에 빠른 날을 취득 시기로 본다. 예를 들어 잔금은 5월 1일에 치렀지만 등기는 6월 15일에 했다면, 과세 기준일인 6월 1일 등기상에는 이전 소유자의 명의로 되어 있다. 그렇지만 실제 소유자는 이미 잔금을 치른 매수인이기 때문에 매수인이 납세 의무를 져야 한다. 그런데 실제 소유권자를 알 수 없는 경우 그 사용자가 납세 의무를 지게 된다.

다만 국가·지방자치단체 등과 분양대금을 분할해서 지급하기로 계약해서 그 부동산을 미리 사용하겠다고 약정한 경우에는 아직 잔금 전이라 사실상의 소유자가 국가 등이지만 그 매수 계약자가 재산세를 납부할 의무를 진다. 또한 부모가 사망했지만 상속 등기를 하지 않은 경우 주된 상속자가 재산세를 납부할 의무를 진다.

재산세는 시가표준액을
기준으로 내는 세금

주택의 경우 주택과 그 부속토지가 과세 대상이 되고, 주택의 공시가액이 과세 기준이 된다. 주택의 공시가액은 단독주택의 경우에는 개별주택가액을 의미하고, 아파트의 경우에는 공동주택가액을 의미한다. 주택이 아닌 일반 건물은 다음과 같은 방식으로 시가표준액을 산정한다.

- 건물의 시가표준액 = m^2당 금액×평가대상 건물의 면적(m^2)
- m^2당 금액 = 건물 신축가격 기준액×구조지수×용도지수×위치지수×경과 연수별 잔가율×개별 특성 조정률(2019년 현재 건물 신축가격 기준액은 m^2당 71만 원)

토지분의 시가표준액은 매년 5월 31일에 고시되는 개별공시지가다. 이렇게 계산된 시가표준액에 공정시장가액 비율을 곱해 과세표준을 계산한다. 이때 공정시장가액 비율은 과세 당시 부동산의 가격변동을 반영해서 결정한다. 토지와 건축물의 경우 50%와 90%의 범위 내에서 결정되고, 주택의 경우 40%에서 80%의 범위 내에서 결정된다.

예를 들어 주택가격이 폭등해 부동산에 대한 규제를 강화해야 할 경우 공정시장가액 비율을 최대 80%까지 높인다. 이 경우 과세표준이 커지기 때문에 보유세부담도 커져 결과적으로 부동산 가격의 안정을 도모할 수 있다. 2019년 현재 주택의 공정시장가액비율은 60%이고, 토지와 건축물의 경우에는 70%다.

재산세율은
최대 0.4% 적용

재산세의 세율도 주택과 그 외의 부동산 유형별로 구분해 별도 적용한다. 주택의 경우 [표 2-1]에서 보듯 과세표준이 '6천만 원 이하' '6천만 원 초과 1억 5천만 원 이하' '1억 5천만 원 초과 3억 원 이하' '3억 원 초과'의 4개 구간으로 구분된다.

주택 이외의 부동산은 우선 크게 토지와 건축물로 분류한다. 토지는 다시 분리과세 대상, 별도합산과세 대상, 종합합산과세 대상으로 구분한다.

분리과세 대상 토지는 농지, 목장용지, 임야, 공장용지, 기타 공급 목적의 토지처럼 세제상 우대해주어야 할 토지와 골프장 및 고급 오락장용 토지처럼 중과세해야 할 토지로 나뉜다. 농지 등에 대해서는 0.07%의 세율을 적용하고, 공장용지 등에 대해서는 0.2%, 골프장

| 표 2-1 | 주택(부수토지 포함)에 대한 재산세율

구분	과표	세율	누진공제
별장(부속토지 포함)	단일세율	4%	–
기타 일반주택 (부속토지 포함)	6천만 원 이하	0.1%	–
	6천만 원 초과 1억 5천만 원 이하	0.15%	3만 원
	1억 5천만 원 초과 3억 원 이하	0.25%	18만 원
	3억 원 초과	0.4%	63만 원

| 표 2-2 | 토지 유형별 재산세율

구분		과표	세율	누진공제
분리과세 대상	농장·목장용지·임야	단일세율	0.07%	−
	공장용지	단일세율	0.2%	−
	골프장·고급오락장용	단일세율	4%	−
별도합산과세 대상		2억 원 이하	0.2%	−
		2억 원 초과 10억 원 이하	0.3%	20만 원
		10억 원 초과	0.4%	120만 원
종합합산과세 대상		5천만 원 이하	0.2%	−
		5천만 원 초과 1억 원 이하	0.3%	5만 원
		1억 원 초과	0.5%	25만 원

등에 대해서는 4%의 높은 세율을 적용한다.

별도합산대상 토지는 건축물이 있는 토지를 말한다. 다만 토지에 비해 건축물이 너무 경미한 경우나 무허가 건축물이 있는 경우에는 건축물이 있어도 종합합산대상으로 분류해 중과세한다. 또한 토지 면적에 비해 건물 면적이 너무 적은 경우에도 일정 면적을 초과하는 부분을 종합합산토지로 분류한다. 한편 공장용지나 골프장 등에 대해 저율 또는 고율의 분리과세 세율이 적용되는 경우에는 비록 건축물이 있는 토지이지만 분리과세를 우선 적용한다.

종합합산대상 토지로 분류될 경우에는 최저 0.2%에서 최고 0.4% 의 세율이 적용된다. 종합합산대상 토지는 분리과세나 별도합산에 속하지 않는 토지로 나대지·잡종지 등이 여기에 해당된다. 토지의 효율적 사용을 위해 종합합산대상 토지에 대해서는 중과세를 부과하고 있으며, 특히 종합부동산세를 부과할 때도 중과세를 부과하고 있다.

세율은 최저 0.2%에서 최고 0.5%로 별도합산대상 토지와 비슷하지만 과세표준 구간에서는 커다란 차이가 있다. 즉 종합합산 토지의 경우 과세표준이 1억 원을 넘으면 최고 0.5%의 세율이 적용되는 데 반해 별도합산 토지의 경우 10억 원 이하까지는 0.3%, 2억 원 이하까지는 0.2%의 낮은 세율이 적용되어 상대적으로 유리하다고 볼 수 있다.

건축물의 경우 원칙적으로 0.25%의 낮은 세율을 적용한다. 다만 주거지역 내에 있어 민원을 야기할 만한 공장용·골프장용 건축물 등에 대해서는 0.5%나 4%의 높은 세율을 적용한다.

이렇게 세율을 적용해 산출된 세부담이 전년도보다 급격하게 상승하지 않도록 원칙적으로 전년도 세액의 150%를 초과하지 않도록

| 표 2-3 | 연도별 재산세부담 상한선

구분		2005년 1월 5일~ 2005년 12월 31일 [법률 제 7332호, 2005년 1월 5일]	2006년 9월 1일~ 2008년 5월 31일 [법률 제 7972호, 2006년 9월 1일]	2008년 6월 1일~ [법률 제 9422호, 2009년 2월 6일]
주택(주택 공시가격 기준)	3억 원 이하	150%	105%	105%
	3억 원 초과 6억 원 이하	6억 원 이하	150%	110%
	6억 원 초과	150%	150%	130%
토지·건물		150%	150%	150%

한다. 다만 주택에 대해서는 공시가액별로 다른 상한선을 두고 있다. [표 2-3]에서 보듯 현재 3억 원 이하 주택에는 105%, 3억 원 초과 6억 원 이하 주택에는 110%, 6억 원 초과 주택에는 130%의 상한선을 두고 있다.

재산세에 포함되는 세금 3가지

재산세가 과세될 때는 지방교육세가 재산세의 부가세로 과세된다. 부가세 형태이기 때문에 재산세가 과세표준이 되고, 이 금액의 20%로 세금을 계산한다. 예를 들어 재산세가 100만 원이면 이 금액의 20%인 20만 원이 지방교육세가 된다.

공동시설세와 도시계획세는 재산세의 부가세는 아니지만, 재산세 고지서에 함께 기재되어 납세고지서가 발부된다. 공동시설세는 건축물에 대해서만 과세되며, 건축물 시가표준액의 60%를 과세표준으로 하고, 여기에 세율을 적용해 세금을 계산한다. 도시계획세는 재산세의 과세표준을 과세표준으로 하고, 여기에 0.15%의 세율을 적용해 세금을 계산한다.

재산세의 납부 기한은 매년 7월 말과 9월 말로 구분된다. 건물분 재산세와 주택분 재산세 중 50%에 대해서는 7월 16일부터 7월 31일까지, 토지분 재산세와 주택분 재산세 중 나머지 50%에 대해서는

9월 16일부터 9월 30일까지 납부해야 한다.

한편 납부할 재산세가 1천만 원이 넘는 경우 부동산으로도 재산세를 낼 수 있고, 500만 원이 넘는 경우에는 무이자로 2회에 걸쳐서 나누어낼 수도 있다. 나누어낼 수 있는 기한은 최대 45일이다.

1분 절세 칼럼 ••• 과세표준을 산정할 때 주택분 재산세와 건물분 재산세는 물건별로 과세표준을 계산하고, 토지분 재산세는 지방자치단체별로 관내의 토지를 개인별로 합산해 과세표준을 계산한다. 따라서 공동명의로 했을 경우 주택분 재산세는 절세 효과가 없지만, 토지분 재산세는 절세 효과가 있다. 이러한 효과는 세율 구조가 누진될 경우에 발생하므로 누진세율이 적용되는 부동산을 취득할 때는 공동명의를 검토해볼 필요가 있다.

비싼 부동산을 가지고 있으면
종합부동산세를 낸다

종합부동산세는 주택과 토지에 대해 과세하는데,
그 과세표준은 공시가액을 기준으로 한다.

최영근 씨는 강남에 있는 시가 20억 원짜리 아파트에 살고 있다. 오래 전부터 강남에 살고 있었을 뿐인데, 살던 아파트에서 재건축사업이 진행된 후 가격이 폭등했다. 다른 부동산도 없고 오직 살고 있는 집 1채뿐이다. 그렇지만 월급은 한정되어 있고 쓸 곳도 많은데 어마어마하게 부과되는 종합부동산세 때문에 정말 힘겹다. 그렇다고 친구들한테 힘들다고 말할 수도 없는 상황이다. 괜히 말했다가는 술값만 덤터기 쓸 것이 분명하기 때문이다.

종합부동산세는 과세 기준일인 6월 1일 현재 일정 부동산을 보유하고 있는 경우 부과된다. 1차로 시·군·구에서 부과하는 재산세가 과세되고, 2차로 일정 기준금액을 초과한 보유재산에 대해 종합부동산세가 과세된다.

과세 기준일에 부동산을 보유한 경우에는 세금을 내야 하기 때문에 매매 시기가 매우 중요하다. 극단적인 예를 들자면, 6월 2일에 주택을 취득해 보유하다가 그 다음해 5월 31일에 양도한 경우, 과세 기준일인 6월 1일에 주택을 보유하지 않았으므로 종합부동산세나 재산세를 내지 않아도 된다. 반대로 6월 1일, 그날 단 하루만 주택을 가지고 있었더라도 과세 기준일에 주택을 가지고 있었기에 보유세를 내야 한다.

결국 부동산을 취득할 때 과세 기준일이 임박해 있다면 매도인은 과세 기준일 전에 양도하는 것이 유리하고, 매수인은 과세 기준일이 지난 후에 취득하는 것이 유리하다.

종합부동산세는
주택과 토지에 과세

주택(부속토지 포함)의 경우 우선 지방자치단체에서 관내 주택에 대해 물건별로 재산세를 과세한다. 또 개인이 전국적으로 보유한 주택의 기준시가를 합해 6억 원(1세대 1주택자는 9억 원)이 넘는 부분에 대해서는 국가에서 종합부동산세를 과세한다. 이때 주거용으로 사용하는 오피스텔도 주택으로 보아 합산한다.

다만 주택 중에서 상시 주거가 아니라 휴양이나 피서 목적으로 활용되는 별장에 대해서는 4%의 높은 세율로 재산세만 부과하고 있다. 또 일정 요건을 지닌 임대주택과 회사에서 보유한 미분양 주택, 사원주택, 기숙사, 가정보육시설용 주택 등에 대해서도 종합부동산세를 과세하지 않는다. 단, 2018년 9월 13일 이후부터는 임대주택을 활용한 투기억제를 위해 1주택 이상 보유한 상태에서 조정 대상 지역 내의 주택을 신규로 취득해 임대주택으로 등록한 경우에도 종부세배제 혜택을 볼 수 없다.

토지의 경우 그 대상을 '종합합산'과 '별도합산'으로 구분해 과세하는데, 지방자치단체에서 부과하는 재산세의 분류 방식이 동일하게 적용된다.

종합합산과세 대상 토지란 별도합산과세 대상이나 분리과세 대상 토지, 기타 주택의 부속토지 등을 제외한 토지로 대표적으로 나대지와 잡종지 등이 해당된다.

별도합산과세 대상 토지란 주택이 아닌 일반 건축물의 부속토지 중에서 일정 면적 이내의 토지를 말한다. 주로 빌딩·상가·사무실 등의 부속토지가 해당된다.

종합합산 대상 토지에 대해서는 시·군·구에서 먼저 관내에 보유 토지를 합해 재산세를 과세하고, 전국적으로 개인별로 합산한 개별공시지가가 5억 원이 넘는 경우에는 종합부동산세를 과세하는 구조다.

별도합산 대상 토지의 경우도 시·군·구에서 먼저 관내에 보유 토지에 과세하고, 전국적으로 합한 개별공시지가가 80억 원이 넘는 경우 그 초과 부분에 대해 과세한다.

따라서 주택과 별도합산토지, 종합합산토지를 제외한 부동산에 대해서는 종합부동산세가 과세되지 않으며 재산세만 과세된다. 예를 들어 주택이 아닌 일반 건축물의 건물 부분은 시·군·구에서 물건별로 0.25%의 낮은 세율로 과세함으로써 과세를 종결한다. 또한 혜택을 주어야 할 요건을 지닌 농지·공장용지·목장용지·임야 등에 대해서도 낮은 세율로 과세를 종결하며, 골프장 및 고급 오락장용 토지와 별장 등에 대해서는 가장 높은 세율인 4%를 적용해 과세를 종결한다.

과세표준은 공시가액을 기준으로 한다

과세표준은 정부가 과세 당시의 부동산 가격 변동폭을 판단해 공시가액의 60~100% 사이에서 결정한다. 이를 공정시장가액 비율이라고 한다.

　예를 들어 공시가액이 10억 원인데 부동산 가격이 올라 규제가 필요할 때는 최대 100%를 적용해 10억 원을 과세표준으로 하고, 2008년처럼 부동산 가격이 떨어져서 세부담을 완화시켜야 할 경우에는 60%를 적용한 6억 원을 과세표준으로 한다.

* **연도별 공정시장 가액비율**

> 2019년 85% ➡ 2020년 90% ➡ 2021년 95% ➡ 2022년 100%

2018년 급격한 주택가격의 상승에 따라 2019년부터 매년 공정시 장가액비율을 상향 조정한다.

이렇게 결정된 과세표준에 대해 주택의 경우에는 '3억 원 이하' '3억 원 초과 6억 원 이하' '6억 원 초과 12억 원 이하' '12억 원 초과 50억 원 이하' '50억 원 초과 94억 원 이하' '94억 원 초과'를 기준으로 과세표준을 6개의 구간으로 나누어 최저 0.5%에서 최고 2.7%의 세율을 적용한다.

토지의 경우에는 종합합산과세 대상인 토지에 대해서는 세율을 최저 1%에서 최고 3%, 별도합산과세 대상인 토지에 대해서는 최저 0.5%에서 최고 0.7%로 적용한다.

이렇게 산출된 세액의 20%가 또 농어촌특별세로 부과되는데, 하나의 세트처럼 한 장의 고지서로 과세된다. 한편 급격한 세부담의 증가를 방지하기 위해 당해 연도의 보유세(재산세와 종합부동산세를 합한 세금)가 전년도 보유세의 150%를 초과하지 못하도록 상한선을 정하고 있다.

단, 2019년부터 조정 대상 지역 내의 2주택자는 200%의 상한선이 적용된다. 또한 3주택 이상 다주택자의 경우 300%를 상한선으로 해 종부세부담을 하게 된다.

| 표 2-4 | 주택 이외 종합부동산세율표

○ 주택(주택의 부속토지 포함)

2006~2008년			2009년 이후		
과세표준	세율	누진공제	과세표준	세율	누진공제
3억 원 이하	1%	-	6억 원 이하	0.5%	-
3억~14억 원	1.5%	150만 원	6억~12억 원	0.75%	150만 원
14억~94억 원	2%	850만 원	12억~50억 원	1%	450만 원
94억 원 초과	3%	1억 250만 원	50억~94억 원	1.5%	2,950만 원
			94억 원 초과	2%	7,660만 원

○ 종합합산토지(나대지, 잡종지 등)

2006~2008년			2009년 이후			2019년 이후		
과세표준	세율	누진공제	과세표준	세율	누진공제	과세표준	세율	누진공제
17억 원 이하	1%	-	15억 원 이하	0.75%	-	15억 원 이하	1%	-
17억~97억 원	2%	1,700만 원	15억~45억 원	1.5%	1,125만 원	15억~45억 원	2%	1,500만 원
97억 원 초과	4%	2억 1,100만 원	45억 원 초과	2%	3,375만 원	45억 원 초과	3%	6천만 원

○ 별도합산토지(건축물 부속토지 등 사업용 토지)

2005년			2006~2008년			2009년 이후		
과세표준	세율	누진공제	과세표준	세율	누진공제	과세표준	세율	누진공제
80억 원 이하	0.6%	-	160억 원 이하	0.6%	-	200억 원 이하	0.5%	-
80억~480억 원	1%	3,200만 원	160억~960억 원	1%	6,400만 원	200억~400억 원	0.6%	2천만 원
480억 원 초과	1.6%	3억 2천만 원	960억 원 초과	1.6%	6억 4천만 원	400억 원 초과	0.7%	6천만 원

＊ 출처 : 국세청

1세대 1주택자에게는
남다른 혜택을 준다

1세대 1주택자의 과도한 세부담을 덜어주기 위해 1세대 1주택자가 과세 기준일인 6월 1일 현재 만 60세 이상인 경우에는 산출된 종합부동산세액에서 고령자의 연령별 공제율만큼 추가 할인을 해준다. 예를 들어 산출세액이 1천만 원이고 만 61세인 사람은 그 10%인 100만 원을 납부할 세금에서 공제해준다.

또한 1세대 1주택자로서 해당 주택을 과세 기준일인 6월 1일 현재 5년 이상 보유한 경우에도 20~50%까지 추가 공제 혜택을 준다. 다만 고령자의 세액공제율과 합해 최대 70%까지만 공제가능하다.

예를 들어 만 66세인 사람이 10년간 보유한 부동산의 종합부동산세가 1천만 원이라면 연령공제 200만 원(1천만 원의 20%)과 보유 연수에 따른 공제 400만 원(1천만 원의 40%)을 합해 총 600만 원을 공제받을 수 있다.

| 표 2-5 | 종합부동산세 납부할 세액 계산구조

산출세액	주택분 산출세액	종합합산 토지분 산출세액	별도합산 토지분 산출세액
세액공제(%)	장기보유 공제: 5년 이상(20%), 10년 이상(40%), 15년 이상(50%) 연령별 공제: 60세 이상(10%), 65세 이상(20%), 70세 이상(30%)		
세부담상한 초과세액	[(전년 재산세 + 종합부동산세 상당액)×150%]를 초과하는 세액		
납부할 세액	각 과세유형별 세액의 합계액 [500만 원 초과시 분납 가능(2개월)]		

* 출처 : 국세청

| 표 2-6 | 연령별 1세대 1주택자의 종합부동산세 공제율

연령	공제율
만 60세 이상 만 65세 미만	10%
만 65세 이상 만 70세 미만	20%
만 70세 이상	30%

| 표 2-7 | 보유 기간별 1세대 1주택자의 종합부동산세 공제율

보유 기간	공제율
5년 이상 10년 미만	20%
10년 이상 15년 미만	40%
15년 이상	50%

1분 절세 칼럼 ●●● 종합부동산세 납세대상자는 12월 1일부터 12월 15일까지 의 기간에 주소지 관할 세무서에서 고지서를 받아 납부하거나 자진신고 · 납부해 야 한다. 또한 세금이 500만 원을 넘는 경우에는 2개월의 기간에 걸쳐 무이자로 세금 을 나누어낼 수도 있다. 다만 재산세와는 다르게 부동산으로 세금을 납부할 수 있는 제도는 폐지되었다.

이런 경우에는
종합부동산세를 내지 않는다

종합부동산세를 면제받으려면 합산배제 신고를 해야 하며,
기숙사나 사원용 주택 등은 종합부동산세를 내지 않는다.

홍혜인 씨는 안정적인 임대 수요가 발생하는 임대주택이 최고라는 생각에 나온 매물 중에서 주택을 짓기에 가장 좋은 땅을 샀다. 땅 면적은 330㎡ 정도인데 용적률 250%를 적용하면 825㎡ 정도의 집을 지을 수 있고, 66㎡ 정도 되는 다세대주택을 지을 경우 12세대가량을 지을 수 있었다. 한 가지 걱정은 여러 채의 주택을 소유하고 있을 경우의 세금상 불이익이다. 과거에도 몇 천만 원이나 되는 종합부동산세를 낸 기억이 있어 세금에 대한 검토가 꼭 필요하다고 생각했다.

종합부동산세를 안 내도 되는
임대주택 5가지

서민들의 주거 안정에 기본이 되는 임대주택에 대해 종합부동산세를 과세한다면 임대료 상승의 요인이 될 수 있다. 이런 문제를 해소할 목적으로 일정한 요건을 지닌 임대주택에 대해서는 종합부동산

세를 과세하지 않는다.

여기서 말하는 일정한 요건은 다음과 같다.

첫째, 직접 토지주가 임대주택을 지어서 임대하는 것으로 다음의 요건을 갖출 경우 건설임대의 혜택을 받는다. 최소한 사용검사 전까지는 건설임대사업자로 등록해야 하고, 세무서에도 사업자 등록을 해야 한다.

- 전용면적이 149㎡ 이하로 임대를 개시한 날의 공시가격이 6억 원 이하일 것
- 특별시·광역시·도별 2채 이상을 5년 이상 계속 임대해야 한다. 단, 2018년 4월 1일 이후 임대사업자 등록시 8년 이상 임대해야 한다.
- 2019년 이후 임대차계약을 갱신하거나 새로 체결할 경우 임대료 또는 임대보증금의 연증가율이 5% 이하여야 한다.

둘째, 분양을 받거나 매입하거나 상속·증여 등의 원인으로 취득한 주택을 임대할 경우 매입 임대라 한다. 역시 구청 등에 사업자 등록을 하고 세무서에 사업자 등록을 해야 한다.

- 주택임대를 개시한 날의 공시가격이 6억 원 이하일 것
- 1채 이상을 5년 이상 계속 임대할 것. 단, 2018년 4월 1일 이후 임대사업자 등록시 8년 이상 임대
- 2019년 이후 임대차계약을 갱신하거나 새로 체결할 경우 임대료

또는 임대보증금의 연증가율이 5% 이하여야 한다.

- 단, 2018년 9월 14일 이후에 1주택 이상 보유자가 추가로 조정 대상 지역 내에서 신규취득한 임대주택은 합산배제 혜택을 보지 못한다.

셋째, 2008년 6월 10일 현재 미분양 주택을 2009년 6월 30일까지 최초로 분양계약을 체결하고 계약금을 납부한 경우를 미분양 매입 임대라고 한다. 정부는 미분양 주택 문제를 해소하기 위해 이런 혜택을 부여했다.

- 전용면적이 149 m^2 이하로 임대를 개시한 날 또는 합산배제 신청 일의 공시가격이 3억 원 이하일 것
- 비수도권 지역의 미분양 주택으로서 5채 이상을 5년 이상 계속 임대할 것

넷째, 임대사업자가 2005년 1월 5일 이전부터 임대사업자 등록을 하고 임대하고 있던 주택으로 기존임대라고 한다.

- 전용면적이 85 m^2 이하로 2005년도 공시가격이 3억 원 이하일 것
- 2채 이상을 5년 이상 계속 임대할 것

다섯째, 임대를 맞추지 못한 건설임대주택의 경우 준공 후 2년까

지는 지역이나 임대 기간에 제한 없이 종합부동산세 합산배제 대상이 된다.

- 전용면적이 149㎡ 이하로 합산배제 신청일의 공시가격이 6억 원 이하일 것
- 주택수 및 임대 기간에 제한 없음

| 표 2-8 | 종합부동산세가 과세되지 않는 임대주택 유형

주택 유형	주거 전용면적	주택수	공시가격	임대 기간
매입임대[1]		전국 1호 이상	6억 원 이하 (비수도권은 3억 원 이하)	8년 이상
건설임대[2]	149㎡ 이하	특별시·광역시·도별 2호 이상	6억 원 이하	8년 이상
미임대, 민간건설임대	149㎡ 이하	–	6억 원 이하	–
기존임대[3]	국민주택 규모[4] 이하	전국 2호 이상	3억 원 이하	5년 이상
리츠·펀드 매입 임대	149㎡ 이하	비수도권 5호 이상	6억 원 이하	10년 이상
미분양 매입 임대	149㎡ 이하	비수도권 5호 이상	3억 원 이하	5년 이상

1) 매매·증여·상속 등으로 취득한 주택으로서 전국에 1호 이상의 주택을 임대하는 경우, 연간 임대료 등 증가율 5% 이하. 단, 2018년 9월 14일 이후 신규취득임대주택합산과세
2) 직접 건설해 취득한 주택으로서 특별시·광역시·도별 2호 이상의 주택을 임대하는 경우, 연간 임대료 등 증가율 5% 이하
3) 2005년 1월 5일 이전에 임대사업자 등록을 하고 임대하고 있는 경우
4) 전용면적 85㎡(수도권을 제외한 도시 지역이 아닌 읍·면 지역은 100㎡) 이하

* 출처 : 국세청

다가구주택과 사원용 주택은
어떻게 하나?

한편 다가구주택의 경우 구분등기가 되어 있지 않아서 구청에 임대사업자로 등록할 수 없다. 하지만 실제로는 다세대주택과 다를 바가 없기 때문에 세무서에 임대주택 사업으로 사업자 등록을 한다면 독립된 하나의 주거 공간으로 구분할 수 있는 부분에 대해서는 1채의 주택으로 인정해 주택수를 계산한다.

예를 들어 등기상으로는 1채의 주택이지만, 원룸 형태라서 그 내부가 101호·102호 등과 같이 개별 호수로 구분되고, 그 구분된 호수가 10호라면 10채의 주택을 임대했다고 본다. 단, 2019년부터 종부세율이 다주택자에 대해서 별도로 적용되기 때문에 세율을 적용하는 때에는 다가구주택을 하나의 주택으로 보아 판단하게 된다.

예를 들어 기존에 보유하던 다가구주택과 세제 적격 임대주택 5호를 보유했다고 보자. 세제적격 임대주택은 주택수에서 합산배제된다. 따라서 이 경우 다가구주택만 가지고 판단하면 된다.

그런데 다가구주택 내부의 구분된 호들을 별도 주택으로 볼 경우 다가구주택 1채만 있는 경우에도 다주택에 대한 종부세 중과세율이 적용된다. 따라서 세율을 적용할 때만 다가구주택은 1채로 판단해 세율을 적용한다.

임대주택 외에도 종업원의 주거에 제공하기 위한 기숙사 및 사원용 주택, 주택 건설사업자가 건축해 소유하고 있는 미분양 주택, 가정보육시설용 주택 등 종합부동산세를 부과하는 목적에 적합하지 않은 주택은 종합부동산세를 과세하지 않는다.

종합부동산세를 면하려면
합산배제 신고는 필수

종합부동산세를 면세받으려면 합산배제 신고는 필수다. 합산배제 신고를 하려면 임대사업자로 등록했는지부터 우선 확인해야 한다. 건설임대주택이나 매입 임대주택, 미임대 건설임대주택의 경우 과세 기준일인 6월 1일(실무상 9월 30일까지 인정)까지 구청에 건설임대 사업자 또는 매입 임대사업자로 등록하고, 세무서에도 주택임대사업자(면세사업자)로 등록 신청을 해야 한다. 기존의 주택임대사업자가 우대 혜택을 받으려면 2005년 1월 5일 이전에 구청에 임대사업자 등록이 되어 있어야 한다.

다가구주택은 기존에 1채의 건물만으로 구청에 임대사업자 등록이 되지 않았으나 이제는 구청에서 등록이 가능하다. 따라서 최소한 과세 기준일 전까지 구청에 등록하고 세무서에 사업자 등록을 해야 한다. 그렇지만 기숙사나 사원용 주택, 미분양 주택 등은 별도의 등록 절차가 필요 없다.

다만 가정보육시설용 주택에 대해서는 과세 기준일인 6월 1일까지 구청에 보육시설 설치 인가를 받아야 하고, 세무서에도 고유번호를 신청해야 한다. 이때 고유번호란 주로 비영리단체에 대해 세적관리를 하기 위해 세무서에 부여하는 등록번호를 의미한다.

임대사업자로 등록했다면 세무서에 종합부동산세가 과세되지 않는다고 신고해야 한다. 신고 시기는 매년 9월 16일부터 9월 30일까지이며, 이때 자신이 보유한 주택 중에 어떤 주택이 과세 대상이 아닌지를 신고해야 한다. 신고 기한까지 신고하지 않았더라도 종합부동산세 신고 기한(12월 1일~12월 15일)에 추가로 신고할 수 있으므로 크게 걱정할 필요는 없다.

1분 절세 칼럼 ••• 주택에 대한 종합부동산세 과세 규정은 부동산 시장의 변동에 따라 매년 심하게 변하고는 한다. 따라서 자신이 보유한 주택이 종합부동산세를 내지 않아도 되는 주택은 아닌지, 또 종합부동산세를 안 내려면 어떤 요건을 지녀야 하는지 등을 꼼꼼히 살펴볼 필요가 있다. 특히 2018년 이후부터 조정 대상 지역 내의 신규취득 임대주택에 대한 합산배제 규정과 종전 5년임대 의무기간에서 8년 이상 임대 기간으로 상승된 규정 및 주택수에 따른 세율의 중과세 여부 등 많은 내용이 변경되었으니, 각별한 주의를 요한다.

상가를 임대할 경우
부가가치세와 소득세를 내야 한다

임대료를 1년치 선불로 받으면 임대 기간별로 과세되며, 분기 말을 공급일자로 하고,
분기에 속하는 월 임대료 합계를 공급가액으로 세금계산서를 교부한다.

조세기 씨는 최근 고등학교 동창의 소개로 강남에 있는 상가를 구입했다. 유동인구도
많고 지역개발 호재도 있어서 거금 3억 원을 투자했다. 임대도 수월했다. 임차인은
편의점을 할 예정이라고 했으며, 보증금 1억 원에 월세도 200만 원이나 받을 수 있었
다. 문제는 조세기 씨가 임대업을 전혀 해본 적이 없다는 사실이었다. 특히 세금 신고
를 어떻게 해야 할지 몰라 난감하기만 하다.

상가는 사업을 하는 장소다. 주거가 아니라 누군가가 사업을 영위하
려는 목적이 있는 장소다. 이렇게 사업을 영위하는 장소를 빌려주는
경우 부가가치세가 과세된다. 따라서 임대업을 하는 사람은 사업자
등록을 해야 하며, 임대료에 대해서는 매월 세금계산서를 교부해주
어야 한다.

　이때 주의할 점은 임대료를 받지 않아도 세금계산서를 교부해야
한다는 것이다. 따라서 받지도 않은 임대료에 대한 부가가치세를 임

대인이 내는 경우도 발생할 수 있다. 물론 보증금으로 월세가 충당되겠지만, 보증금에 대한 간주 임대료 부분은 계속 최초 약정된 보증금을 기준으로 부가가치세가 과세된다.

만약 임대차 계약을 하면서 '월세 체납시 보증금에서 충당한다'라고 약정한 경우에는 줄어든 보증금을 기준으로 간주 임대료가 산정되어 부가가치세를 줄일 수 있다.

임대료 1년치를 선불로 받으면
2번에 나누어 신고

개인인 상가임대인은 부가가치세를 1년에 2번 신고한다. 1월 25일이 2기 확정분 부가가치세 신고 기한이고, 7월 25일이 1기 확정분 부가가치세 신고 기한이다. 즉 1년을 1기와 2기로 나누어 신고·납부한다. 이때 각 분기의 다음 달 25일, 즉 4월 25일과 10월 25일은 '예정신고 기간'이라고 해서 전기에 납부한 부가가치세의 50%를 추정해 고지서를 받아 세금을 낸다.

월세는 보통 매월 받고는 하지만 외국인에 대한 임대, 일정 기업에 대한 임대, 특정 사유가 있는 임대 등에 대해서는 임대료를 선불 또는 후불로 받을 수 있다. 이 경우 선불 또는 후불로 일시에 받은 임대료를 한 과세 기간에 귀속시켜 부가가치세를 매길 경우 세부담이 집중될 수 있다.

따라서 이때는 받은 월세를 일정 기간에 걸쳐 안분해 신고한다. 예를 들어 3월에 임대차 계약을 시작해 1년치 월세를 선납받았다면 3월부터 6월까지에 대해 1기 확정신고를 하고, 7월부터 12월까지는 2기 확정신고를 하고, 그 다음해 1월부터 2월분까지는 1기 확정분에 귀속해 신고하면 된다.

부가가치세 과세표준, 이렇게 산정한다

상가를 임대할 때는 월세뿐만 아니라 보증금도 받는다. 보증금의 경우 향후 임차인이 퇴거시 돌려주어야 하는 돈으로 임대인의 실질수입이 아니다. 그런데도 보증금을 은행에 예치했으면 받을 수 있었다고 추정되는 이자 상당액을 임대수입으로 보아 부가가치세를 신고해야 한다. 이때는 '보증금×정기예금 이자율×날짜'를 계산해 당해 과세 기간, 즉 1기 또는 2기에 해당하는 이자 상당액을 구한다.

예를 들어 1기 확정분에 대한 임대수입을 계산해보자. 정기예금 이자율을 5%(2016년 현재 실제 세법상 이자율은 1.8%)라고 가정하고 보증금이 1억 원이라고 하자. 이 둘을 곱하고 여기에 1기 확정 비율[181일(1월부터 6월까지의 일수)÷365일]을 적용하면 247만 9,450원이 되는데, 이것이 임대보증금에 대한 과세표준이 된다.

추가로 월세가 100만 원이라고 하면 6개월간의 월세 600만 원과 보증금에 대한 임대료 247만 9,450원을 합한 847만 9,450원이 매출액이 되고, 이 금액의 10%인 84만 7,945원이 매출 부가가치세가 된다. 여기에서 임대업을 영위하면서 교부받은 매입 세금계산서(수선비·전기요금 등)의 부가가치세를 공제하면 납부할 부가가치세가 산정된다.

임대보증금을 받을 때는 장부를 통해 신고하자

상가의 경우 주택과 달리 부가가치세를 낸다. 게다가 주택의 경우 과세 대상이 되지 않는 보증금에 대해 소득세를 부담한다. 부가가치세의 경우와 동일하게 임대보증금의 이자 상당액을 임대수입으로 계산한다.

임대수입을 계산하는 방식은 부가가치세를 계산할 때와 유사한데, '임대보증금×정기예금 이자율'을 일수만큼 계산한다. 다만 장부를 통해 소득세를 신고하는 경우에는 보증금에서 건설비에 상당하는 비용과 보증금을 은행 등에 예치해 얻는 이자소득을 뺄 수 있어 신고 소득을 줄일 수 있다.

"장부를 통해 소득세를 신고한다"라는 말은 임대업에서 발생하는 임대수입과 관련 비용을 회계장부로 만들고 이를 기초로 세무신고를 한다는 의미다. 이렇게 한다면 건설비 상당액 및 이자수입을 세무서에서 파악할 수 있고, 결국 이중과세를 방지하므로 공제받을 수 있다.

예를 들어 상가를 5억 원(토지 3억 원 + 건물 2억 원)에 취득해 임대보증금 3억 원에 월세를 받지 않는 경우의 소득세를 계산해보자. 장부를 통해 신고하지 않는 경우의 소득금액은 다음과 같다.

- 임대수입금액 = 3억 원×5%×365÷365 = 1,500만 원
- 임대소득금액 = 1,500만 원×(1-33.5%) = 997만 5천 원

그런데 장부를 통할 경우의 소득금액은 다음과 같다.

- (3억 원-2억 원)×5%×365÷365 = 500만 원

여기에 재산세·종합부동산세·수리비·관리비 등을 추가로 제하면 소득금액은 더 줄어든다.

1분 절세 칼럼 ●●● 상가를 구입할 때는 명의자를 누구로 할지 생각해보아야 한다. 상가와 같은 수익용 부동산은 그 소득이 누구에게 귀속되는지에 따라 전체 세대원이 부담하게 되는 세금이 달라지기 때문이다. 예를 들어 연봉 1억 원 이상 벌고 있는 남편 명의로 상가를 취득할 경우, 상가의 소득이 남편의 근로소득과 합산되므로 높은 세율을 적용받는다. 반면에 소득이 없는 배우자 명의로 취득할 경우, 세율을 최저 6%로 적용받기 때문에 상대적으로 절세가 가능하다. 이 경우 절세 가능액은 연간 최대 4천만 원가량이다.

주택을 임대할 경우
소득세를 내야 한다

상가나 토지임대시 보증금만 받아도 부가가치세와 소득세를 내야 하지만,
주택임대시 보증금만 받는 경우에는 전혀 세금을 내지 않아도 된다.

조세기 씨는 부산에서 상가를 매입하고 큰 낭패를 보았다. 임차인이 제때 월세를 내지 않은 것도 문제였지만, 보증금이 다 차감되도록 임차인이 점포를 비워주지 않아 어려움을 겪었다. 겨우 임차인을 내보낸 후 새로운 세입자를 맞이했지만, 정말 쉽지 않은 것이 임대사업이었다. 이러한 과거의 경험을 떠올려 상가임대는 포기하고 이제는 주택임대사업을 하려고 한다. 그런데 상가를 임대할 때 부가가치세도 내고 소득세도 냈는데, 주택도 마찬가지인지 의문이 들었다.

주택임대사업자는 주택임대사업을 통해 소득을 얻는 사업자를 말한다. 임대소득은 원래 부가가치세가 과세되지만, 주택임대에 대해서는 부가가치세를 면세한다. 하지만 주택임대소득에 대해서는 소득세는 신고·납부해야 한다.

임대소득은
총수입에서 추정 경비를 빼면 된다

연간 2천만 원 이하의 소득을 얻고 있는 주택임대사업자는 금융소득과의 형평성을 감안해 다른 소득과 합산하지 않고, 별도로 소득세를 산정할 수 있다. 이를 분리과세라고 하는데, 8년 이상 장기임대사업자로서 5% 임대상한율을 적용받는 경우에는 60%의 경비율을 적용하고, 여기에 추가로 400만 원을 공제해 소득금액을 산정한다. 미등록 임대사업자의 경우 50%를 비용으로 공제하고 여기에서 추가로 200만 원을 공제해서 소득금액을 계산하게 된다.

> 장기임대소득금액 = 2천만 원 × (1 − 60%) − 400만 원 = 200만 원
> 일반 임대 = 2천만 원 × (1 − 50%) − 200만 원 = 800만 원

여기에 분리과세 세율 15.4%(지방소득세 포함)를 적용해서 소득세를 계산하는 구조다.

주택임대수입이 2천만 원을 초과하는 경우에는 다른 소득과 합산해 과세한다. 실제 발생이자, 수선비 등을 반영해 기장을 하는 경우를 제외하고는 총임대수입의 일정비율을 추정경비로 산입해 소득을 계산하게 된다.

예를 들어 추정경비율이 47.9%라고 하면, 연간 월세 수입의 52.1% 정도를 소득으로 생각하면 된다. 이 소득에 6~42%의 세율을 적용해 세금을 산정한다.

| 표 2-9 | 2017년 귀속 경비율

코드 번호	종목		적용범위 및 기준	단순 경비율	기준 경비율
	세분류	세세분류			
701101	부동산 임대업	· 주거용 건물임대업	○ 「소득세법」 제12조에 따른 기준시가가 9억 원을 초과하는 주택 * 전대(→701300)	37.4	16.9
701102	부동산 임대업	· 주거용 건물임대업	○ 기준시가가 9억 원을 초과하지 않는 아파 트, 공동주택, 다가구주택, 단독주택 등의 임대 * 전대(→701300)	42.6	10.2
701103	부동산 임대업	· 주거용 건물임대업 (장기임대 공동·단독 주택)	○ 장기임대 국민주택(공동주택 및 단독주택) * 국민주택 5호 이상을 5년 이상 임대한 경우에 한해 적용	60.2	15.3
701104	부동산 임대업	· 주거용 건물임대업 (장기임대 다가구주택)	○ 장기임대 국민주택(다가구주택) * 국민주택 5호 이상을 5년 이상 임대한 경우에 한해 적용	59.2	14.6

연간 월세 합계가 3천만 원이라고 가정해보자. 그러면 3천만 원의 47.9%인 1,437만 원이 경비가 된다. 여기에 각종 소득공제를 적용하고 세율을 적용하면 되는데, 소득공제액을 160만 원이라고 하고 세율 15%를 적용하면 약 110만 원가량의 세액이 산정된다.

[표 2-9]의 단순경비율과 기준경비율을 나누는 기준금액은 2,400만 원이다. 즉 임대수입이 기준금액에 미달하는 경우에는 단순경비율을 적용하고, 기준금액 이상인 경우 기준경비율을 적용해서 소득금액을 계산한다.

소형 주택을 임대할 때
보증금만 받으면 소득세는 면제다

주택임대시 꼭 기억해야 할 것이 있다. 상가나 토지를 임대하는 경우 보증금에 대해서도 부가가치세와 소득세를 내야 하지만, 주택은 원칙적으로 보증금에 대해서 과세하지 않는다는 점이다. 현재 3채 이상의 중형 주택을 보유하고 그 중형 주택의 보증금이 3억 원이 넘는 경우 그 초과분의 60%에 대해서 연간 1.8%(2016년 현재)를 소득으로 보아 과세한다. 중형 주택은 부부 합산해 주택수를 계산하게 되며, 전용 40㎡ 규모를 초과하거나 주택 기준시가가 2억 원을 초과하는 주택을 의미한다. 거의 모든 주택이 대상에 들어오는 셈이다.

예를 들어 2채의 중형 주택과 소형의 기준시가 1억 5천만원 원에 해당하는 주택을 보유한 경우 주택의 보유수는 3채이지만 중형 주택은 2채에 불과하므로 보증금에 대해서는 과세하지 않는다. 만약 부부가 각각 2채의 중형 주택을 보유한 경우 개인별 2채이지만 부부 합산 4주택이므로 이때에는 보증금에 대해서 과세된다.

다만 아래의 산식은 개인별로 적용해 계산한다. 즉 개인별 3억 원을 초과하는 보증금에 대해서 과세하는 것이다.

- 임대보증금에 대한 소득금액 산정

  간주 임대료=[(해당 과세 기간의 보증금 합계 − 3억 원)×60%×
  1.8%×임대일수/365] − 임대관련발생 이자배당 수입

또한 주택이 1채만 있는 경우에는 월세를 받아도 소득세는 내지 않는다. 다만 기준시가 9억 원을 초과하는 고가주택은 1채만 임대해 월세를 받더라도 임대소득세가 과세된다.

2018년 말까지 주택임대에서 발생하는 총수입의 연간 합계가 2천만 원 이하인 경우 소득세는 비과세되었다. 2019년부터는 금융소득과 유사하게 2천만 원까지는 별도로 14%의 소득세율로 과세를 종결(분리과세)하거나, 본인의 선택에 의해 다른 소득과 합산해 신고할 수도 있다. 2천만 원을 초과하는 경우 다른 소득과 합산해 종합과세한다.

보유 주택수는 주택의 임대보증금에 대한 과세 여부를 판정하는 데 영향을 미쳐 매우 중요하다. 사례별 주택수의 판단 기준을 보자.

- 다가구주택은 여러 가구가 살아도 단독주택으로 본다. 다만 구분 등기된 경우에는 각각을 한 개의 주택으로 계산한다.
- 공동소유주택은 지분이 가장 큰 사람의 소유로 계산하되, 그들의 지분이 동일하면 각각의 소유로 계산한다. 이 경우 합의에 의해 어느 한 사람의 소유로 정하는 것도 가능하다.
- 임차 또는 전세받은 주택을 전대하거나 전전세하는 경우에는 당해 임차 또는 전세받은 주택도 보유 주택수에 포함시킨다.
- 본인과 배우자가 각각 주택을 소유하는 경우에는 이를 합산해 판단한다.

소득이 적은 배우자 명의로
임대주택을 취득하면 좋다

소득세를 계산할 때는 여러 가지의 소득을 합산해 세금을 계산한다. 이때 소득이 높을수록 높은 세율을 적용한다. 예를 들어 소득이 1천만 원인 경우에는 6%의 세율을 적용하지만, 소득이 1억 원인 경우에는 35%의 높은 세율을 적용한다.

결국 임대용 부동산을 취득할 때 이미 근로소득이 있는 배우자 명의로 취득을 하면 근로소득과 임대소득이 합해지므로 높은 세율이 적용된다. 따라서 소득이 낮거나 없는 배우자 명의로 임대주택을 취득하면 낮은 세율을 적용받을 수 있어 유리하다.

1분 절세 칼럼 ●●● 여러 채의 주택을 임대하는 경우 장부를 작성해 주택 부분에 대한 감가상각비를 비용으로 반영할 수 있다. 이는 임대수입에서 비용으로 차감되므로 임대소득이 줄어드는 효과가 발생한다. 결국 임대소득세가 절세되는 셈이다. 다만 미리 공제받은 만큼 취득가액이 줄어들어 양도차익이 늘어나므로 향후 양도소득세 산정시 불리하다. 결국 건물분에 대한 감가상각비 때문에 임대소득세는 줄지만, 양도소득세는 늘어나는 효과가 발생한다. 주택가격 상승에 비추어 볼 때 최근에는 감가상각을 하지 않는 것이 유리할 수 있다.

주택임대사업자는 주택임대사업을 통해 소득을 얻는 사업자다.

원래 임대소득은 부가가치세가 과세되지만,

주택임대에 대해서는 부가가치세를 면세한다.

부동산 양도는 취득과 보유 단계를 거쳐 지금까지 부동산투자로 취득한 투자 이익을 확정하는 단계다. 발생되는 소득도 크기 때문에 부동산 거래에 관련된 세금 중에서 많은 다툼이 발생하는 원인이기도 하다. 3장에서는 거액의 양도소 득세를 비과세받는 방법, 양도 시기나 사실 판단에 대한 사항을 적절히 활용해 양도소득세를 줄이는 방법 등에 대해 알아본다. 또한 각종 양도소득세와 관련 해 혜택을 받을 수 있는 요건은 무엇인지에 대해서도 상세하게 짚어보자.

3장

부동산을 양도할 때
꼭 알아야 할
절세 비법

공동으로 소유한 집을
양도하면 누가 세금을 내야 할까?

공동소유주택의 경우 소유자의 지분별로 양도소득세를 계산하고,
비과세나 감면 혜택도 소유자별로 적용한다

조세기 씨는 지금까지 자신 명의의 부동산이라는 것을 소유한 적이 없어 왠지 부동산을 가진 사람만 보면 배가 아팠다. 언젠가는 자신 명의의 부동산을 갖는 것이 소원이었지만. 자금이 넉넉하지 않아서 마음이 맞는 친구들과 함께 4년 전 빌라를 1채 구입했다. 하지만 공동명의로 해두니 제대로 재산권행사도 못하고, 월세를 나누는 것도 만만치 않아서 결국 빌라를 팔기로 결정했다. 친구들도 같은 문제 때문에 골치 아프던 차에 조세기 씨의 의견에 동의했다. 그런데 막상 빌라를 처분하려고 하니 양도소득세는 누가 내야 하는지, 또 얼마나 세금을 내야 하는지 도대체 알 수가 없었다. "세무사님. 도와주세요!"

공동으로 소유한 부동산을 양도하고 그 부동산에서 양도차익이 발생하면 양도소득세를 내야 한다. 이때 양도소득금액은 소유자의 지분별로 각각 계산하고, 비과세나 감면 혜택에 대해서도 각 소유자별로 적용한다.

공동명의라도
세금은 지분별로 낸다

공동명의로 두 친구가 절반씩 투자해 주택을 구입한 경우를 생각해보자. 5억 원에 취득하고 이를 10억 원에 양도했다면 매매차익은 5억 원이 된다. 만약 지분이 50 대 50이었다고 하면 1인당 양도차익은 5억 원의 50%인 2억 5천만 원이 된다.

그런데 명의자별로 취득 시기나 금액이 다른 경우에는 각자의 지분에 대한 양도차익을 별도로 산정한다. 특히 1주택에 대한 비과세 혜택을 적용할 때도 명의자 중 한 명만 비과세 요건에 해당된다면 그 한 명에 대해서만 양도소득세를 비과세하고, 나머지 한 명은 비과세를 적용하지 않는다. 즉 명의자 개별로 판단해야 하는 것이다.

공동부동산을 양도할 때 한 친구는 이미 오래전부터 다른 주택을 소유하고 있었고, 다른 친구는 공동명의주택 외의 다른 주택을 소유하지 않았다고 가정해보자. 다른 주택을 가지고 있는 친구는 공동명의주택을 포함해서 2주택이므로 공동명의주택을 먼저 팔 경우 2주택으로 세금 계산을 하게 된다. 이로 인해 중과세가 적용된다면, 세부담의 비교를 통해서 접근해야 한다. 만약 처분은 해야 하지만, 중과세의 적용을 받는 경우라면, 며느리 또는 사위에 증여하고 양도하는 방식을 통해 2차 증여에 대한 세금을 줄이는 방법을 검토해봐야 한다.

공동명의주택만 있는 친구는 1세대 1주택으로서 보유 기간(거주

요건이 필요한 경우 거주요건을 충족)이 2년 이상이라면 양도소득세를 비과세받을 수 있다.

고가주택인 경우
총매매대금을 기준으로 판단한다

한편 9억 원을 초과하는 고가주택은 1세대 1주택이어도 그 초과분에 대한 차익에 대해서 과세하고 있다. 다만 9억 원의 판단은 예외적으로 지분별로 쪼갠 양도가액이 아닌 주택 전체의 양도가액으로 판단한다.

예를 들어 10억 원의 주택을 절반씩 공동명의로 가지고 있을 때 지분권자 개인의 양도가액은 5억 원이다. 즉 '1인당 양도가액이 9억 원 이하니까 전체를 비과세해야 한다'고 생각할 수 있다. 그렇지만 주택 전체의 가격이 10억 원으로 9억 원을 초과하므로 양도차익 중 9억 원을 초과하는 양도차익에 대해서 세금이 부과된다.

구체적으로 5억 원에 공동으로 매입했다면 각자의 매매차익은 2억 5천만 원이 된다. 여기에 장기보유특별공제를 적용하고 산출된 각각의 소득금액에 10억 원 중 9억 원을 초과하는 부분에 대한 비율 '(10억 원-9억 원)÷10억 원', 즉 1/10을 곱해 소득금액을 산정한다.

만약 단독주택으로서 건축법상 분할이 가능한 경우라면 토지와 건물을 분필해 절세하는 것도 가능하다. 물론 공유물 분할시의 당초 지분 초과분에 대한 양도소득세와 분필 후에 각각 주택으로 인정받을 수 있을지 여부는 사전에 반드시 검토해야 할 사안이다. 만약 가능하다면, 18억 원 짜리의 단독주택을 분할 등기해 9억 원짜리로 만든 후 양도시 각각 9억 원 전체에 대해서 양도소득세 비과세가 적용된다.

1분 절세 칼럼 ●●● 종합소득세나 양도소득세 모두 누진세율 구조이므로 소득을 나누는 것이 가급적 세금을 조금이나마 줄일 수 있는 방법이다. 다만 주택의 경우 소득을 나누기 위해서 지분으로 취득하는 경우에 소액지분에 대해서도 주택수에 포함되므로 비과세를 받지 못하는 불이익을 받는 경우가 발생하게 된다. 따라서 다른 주택의 양도시에는 주택수에 포함되는 소수 지분을 어떻게 정리할 것인지 검토할 필요가 있다. 물론 부득이하게 보유하게 된 일정 상속주택에 대한 소수지분권자에 대해서는 그 지분을 주택수에서 제외시켜준다.

상속주택이 포함된 양도소득세에는 복잡한 무언가가 있다

주택수를 산정할 때 상속주택은 반드시 빼고 계산해야 한다.
동일 세대원에게 상속받은 경우 상속주택으로서의 혜택을 받지 못한다

조세기 씨의 아버님은 작년에 교통사고로 갑자기 돌아가셨다. 도박에 빠져 항상 사고만 치시더니 결국 강원도 정선에서 돌아오시던 길에 집 2채만 덩그러니 남겨놓고 가신 것이다. 그런데 문제는 유감스럽게도 아버지를 닮아 노름을 좋아하는 동생이었다. 이를 걱정하던 조세기 씨의 어머니는 동생이 함부로 집을 처분할 수 없도록 집 2채를 두 아들의 공동명의로 해놓자고 제안했다. 그러자 장남인 조세기 씨는 '나는 이미 집을 가지고 있는데, 상속받은 집 때문에 비과세 혜택을 못 받는 것은 아닐까?' 하는 고민에 빠졌다.

상속주택은 일반주택과는 커다란 차이를 가지고 있으므로 유의해야 한다. 우선 상속주택과 일반주택을 보유하다가 일반주택을 먼저 양도할 경우 비록 2채를 가지고 있지만 일반주택 1채만 있는 것으로 보아 비과세한다.

주택수 산정시
상속주택은 빼고 계산한다

상속주택이 여러 채였다면 그 중 1채에 대해서만 혜택을 부여하는
데, 여기에도 우선 순위가 있다. 1순위는 피상속인, 즉 돌아가신 분
이 가장 오랫동안 보유한 주택이다. 만약 보유 기간이 동일한 주택
이 2채 이상이라면 그 중에서 거주한 기간이 오래된 주택을 2순위
로 본다. 그런데 거주한 기간도 동일한 주택이 2채 이상이라면 피상
속인이 사망 당시에 거주한 주택이 3순위가 된다. 이마저도 2채 이
상이라면 기준시가가 높은 주택을 4순위로 하고, 기준시가마저 동
일하다면 상속인이 선택한 주택에 비과세 혜택을 준다.

예를 들어 아버지가 사망 당시에 2채의 주택을 가지고 있었고, 이
주택을 자녀 2명에게 각각 상속했다고 가정해보자. 그런데 상속주
택을 받기 전에 이미 자녀들이 주택을 1채씩 소유했고, 소유한 일반
주택을 양도하려고 한다.

이 경우 2채의 상속주택 중 보유 기간이 가장 긴 주택을 상속받은
자녀는 일반주택을 양도할 때 상속주택은 없는 것으로 보고 일반주
택의 비과세 여부를 판단하면 된다. 반면에 다른 자녀의 경우에는
상속받는 순간부터 2주택으로 본다. 결국 2주택 상태이므로 상속주
택을 취득한 후 3년 이내에 일반주택을 양도해야만 비과세가 가능
하다.

공동 상속주택은
지분이 큰 사람의 소유로 본다

그렇다면 상속인들이 주택을 공동으로 상속받는 경우에는 이 주택을 어떻게 취급해야 할까? 원칙적으로 공동으로 소유한 주택에 대해서는 지분권자 각자가 1채의 주택을 보유한 것으로 본다. 하지만 공동으로 상속받은 주택에 대해서는 상속 지분이 가장 큰 상속인의 소유로 본다.

만약 지분이 동일하다면 그 주택에 거주하는 상속인의 소유로 생각하고 주택수를 계산한다. 지분도 동일하고 거주도 같이하고 있다면 호주 승계인의 소유로 보고, 그 다음으로 연장자 순으로 상속주택의 소유자를 판단한다.

예를 들어 피상속인, 즉 사망한 사람에게 주택이 2채 있었다고 하자. 그 중에서 가장 오래 보유한 주택은 큰아들이 가지고, 그 다음 1채는 둘째 아들이 60%, 셋째 아들이 40%로 공동 소유했다. 그런데 상속인들이 이미 1채씩 일반주택을 가지고 있다고 가정할 때 주택을 양도할 경우 각각 비과세 혜택을 받을 수 있을까?

큰아들의 경우 가장 오래 보유한 주택을 상속받은 것이므로 일반주택을 양도할 때 상속주택은 주택수에 포함시키지 않아 1세대 1주택으로 혜택을 본다. 셋째 아들의 경우도 공동으로 상속받은 지분이 둘째 아들보다 적기 때문에 주택이 없는 것으로 보고 비과세 여부를 판단한다.

그런데 둘째 아들의 경우 공동 상속주택의 지분이 크기 때문에 자신이 원래 보유한 주택에 상속주택도 주택수에 합산된다. 비록 상속주택이지만 큰형이 상속받은 주택보다 보유 기간이 짧기 때문에 혜택을 받을 수 없는 것이다. 결국 2주택 상태이므로 비과세 혜택을 받기 위해서는 상속받은 후 3년 내 일반주택을 처분해야 한다.

동일 세대원에게
상속받은 주택은?

그런데 동일 세대원에게 상속받은 경우에는 일반적인 상속주택으로서의 혜택을 받지 못한다. 예를 들어 2채의 주택을 가진 부부가 있었다. 1채는 남편, 1채는 부인이 소유하고 있다가 남편이 먼저 세상을 떠난 후 부인이 본인 명의의 주택을 양도하려고 한다.

일반적인 상속주택이라면 부인은 상속주택과 일반주택을 각각 1채씩 소유하게 된 것이고 그 중에서 일반주택을 양도하려는 것이다. 상속주택은 주택수에 포함하지 않으므로 보유 요건과 거주 요건을 만족하면 비과세되어야 마땅하다.

그런데 이를 또 다른 시각에서 보자. 만약 남편이 죽지 않고 살아 있는 상태에서 부인의 주택을 양도했다면 어떻게 되었을까? 1세대 2주택이므로 먼저 양도하는 주택은 중과세 내지 일반과세를 적용받게 된다. 즉 절대로 비과세 혜택을 적용받지 못한다. 그래서 동일 세대원에게 상속받은 경우에는 상속주택으로 보지 않고 일반주택과 동일하게 취급해 비과세 여부를 판단해야 한다. 즉 동일 세대원에게 상속받았다면 일관성은 없지만 동일 세대원이 살아 있다고 가정해 비과세 여부를 판단하는 것이다.

그러나 동거봉양을 위해서 자녀가 부모와 합가해 2주택 이상이 된 경우 예외를 두고 있다. 예를 들어 아들이 부모를 모시고 있고 아들과 아버지가 각각 주택을 1채씩 소유하고 있다고 가정해보자. 앞의 논리대로라면 아버지가 사망해 아들이 아버지의 주택을 상속받은 후 이미 보유한 주택을 양도하면 동일 세대원에게 상속받았다는 이유로 비과세 혜택을 받지 못한다. 하지만 2010년부터 아들이 아버지에게 주택을 상속받아도 상속주택은 주택이 없는 것으로 간주하고 일반주택의 양도에 대해서 비과세 혜택을 받을 수 있다.

공동 상속농지에는
또 다른 혜택이 주어진다

양도소득세를 산정할 때 주택 이외에도 혜택을 주는 부동산이 있다. 가장 대표적인 것이 농지다. 농민을 보호하기 위해 자경농지를 우대하고 있는데, 자경을 하고 일정 요건을 갖춘 농지에 대해서는 연간 최대 1억 원까지 양도소득세를 면제해준다. 농지 소재지나 인근 지역에 주소를 두고 8년 이상 농사를 직접 지으면 요건은 충족된다.

즉 8년 동안 재촌하면서 자경을 하면 그 농지의 양도에 대해 양도소득세를 내지 않아도 된다.

그런데 시골에 계신 부친이 농사만 짓다가 사망한 경우에는 어떻게 해야 할까? 만약 부친이 살아생전에 농지를 양도했다면 8년 이상 재촌·자경했으므로 양도소득세를 감면받아야 마땅할 것이다. 하지만 부친이 사망해 농지를 상속받는 경우 일반적으로 상속인이 도시에서 생활하는 경우가 대부분이고, 상속받은 농지 때문에 8년 동안 시골에 내려가 농사를 짓는 것은 사실상 불가능하다.

이러한 점을 고려해 부친이 사망한 뒤 3년 이내에 농지를 양도하면, 상속인이 농사를 짓지 않아도 부친이 농사지은 기간을 합산해 8년이 되는지 판단한다. 3년이 경과해 양도하는 경우에도 상속인이 상속 이후 1년 이상 계속해서 재촌·자경했다면 부친의 자경기간을 합산해 8년 요건을 따질 수 있다. 또한 3년내에 택지개발지구로 지정되어 농사를 짓지 못한 경우에도 부친의 자경기간을 합산할 수 있다.

만약 상속인이 5명이고 부친의 농지를 균등하게 상속받았다고 가정해보자. 이 농지가 상속일로부터 3년 내에 택지개발사업으로 수용되었고, 부친이 8년 이상 재촌·자경했다면 상속인들은 커다란 혜택을 보게 된다. 보상가액이 크지 않다면 차이는 없겠지만, 보상가액이 상속인당 10억 원 가까이 되어 각자 부담해야 하는 양도소득세가 2억 원 정도라면 문제는 달라진다.

부친이 생존해 혼자서 수용당하는 경우라면 최대 1억 원까지 감면을 받겠지만, 상속인이 5명이라면 각자 1억 원씩 최대 5억 원까지의 양도소득세를 절세할 수 있다.

1분 절세 칼럼 ●●● 상속을 통한 절세는 단순히 상속세만을 염두에 두고 결정하면 안 된다. 향후 이어질 양도소득세 및 2차 상속까지 감안해 의사 결정을 해야 한다. 조세기 씨의 경우 이미 주택을 1채 소유했기 때문에 주택 2채를 공동명의로 두는 것은 바람직하지 않다. 자칫 일반주택 양도시 비과세 혜택을 받지 못할 수 있기 때문이다. 따라서 2채 중 보유 기간이 가장 긴 주택은 조세기 씨 단독명의로 가져오고, 나머지 1채는 어머니와 동생의 공동명의로 해야 유리할 수 있다. 공동명의를 할 때 이미 주택이 있는 상속인의 경우 지분을 조금이라도 적게 가져와야 자신이 소유하고 있던 일반주택 양도시 공동 상속주택이 주택수에서 제외될 수 있다.

주택 양도시 비과세받는
요건을 반드시 파악해두자

1세대가 양도일 현재 국내에 2년 이상 보유한 1채의 주택을 가지고 있는 경우
이를 1세대 1주택으로 보아 양도소득세를 비과세한다.

조세기 씨는 경기도 성남시에 주택 1채를 가지고 있다. 3년 전에 취득했는데, 취득하
자마자 타지로 발령을 받아서 거주할 수 없었고, 해군 장교라서 마음대로 거주지를
결정할 수 있는 상황도 아니었다. 향후 제대를 하면 그곳에서 살 계획이었지만, 경제
여건이 안 좋아 처분을 결심했다. 조세기 씨는 집 1채를 팔 경우 9억 원이 넘지 않으
면 양도소득세가 과세되지 않는 것으로 알고 있어 자신있게 집을 내놓았다. 그런데
주위에서 "비과세 혜택을 받으려면 계속해서 1채만 보유해야 한다"고 말하자 조세기
씨의 마음은 불안해지기 시작했다.

1세대 1주택에 대한 비과세는 개인이 얻을 수 있는 가장 큰 절세 혜
택이다라고 할 수 있다. 다만 개인별 부득이한 상황을 고려하도록
세법이 수시로 개정되었고, 비과세 적용여부의 판단이 상당히 어려
워졌기 때문에 관련 내용을 잘 알아두어야 한다.

1세대 1주택 비과세란
무엇인가?

1세대가 양도일 현재 국내에 2년 이상 1채의 주택만을 보유하고 있고, 이를 양도하는 경우 1세대 1주택으로 보아 양도소득세를 비과세한다.

　다만 조정 대상 지역으로 지정된 지역에서 주택을 취득(계약일 기준)할 경우에는 2년 이상 거주를 한 이후에 양도를 해야 비과세가 가능하다. 취득 시점이 기준이므로 양도 시점에 조정 대상 지역에서 해제된 상태라고 하더라도 2년 거주요건이 필요하다는 점에 각별히 유의해야 한다.

조정 대상 지역(2018년 12월 31일 기준)

서울(전역, 25개구), 경기(과천·성남·하남·고양·광명·남양주·동탄2, 구리, 안양시 동안구, 광교택지개발지구, 수원팔달, 용인수지, 용인기흥), 부산(해운대·동래·수영구), 세종

　2021년 이후에 양도할 때는 다주택상태에서 최종적으로 1주택이 된 날부터 2년 이상 보유해야 보유 기간을 비로소 충족한 것으로 인정한다.

　예를 들어 세제적격 임대주택이 3채이고, 일반임대주택이 2채, 거주하고 있는 주택이 1채라고 가정해보자. 일반임대주택 2채를 먼저 처분하고, 거주주택으로서 양도할 경우 세제적격임대주택은 주택수에서 제외되므로 거주주택은 과거의 보유 기간과 과거의 거주기간

요건으로 비과세 가능하다. 2021년 이후에 거주주택을 양도할 경우 일반임대주택을 모두 양도해 최종 1주택 요건이 된 시기부터 2년 이상 보유해야 비과세될 수 있다. 또한 양도하는 주택이 9억 원 이상의 고가주택이 아니어야 한다. 비과세 요건을 갖춘 고가주택의 양도차익 계산식은 다음과 같다.

- 비과세 요건을 갖춘 고가주택의 양도차익=(양도가액-취득가액 등)×양도가액÷(양도가액-9억 원)

즉 양도차익 9억 원까지에 대해서는 비과세 혜택을 주고, 그 초과분에서 발생하는 양도차익에 대해 과세하는 구조다. 이때 9억 원은 기준시가가 아닌 실제 양도된 가액이 기준이 된다. 또한 공동명의로 보유한 주택을 양도할 때는 각각의 지분이 아니라 전체 금액을 기준으로 계산한다.

예를 들어 부부가 각각 절반씩 지분을 가지고 있는 주택을 10억 원에 양도할 경우를 생각해보자. 부부는 각자에게 귀속되는 5억 원의 양도가액에 대해서 고가주택 여부를 판단하는 것이 아니라 10억 원의 주택 전체 매매가액으로 9억 원 초과분에 대한 양도차익을 산정하게 된다.

비과세 요건은 양도일을
기준으로 판단

이미 언급했듯이 비과세 요건의 판단 기준일은 양도일이다. 즉 양도일 현재 3년 이상 보유해야 하고, 조정 대상 지역에서 취득한 경우는 양도일 현재 2년 이상 거주해야 한다. 또한 고가주택인지의 여부도 양도일을 기준으로 판단한다. 예를 들어 취득 당시에는 고가주택이 아니었더라도 양도일 현재 고가주택이라면 과세 방식은 고가주택의 기준을 따른다.

한편 계약일에는 주택이었으나, 양도일인 잔금 청산일에 매매 특약에 따라 철거를 한 경우도 있을 것이다. 원칙적으로 보면 양도일 현재 토지만 남은 상태이므로 주택은 아니다. 주택의 경우 특별히 계약일 현재 상태를 기준으로 비과세 여부를 판단할 수 있다.

100억 원짜리 주택도
최대 80% 장기보유특별공제

이미 언급한 것처럼 9억 원을 넘는 고가주택의 초과분에 대해서는 양도소득세를 내야 한다. 그렇기 때문에 1채에 몇 십억 원하는 고가주택인 경우, 비록 비과세 요건을 갖추더라도 실질적인 비과세 혜택은 그리 크지 않다.

부동산의 경우 보유 기간 동안의 물가상승률 등을 감안해 매매차익에 대해 연간 양도차익의 3%씩을 공제해주었다. 하지만 이는 실질적인 물가상승률에는 크게 미달하는 수준으로, 주택을 보유한 사람이 주택을 처분해 양도소득세를 내고 나면 동일한 규모의 주택으로 이사 가는 것이 불가능하다. 즉 추가로 대출을 받아야만 주거이전이 가능해지는 것이다.

이를 보완해주기 위해 주택에 대해서만, 그중에서도 1채의 주택을 보유한 경우에만 특례장기보유특별공제를 적용해준다. 이때 유의할 사항은 거주 요건이 불필요하다는 것이다. 즉 거주를 하지 않

| 표 3-1 | 보유 기간에 따른 장기보유특별공제율 (단위: %)

보유 기간	1세대 1주택	1세대 1주택 외의 토지·건물 양도시
3년 이상 4년 미만	24	6
4년 이상 5년 미만	32	8
5년 이상 6년 미만	40	10
6년 이상 7년 미만	48	12
7년 이상 8년 미만	56	14
8년 이상 9년 미만	64	16
9년 이상 10년 미만	72	18
10년 이상	80	20
10년 이상 11년 미만	80	22
11년 이상 12년 미만	80	24
12년 이상 13년 미만	80	26
13년 이상 14년 미만	80	28
14년 이상 15년 미만	80	30

아도 양도 시점에 주택을 1채만 가지고 있고, 최소 3년 이상만 보유하면 특례공제를 적용받을 수 있다. 2020년 이후에 양도하는 경우는 양도 당시 2년 이상 거주해야 특례공제를 적용받는다. 거주를 하지 않을 경우 일반장기보유특별공제를 적용받게 된다.

예를 들어 10억 원에 취득한 아파트가 10년이 지난 2020년 7월에 30억 원을 받고 매각했다고 해보자. 일반적인 장기보유특별공제의 한도가 최대 30%인 데 반해, 특례장기보유특별공제의 경우 80%까지 공제가 가능하다. 이를 2년 거주 상태로 양도하는 경우와 거주하지 않고 1주택 상태에서 양도하는 경우의 양도차익은 다음과 같다.

2주택 상태로 양도시 양도차익
= (30억 원 − 10억 원) × (1 − 30%) = 14억 원

1주택 상태로 양도시 양도차익
= (30억 원 − 10억 원) × (1 − 80%) = 4억 원

특례공제를 적용받아 양도할 경우 양도차익이 무려 10억 원이나 줄어든다. 세액으로 환산하면 4억 원 가량된다. 이러한 차이는 양도하는 주택이 고가일수록, 또 매매차익이 클수록 더 크다. 즉 고가주택을 보유한 사람들에게는 특례장기보유특별공제가 매우 큰 혜택이 된다. 또한 1세대 1주택자들이 세부담 때문에 당해 주택을 양도하고 동일한 수준의 주택을 취득하지 못하는 불합리함을 어느 정도 해소해준다.

이러한 이유로 1세대 1주택자들은 양도 시기 조절에 특히 유의해

야 한다. 예를 들어 보유 기간이 5년 11개월이라면 잔금일 또는 등기 접수일을 조정해 6년의 햇수를 채우는 것이 유리하다. 위 사례의 경우 단 1개월의 차이로 인해 최대 6,600만 원가량의 세부담 차이가 발생할 수 있다.

1분 절세 칼럼 ●●● 특례장기보유공제의 경우 거주 여부에 불구하고 적용한다. 그러나 2020년부터는 2년 이상 거주를 한 실소유자만 적용한다. 따라서 매도를 염두에 두고 거주하지 않는 1주택자는 2019년 말까지 양도해야 최대한의 공제율을 적용받아 절세할 수 있다. 물론 양도가액이 9억 원 이하인 경우에는 전액 비과세이므로 크게 의미는 없다.

처제도 같이 살면
1세대에 포함된다

본인과 배우자의 직계존비속이 가족에 해당된다.
매도인이 남자라면 부모, 장인·장모 그리고 그의 자녀가 해당된다.

조세기 씨는 결혼 후 부모님을 모시기로 다짐했다. 그런데 부인이 자신의 여동생과 함께 살아야 부모님을 모시겠다고 선언하면서 문제가 생겼다. 조세기 씨의 부모님은 주택이 없었지만 조세기 씨와 처제는 각각 아파트를 1채씩 장만해놓고 있었다. 결혼 후 1년이 지났을 즈음 조세기 씨는 더 넓은 집을 사야 할 필요성을 느꼈고, 큰 평형의 아파트를 급매로 취득했다. 살고 있는 집은 다행히도 한달 후에 처분할 수 있었다. 조세기 씨는 자신이 주택을 1채만 가지고 있었고, 새집을 취득하고 3년 안에 양도했기 때문에 양도소득세를 신고할 필요가 없다고 생각했다. 그런데 몇 달 후 양도소득세를 신고하라는 안내문이 도착했다. 세무서에 확인해보니 3주택자이기 때문에 양도소득세를 내야 한다고 했다. 조세기 씨는 세무사에게 도움을 청했다. "양도소득세를 내는 것이 맞는 거예요?"

1세대 1주택에 대한 비과세를 판단할 때 1세대의 범위는 생각보다 넓다. 우선 세대의 개념부터 살펴보자. 1세대란 거주자 및 그 배우자가 그들과 동일한 주소에서 생계를 같이하는 가족과 함께 구성하는 세대원을 의미한다. 풀어서 살펴보면 본인과 배우자는 세대의 기본적인 구성원인 것을 알 수 있다. 즉 배우자가 있어야만 세대를 구성할 수 있다. 특히 배우자의 경우 주민등록상 세대를 달리하는 경우에도 주민등록에도 불구하고 같은 세대원으로 본다.

예외적으로 배우자가 없어도 별도의 세대를 인정하는 경우가 있다. 첫째는 만 30세가 넘는 경우이고, 둘째는 배우자가 사망 또는 이혼한 경우다. 마지막으로 20세 이상 30세 미만 자녀의 소득이 별도 생계를 유지할 수준이 된다면 독립적인 세대 구성이 가능하다. 이때 소득의 종류는 종합소득·퇴직소득·양도소득이 해당되며, 해당소득이 양도일 기준으로 국민기초생활보장법상 최저생계비 이상인 경우 별도 세대구성이 가능하다는 것이다.

2019년 기준 1인가구의 최저생계비는 1,024,205원이다. 예를 들어 25세의 자녀가 어릴 때 증여받은 주택을 가지고 있고, 부모도 주택이 있는 상태에서 부모의 주택을 양도한다고 해보자. 자녀가 학생인 경우라면, 별도의 소득이 없으므로 자녀가 비록 다른 곳에 거주하고 있는 경우라고 하더라도 1세대 2주택으로 세금을 계산해야 한다. 그런데 자녀가 학교를 졸업해 신입사원으로 최저 생계비 이상의 급여를 받고 있는 상태에서 부모가 주택을 양도한다면, 또한 그 자녀가 직장근처 오피스텔 등에 거주하고 있다면 별도 세대에 해당하고, 부모는 1주택만 보유한 것으로 보아 비과세가 가능하게 된다.

미성년자의 경우는 비록 소득이 있는 경우라고 하더라도 별도 세대로 인정받지 못한다. 따라서 주택을 증여하고 세대를 분리시켜도 부모의 주택수와 합산해 보유 주택수를 계산하게 된다. 단, 미성년자 상태라도 결혼을 하게 되면 배우자가 있게 되므로 나이에 상관없이 별도의 세대로 인정받게 된다.

처제도 같이 살면 세대원에 포함된다

세법은 실질과세의 원칙에 따라 주민등록상 세대가 분리되어 있어도 동일한 주소에서 생계를 같이하는 경우 동일 세대원으로 본다. 즉 그들 구성원이 1세대가 되고, 그들이 보유한 주택수를 합해 1세대 1주택 비과세 여부를 판단하게 되는 것이다. 따라서 세대원으로 보는 가족의 범위에 대해 좀더 유의해야 할 필요가 있다.

통념상의 가족은 자신과 배우자, 자녀를 떠올리게 되지만 세법상 세대원에 포함되는 가족의 범위는 의외로 넓다. 우선 자신과 배우자의 직계존비속(그 배우자를 포함)이 세법상의 가족이 된다. 즉 매도인이 남자라면 직계인 부모님과 그 자녀(며느리와 사위 포함), 장인·장모가 여기에 해당된다. 또한 자신과 배우자의 형제·자매(그 배우자는 제외)도 포함된다. 조세기 씨의 경우 배우자, 부모, 처제가 세법상 가족에 해당된다. 결국 조세기 씨의 경우 본인과 처제가 생계를 같이하고 있었고, 동일 주소지에서 세대를 구성하고 있었기 때문에 1세대 2주택 상태였던 것이다.

양도일 전까지 세대를 분리하면
비과세가 가능하다

그렇다면 세대원의 구성은 언제를 기준으로 판단하는 것일까? 양도소득세 산정의 대원칙인 양도일을 기준으로 세대원을 판단한다. 조세기 씨가 주택을 양도하기 전에 처제가 주소를 옮기고 세대 분리를 했다면 조세기 씨는 1주택이 된다.

물론 서류상 주민등록만 옮기고 생계를 계속해 조세기 씨와 함께하고 있다면 세대 분리를 인정받지 못한다. 인정받기 위해서는 실제로 다른 주소지에서 생계를 달리해야 한다.

다행히도 최근의 판례는 같은 주소지에 동거중인 경우도 실질적으로 생계를 달리한다면, 별도의 세대로 인정해주고 있다. 예를 들어 처제가 직업이 있고, 월급을 받아서 본인 명의의 신용카드를 사용하는 등 독립적으로 생계를 유지하고 있다면 별도 세대로 본다. 다만 이 경우 과세관청에 소명해야 하는 불편함이 따르게 된다.

조세기 씨의 경우 양도일 현재 처제와 동거하고 있기 때문에 처제가 독립적으로 생계를 유지하고 있다면, 그 사실을 소명하는 방법으로 처제가 별도 세대원임을 인정받을 수 있다.

현실에서 특정 목적을 위해 주민등록상의 주소를 실거주지와는 다른 곳에 위장전입하는 사례가 적지 않다. 이로 인해 예상치 못한 다주택자가 되어 불이익을 당할 수 있는데, 다행히도 세법에서는 실질적인 상황에 따라 판단한다.

따라서 다른 곳에서 생계를 달리하고 있다면 이를 입증해서 불이익을 받지 않도록 하자. 입증은 말보다는 문서 또는 공적자료 등이 적합한데, 그곳에서 생활하면서 발생하는 기록물들이 유리한 증거가 된다. 예를 들면 아파트 입주자카드, 종교단체 가입증명서, 사업자등록증, 전화가입 증명서, 취학 자녀의 재학증명서, 아파트 관리비 납부영수증, 병원 진료기록, 금융거래(현금인출 지점 표시) 내역, 본인 명의 수신 우편물, 교통카드 사용 내역 등이 있다.

1분 절세 칼럼 ●●● 만 30세 이하로 소득이 없거나 결혼을 하지 않은 경우 부모와 따로 살고 있어도 세법상으로는 동일 세대원으로 본다. 따라서 해당 자녀 명의로 주택이 있는 경우 다주택자로서 1세대 1주택 비과세 혜택을 받을 수 없다. 하지만 이 경우에도 미래의 양도일에 소득이 발생하거나, 결혼을 했거나, 30세가 넘는 등 세대 분리 요건을 충족할 수 있다. 만약 자녀를 세대 분리시켜서 부모가 1주택이 될 수 있다면, 양도일 이전까지 자녀를 세대 분리한 후 비과세 혜택을 받을 수 있다.

집이 2채 있지만
1채인 것처럼 비과세받는다

'일정 농어촌주택'은 실수요의 농어촌주택을 의미하므로
상당히 까다로운 요건을 모두 충족해야 한다.

조세기 씨는 언제나 은퇴 이후의 삶에 대해 고민하고 있다. 아내와 자녀들은 서울에 남아 있길 원하지만 복잡한 도시생활에 지쳐가는 자신의 모습을 보며 전원생활에 대한 기대감을 버릴 수 없었다. 이러한 유혹에 부채질이라도 하듯 부동산 중개사가 고향 근처의 주택을 소개했고, 조세기 씨는 시골에 있는 그 집을 덜컥 사버리고 말았다. 물론 아내에게는 비밀이었다. 시간이 흘러 조세기 씨는 더 큰 집이 필요하게 되어 살고 있던 집을 내놓았다. 그러자 불현듯 조세기 씨의 뇌리에 '고향에 있는 집 때문에 2주택이라서 중과세되는 거 아닌가?' 하는 걱정이 들었다. "세무사님, 괜찮을까요?"

1세대가 2년 이상 보유한 주택을 양도할 때 양도소득세를 비과세 받기 위해서는 그 주택 1채만 보유하고 있어야 한다. 하지만 부득이 하게 2주택이 된 경우가 있기 때문에 여러 가지 예외들이 있다. 그 중에서 농어촌주택을 취득할 때의 예외 규정도 눈여겨볼 만하다. 여기에서의 포인트는 일반주택을 양도할 때 주택수에서 제외된다.

주택수에서 제외되는
농어촌주택은 이런 집이다

여기서 '농어촌주택'이란 투기적 수요가 아닌 실수요의 농어촌주택으로서 부득이하게 소유하게 된 주택을 의미한다. 따라서 상당히 까다로운 요건을 모두 충족해야 한다.

중요한 요건 중 크게 2가지를 말하자면 첫째로 지역 제한이다. 주택이 수도권(서울·경기·인천)을 제외한 지역 중에서도 읍(도시지역은 제외), 면 지역에 소재해야 한다. 즉 시골에 소재해야 하는 것이다.

두 번째는 추가 요건으로 보유 목적에 다음과 같은 특별한 사정이 있어야 한다.

귀농 또는 어업에 종사하기 위해서 집을 취득한 경우

귀농과 어업에 종사하기 위해서 취득하는 주택은 고가주택(9억 원)에 해당하지 않아야 하고, 그 대지는 $660\,m^2$ 이하여야 한다. 농업에 종사할 목적이라면 1천m^2 이상의 농지도 함께 취득해야 한다.

어업에 종사하는 경우라면, 어업인이 취득해야 한다. 주택취득 이후에는 부득이하게 이사하지 못하는 세대원을 제외한 전 가족이 이사를 와서 3년 이상 재촌·자경 등을 해야 한다. 또한 귀농주택을 취득한 경우에는 서울 등에 있는 일반주택을 5년 이내에 양도해야 주택수에서 제외되는 특례를 적용받을 수 있다.

상속받은 농어촌주택에 대한 혜택

단, 해당 주택은 사망한 피상속인이 5년 이상 거주한 사실이 있어야 한다.

농업·어업에 종사하지 않게 되어 시골에 남겨둔 주택

단, 해당 시골집에서는 최소 5년 이상 거주한 사실이 있어야 한다.

장소만 시골인 농어촌주택

위와 같은 특정한 목적이 없는 경우여도 다음 4가지의 요건을 충족하면 일반주택을 양도할 때 주택수에서 제외하는 동일한 혜택을 받는다.

첫째, 시골에 소재한 주택을 취득해야 한다. 다만 지역 제한이 좀 더 엄격하다. 일단 읍·면·동(단, 동의 경우 인구 20만 이하의 시·군에 속한 경우에 한정)지역에 소재해야 하며, 읍·면 지역이어도 수도권(서울·경기·인천, 단, 경기 연천군과 옹진군은 대상지역), 도시 지역, 토지거래허가 구역, 투기 지역, 관광단지 지역은 제외된다. 해당 지역 내에 있어도 일반주택과 인근에 있으면 대상이 되지 않는다. 둘째, 주택의 규모가 대지는 660㎡, 건물은 150㎡(공동주택은 전용 116㎡) 이하여야 한다. 셋째, 주택 가격이 취득 당시에 기준시가가 2억 원(한옥은 4억 원) 이하여야 한다. 넷째, 2003년 8월 1일 이후에 취득한 주택이어야 하고 최소 3년 이상 보유해야 한다.

고향에 집을 취득한 경우

과거 10년 이상 거주한 사실이 있는 고향에 주택을 취득하는 경우로서 다음의 요건을 갖추어야 한다.

첫째, 고향에 소재하는 주택이어야 한다. 둘째, 수도권 지역, 투기지역, 관광단지 등 부동산 투기 우려 지역이 아니어야 한다. 셋째, 대지면적이 $660㎡$ 이내여야 한다. 넷째, 해당 주택의 취득 당시 기준시가가 2억 원(한옥은 4억 원)을 초과하지 않아야 한다.

이사 가기 위해 취득한 경우 유예 가능하다

1채의 주택을 소유하다가 이사를 가기 위해 다른 집을 구입하면 일시적으로 2주택이 될 수밖에 없다. 물론 1주택을 유지하기 위해 주택을 팔고 난 이후에 새집을 구입할 수도 있다. 하지만 비과세를 받기 위해서 기존 주택을 팔고 다른 집으로 이사를 갔다가 다시 새집으로 이사를 가는 것은 사회·경제적 낭비다.

따라서 새집을 구입하고 기존의 주택을 양도할 때 비록 1세대가 2주택을 보유하지만 임시적 보유로 보고 비과세 혜택을 주고 있다. 다만 그 기간을 무한정 연장해줄 수는 없기 때문에 새집을 취득하고 3년 이내에 종전의 주택을 양도해야 한다. 물론 종전 주택은 양도 시점에 2년 이상 보유해야 한다. 새집의 취득 시점도 종전 주택을 보유한지 최소 1년 후에 이루어져야 요건이 충족된다.

예를 들어 주택을 1년 6개월 보유한 조세기 씨가 새집을 2019년 6월에 구입했다고 가정해보자. 새집을 취득하고 3년 이내에 양도해야 하므로 2022년 6월까지 기존 주택을 양도해야 한다. 다만 기존 주택을 2년 이상 보유해야 비과세되기 때문에 2년 요건이 채워지는 2019년 12월 이후부터 2022년 6월 사이에 양도해야 비과세 혜택을 받을 수 있다.

다만 이미 조정 대상 지역 내에 1주택이 있는 상태에서 새롭게 조정 대상 지역에서 거주이전 목적으로 주택을 취득한 경우에는 3년이 아닌 2년 이내에 종전 주택을 양도해야 비과세가 가능하다.

유예 기간이
10년인 경우도 있다

이렇게 일시적인 2주택이 된 경우 3년의 유예 기간을 주지만, 직계 부모와 배우자의 직계 부모를 모시기 위해 합가하는 바람에 2채가 된 경우에는 유예 기간을 더 늘려주고 있다. 세대를 합치고 10년간의 기간을 준다. 즉 10년 이내에 둘 중에 1채를 양도하면 2주택이지만 1주택으로 보고 비과세한다.

단, 동거봉양시의 경우 부모의 나이가 한 명이라도 만 60세가 넘어야 한다는 점에 유의해야 한다. 또한 이미 주택을 보유한 상태에서 합가되어야 유예 기간을 부여한다. 합가된 상태에서 추가로 취득한 주택은 적용 대상이 아니다.

또한 결혼을 해서 2주택이 된 경우에는 5년간의 유예 기간을 준다. 결혼을 하기 전에 신부와 신랑이 각각 주택을 1채씩 가지고 있었다면, 결혼을 함으로써 졸지에 2주택이 된다. 이 경우 결혼한 날부터 5년 이내에 먼저 양도하는 주택에 대해 비과세를 해준다.

물론 양도하는 주택은 2년 이상 보유해야 한다. 즉 유예 기간만 늘어난 것이지, 다른 비과세 요건은 동일하다.

지방 파견 가서 산 집은
주택수에서 제외된다

주택을 1채 가지고 있는 1세대가 지방으로 파견을 나가 그 지역의 주택을 추가로 구입해 거주하는 경우가 있다. 그 지방의 주택은 기존 주택의 비과세 여부를 판단할 때 주택수에 포함하지 않는다.

이러한 혜택을 적용받는 지방주택은 수도권(서울·경기·인천)이 아닌 지역에 있어야 한다.

또한 파견 등 근무상의 형편, 고등학교 이상의 취학, 질병의 요양, 기타 부득이한 이유로 주택을 취득하는 것이어야 하며, 세대원 전원이 지방 주택으로 이사가야 한다.

그리고 파견복귀, 질병 치료 완료등 지방주택을 취득하게 된 사유가 해소된 날부터 3년 이내에 일반주택을 양도해야 지방주택이 주택수에서 제외된다.

▌**1분 절세 칼럼** ••• 농어촌주택 등을 주택수에서 제외하는 경우는 일반주택 양도시 비과세 여부를 판단할 때다. 즉 농어촌주택과 일반주택, 이렇게 2채가 있어도 농어촌주택은 주택수에서 제외시킴으로써 일반주택 1채만으로 비과세 요건을 충족했는지 판단하는 것이다. 그렇지만 농어촌주택이 주택수에서 제외된다고 해서 농어촌주택의 양도에 대해 비과세해준다는 의미는 아니라는 점에 유의해야 한다. 일반주택을 둔 채로 농어촌주택을 먼저 처분하는 경우 일반주택은 주택수에 포함되기 때문에 2주택으로 양도소득세의 비과세 여부를 판단해야 한다. 물론 농어촌주택 등에 매매차익이 발생하지 않는다면 걱정할 것은 없다.

상가주택 한 평 차이로
비과세 여부가 달라진다

주택의 면적이 더 큰 경우에는 비록 점포 등이 실제 주택이 아니라도
전체를 주택으로 보아 비과세 여부를 판단할 수 있다.

조세기 씨의 부모님은 경기도 성남에 주택을 가지고 있다. 그런데 단순한 주택이 아니라 1층은 상가이고 2층은 주택인 상가주택이다. 상가에서 나오는 월세 수입으로 겨우 생계를 이어나가고 있다. 다행이 건물의 가치는 8억 원이나 되었고, 성남에 재건축 바람이 불면서 매매하라는 주변의 권유가 끊이질 않았다. 조세기 씨 부모님은 건물을 팔아 아파트에 한번이라도 살아보는 게 소원이었다. 그런데 세금이 걱정이다. 주택은 1채라서 비과세를 받을 수 있지만, 1층 상가는 언제 얼마를 주고 매수했는 지 기억조차 가물거린다. "세무사님, 양도소득세를 줄일 수 있는 방법이 없을까요?"

1세대 1주택 비과세는 주택 및 그 부수토지에 대해서만 적용한다. 즉 주택이 아닌 점포나 일반 사무실 등에 대해서는 양도소득세를 비과세해주는 규정이 없다. 하지만 한 동의 건물에 점포와 주택이 같이 있는 상가주택과 하나의 필지위에 상가 1채 및 주택 1채가 동일 생활영역에 있다고 하는 경우 다른 판단 기준을 적용한다.

주택면적이 상가보다 커야
모두 비과세된다

주택의 면적이 더 큰 경우에는 비록 점포 등이 실제 주택이 아니라고 할지라도 전체를 주택으로 보아 비과세 해당 여부를 판단한다. 반대로 주택의 면적이 점포 등의 면적보다 작거나 같은 경우에는 어떻게 될까? 전체를 점포로 볼까? 그렇지는 않다. 이때는 실제 용도에 따라서 구분한다.

예를 들어 주택의 면적이 100m^2이고, 점포의 면적이 90m^2라고 하자. 그렇다면 주택의 면적이 크기 때문에 전체 190m^2를 주택으로 보아 비과세 여부를 판단한다. 만약 주택의 면적이 90m^2이고, 점포의 면적이 100m^2라면 비과세 대상이 되는 면적은 주택분인 90m^2만 해당된다. 주택의 면적이 100m^2이고, 점포의 면적이 100m^2라면 어떨까? 역시 주택의 면적이 크지 않기 때문에 각각 판단한다. 주택면적과 점포면적을 구분할 때는 세법은 사실상의 용도가 무엇인지를 따진다.

예를 들어 지하실의 경우 공부상 공용공간이라도 1층 점포에서 지하실에 물건을 쌓아놓고 영업하고 있다면 지하실 면적이 점포의 전용 면적에 산입된다. 반대로 해당 지하실을 주거 전용 창고로 활용하는 등 주택 부분에서만 사용하고 있다면 주택의 면적에 산입된다. 이로 인해 주택의 면적이 점포의 면적보다 커진다면 전체를 주택으로 보아 비과세 여부를 판단할 수 있게 된다.

전체를 주택으로 보는 것은
비과세 판단시에만 적용

주택이 상가보다 클 경우 전체를 주택으로 보는 것은 비과세를 판단할 때만 적용한다.

예를 들어 1층이 상가이고 2층이 주택인 겸용주택이 있다고 해보자. 전체 매매가액인 10억 원 중에서 상가 부분의 가격은 6억 원이고, 주택 부분은 4억 원이다. 주택의 면적이 상가 부분의 면적보다 더 크다. 우선 주택의 면적이 더 크기 때문에 전체를 주택으로 보아 비과세 여부를 판단할 수 있다. 즉 당해 겸용주택을 2년 이상 보유하고, 양도 시점에 다른 주택이 없다면 전체가 비과세될 수 있다.

물론 고가주택에 해당하므로 9억 원을 초과하는 부분인 1/10에 해당하는 양도소득에 대해서는 과세한다. 즉 상가에 대한 매매가격 6억 원도 주택가격에 포함해 고가주택으로 보게 되고 고가주택에 대한 양도소득세 계산방식을 적용해 세금을 계산하게 된다.

그러나 매도인이 다주택자인 경우처럼 1세대 1주택 비과세규정을 적용받지 못하거나, 중과세가 적용되는 경우라면 다르다. 당해 겸용주택 중 주택 부분만을 가지고 세금을 계산한다.

즉 2주택 이상 보유자에 대한 양도소득세의 판단이나 재산세같은 보유세의 과세 등 여러 가지 세법상의 판단시에는 면적과 상관없이 실제 내용대로 판단한다.

다가구주택의 양도소득세는
한번 더 판단한다

세법은 원칙적으로 실질과세이므로 상시 주거용 시설, 즉 주방과 욕실 등이 완비된 구분된 공간에 대해서는 별도의 주택으로 보아 판단하게 된다. 즉 다가구주택이나 다중주택 뿐만 아니라, 근린생활시설을 원룸으로 불법으로 용도 변경해 주택으로 사용하는 경우도 모두 별도의 개별주택으로 본다.

다만 다가구주택에 대해서는 일괄적으로 전체를 양도시 1채의 단독주택으로 보아 양도소득세 비과세 여부를 판단한다. 건축법상 다가구주택은 주택으로 사용 부분이 3개층 이하로 구성된다.

예를 들어 주택 부분이 3개층이고 상가 부분이 2개층으로 구성되어있는 경우에는 주택 부분이 비록 여러 세대라고 하더라도 하나의 주택으로 판단한다. 따라서 다른 주택이 없고, 보유 기간이 2년 이상이면서 주택면적이 상가의 면적보다 큰 경우라면, 1세대 1주택 비과세 규정의 적용이 가능해진다.

문제는 근린 생활시설 부분을 주택으로 용도 변경해 4개층 이상이 주택으로 활용되는 경우다. 이 경우 건축법상 다가구주택에 해당하지 않게 되고, 세법상 각 개별 세대를 별도의 주택으로 판단하게 된다.

예를 들어 5층짜리 건물을 1층만 상가로 활용하고, 2층은 원룸으로 용도 변경해 주택으로 사용하고, 3층부터 5층은 다가구주택으로 사용한다고 가정해보자. 이 경우 주택의 면적이 상가의 면적보다 크기 때문에 전체가 1주택이라고 오판할 수 있다.

건물 전체가 주택이기 위해서는 건축법상 다가구주택의 정의에 따라 주택 사용 부분이 3개층 이하여야 한다. 하지만 이 경우 4개층을 실제 주거 공간으로 사용하고 있으므로 건축법상 다가구주택이 아니다. 결국 각 세대별 공간이 별도의 주택에 해당한다. 따라서 불법 용도 변경 상태로 양도시 다주택 양도가 된다. 그래서 상가는 상가에 대한 양도소득세를 내야 하고, 주택은 각 호별을 별도의 주택으로 계산해서 다주택자로서의 양도소득세를 물어야 한다. 조정 대상 지역에서 이러한 과세를 당할 경우 3주택자 이상자로서 장기보유특별공제의 배제와 62%의 최고세율을 부담해야 하는 상황에 닥치게 된다.

1분 절세 칼럼 ●●● 조세기 씨 부모님의 경우 상가주택을 보유했고, 만약 주택의 면적이 상가의 면적보다 더 크다면 전체를 주택으로 보아 비과세 여부를 판단하면 된다. 문제는 면적이 동일한 경우다. 이때는 주거 전용으로 사용하고 있는 공용면적을 찾아봐야 한다. 만약 이로 인해 전체적으로 주택면적이 상가보다 1㎡만이라도 더 크다는 것을 입증할 수 있다면 전체 양도가액에 대한 비과세가 가능할 수 있다.
내부공간의 건축물대장상의 용도와는 달리 주거용으로 전용해서 주택의 면적을 늘리는 것도 가능하다. 다만 전용된 시점부터 2년이 경과되어야 주택으로 인정된다. 또한 건축물대장상의 용도가 실제와 일치하지 않게 됨에 따른 행정벌도 감안해 의사 결정을 해야 한다.

다가구주택은
1채일까, 여러 채일까?

다가구주택은 공동주택과 단독주택의 성격을 동시에 지니고 있다.
세법에서는 일정 요건 충족시 다가구주택을 공동주택으로 취급해준다.

조세기 씨는 2000년 7월 토지(122㎡)를 취득해 2003년 8월 주택 한 동을 신축했다. 지층과 1·2층 각 면적은 63.16㎡로 총 189.48㎡의 다세대주택으로 건축허가가 되었고, 각 세대별로 임대를 주고 자신도 거주하고 있다. 실상 3채의 주택이지만 가격은 8억원 정도였다. 조세기 씨는 주택을 처분하려고 했지만 현재 주택이 3채라 중과세대상일 거란 생각에 처분을 보류했다. 그런데 해법은 옆집에서 나왔다. 옆집도 동일한 규모에 동일한 가격이었는데, 그 집은 구분등기를 하지 않아 다가구주택이었다. 다가구주택으로 팔면 단독주택으로 취급받아 전체에 대해 비과세된다는 것이다. 조세기 씨는 곧바로 다가구주택으로 용도 변경하고 그 집을 6개월 만에 처분했다. "세무사님, 별일 없겠죠?"

우선 다가구주택과 다세대주택의 차이점을 알아보자. 다세대주택은 흔히 연립이나 빌라를 생각하면 되고, 다가구주택은 별도의 명칭 없이 호별로 구분되어 임대되고 있는 원룸을 생각하면 된다. 등기부등본상에 각 세대별 집합건물로 등기가 되어 있으면 다세대주택이고,

구분 없이 건물과 토지가 별도로 등기되어 있으면 다가구주택으로 보면 된다.

용도 변경 후 2년 이내 처분시 일부만 비과세된다

다가구주택의 경우 공동주택의 성격과 단독주택의 성격을 동시에 가지고 있는데, 세법은 아래와 같이 가급적 납세자에게 유리한 해석을 하고 있다.

첫째, 다가구주택은 원칙적으로 공동주택으로 본다. 따라서 1가구가 독립해 거주할 수 있도록 구획된 부분이 하나의 주택이 된다. 그래서 종합부동산세 대상주택에서 제외되는 임대주택을 판단할 때도 다가구주택은 각 호별로 주택수 제외 여부를 판단하게 된다. 또한 지방세법상 중과세대상 고급 주택을 판단할 때도 전체 면적이 아닌 호별 면적을 기준으로 한다.

둘째, 다가구주택을 양도시 하나의 매매 단위로 양도할 때 단독주택으로 취급하는 것이 세법상 유리한 경우 1채의 주택으로 본다. 예를 들어 세 가구가 살고 있어서 원래는 3채로 취급되지만, 하나의 단위로 양도할 때 단독으로 취급받아 1세대 1주택 비과세 적용이 가능하다면, 단독주택으로 인정해준다. 여러 명의 매수인에게 일괄 매도하는 경우도 가능하다. 다만 지분을 수차례에 나누어서 처분하는 경우는 하나의 매매단위로 양도한 것이 아니므로 과세한다.

따라서 다세대주택을 다가구로 용도 변경해서 비과세를 적용받는 것도 가능하다. 다만 용도 변경 후부터 단독주택으로서의 보유 기간을 따지게 된다. 따라서 용도 변경 후 최소 2년이 경과된 뒤에 양도되어야 1세대 1주택 비과세의 보유 요건을 충족하게 된다.

반대로 다가구주택을 다세대로 용도 변경해서 양도하는 경우 다세대주택으로서 양도소득세 비과세 여부를 판단하게 된다. 즉 여러 채를 동시에 양도하는 경우이므로 본인이 선택한 1채에 대해서만 비과세가 가능하게 된다.

한편 다가구주택은 건축법상 다가구주택이므로 건축물대장상에 다가구주택으로 기록되어있어도 실질 내용이 건축법상 다가구주택의 요건을 채우지 못하면, 다세대주택으로 취급받게 되어 다주택중과세 대상이 될 수 있으므로 유의해야 한다.

1분 절세 칼럼 ●●● 조세기 씨처럼 용도 변경을 통한 절세가 가능하다. 주택을 상가로 실제 전환시켜 주택수에서 빼는 것도 가능하다. 반대로 상가를 주택으로 전환하는 경우 전환된 시점부터 주택으로서의 보유 기간 등이 기산된다. 용도 변경 등은 관련 법령 등에 의해 제한될 수 있으며, 해당 용도로 인한 부동산시세에도 영향을 준다. 단순히 세금만으로 용도 변경 등을 판단할 사안은 아니지만, 거액의 양도소득세를 피할 수 있는 부동산의 경우라면 검토해볼 필요는 있다.

조정 대상 지역 내의 주택, 이런 불이익을 받는다

주거환경이 좋은 지역일수록 이런저런 규제를 많이 받게 된다.
집 장만 전에 자금 차입, 재건축 재개발 정비사업, 세금, 청약 등 공부할 게 많다.

나지율 씨는 강남에 입성하는 게 꿈이다. 결혼 전부터 월급을 한 푼도 안쓰고 모아서 저축을 했고, 결혼 후에도 맞벌이를 하며 내집 마련의 꿈을 꾸고 있다. 그러나 강남의 아파트에 한걸음 다가서면, 간발의 차이로 아파트의 가격이 올라 아직까지 꿈을 이루지 못한 상태다. 이제 목표로 하던 아파트를 구입하기 위한 자금을 거의 모았고, 부족한 자금은 대출을 통해서 마련하기로 했다. 총 매가의 70%까지 대출받을 수 있다는 은행원인 친구의 말을 믿고, 아파트를 계약하러 갔다. 하지만 투기 지역 내에서는 대출이 40%밖에 안나온다는 말을 들었다.

정부의 부동산 대책은 수요억제에 대한 대책이다. 이 중 첫 번째가 대출규제, 두 번째가 매각차액에 대한 양도소득세 중과세다. 이런 대책들을 통해 남는 게 없으니 투자하지 말라는 것이다. 각 지역지구별로 대출 규제 및 세법상 불이익을 차등해 적용하고 있다.

조정 대상 지역, 투기과열지구, 투기지역에 대해서 알아보자

당초 정부의 발표에 의하면 서울(전역, 25개구), 경기(과천·성남·하남·고양·광명·남양주·동탄2), 부산(해운대·연제·동래·부산진·남·수영·기장군), 세종시가 조정 대상 지역에 해당했다. 2018년 8월 27일 지정 지역 중 일부가 변경되었는데, 이 중에서 광명시와 하남시는 투기과열지구로 강화 지정되었고, 기장군은 일광면만 남기고 조정 대상 지역에서 제외되었다.

한편 구리시, 안양시 동안구, 광교택지 개발지구는 추가로 조정 대상 지역으로 지정되었다. 2018년 12월 31일부터는 경기도 수원시 팔달구와 용인시 수지구, 기흥구가 추가되고, 부산시 부산진구, 남구, 연제구, 기장군 4곳이 지정해제되었다.

조정 대상 지역 중에서 투기억제의 유인이 강한 순서대로 투기과열지구와 투기지역을 중복해서 지정하고 있다.

투기과열지구도 당초 조정 대상 지역 중에서 서울(전역, 25개구), 경기(과천, 성남시 분당구), 세종시, 대구시 수성구가 해당되었다가, 광명시와 하남시가 추가되었다.

투기지역도 당초 서울 중에서 강남·서초·송파·강동·용산·성동·노원·마포·양천·영등포·강서구가 지정되었고, 지방은 세종시가 해당되었다. 이후 종로구·중구·동대문구·동작구가 추가지정되었다. 이를 표로 요약하면 다음과 같다.

투기지역 내에서
적용되는 규제

각 지역지구 중 가장 큰 규제를 받는 것은 투기지역이다. 투기지역의 경우 조정 대상 지역 내의 규제와 투기과열지구의 규제를 기본적으로 적용받게 되며, 추가로 투기지역에 대한 규제를 받게 된다. 즉 정부가 볼 때 가장 투기가 과열되었다고 판단하는 지역이다. 규제의 내용을 살펴보면 다음과 같다.

첫째, 도심 내 소재한 주택과 일정 농어촌주택이 있는 경우다. 도심주택을 양도할 경우에는 일정 농어촌주택(대지면적이 200평 이하고, 취득 당시 기준시가 2억 원 이하인 고향주택 등)은 주택수에서 제외되는 혜택을 받는다. 하지만 2017년 8월 3일 이후에 세종시 등 투기지

| 표 3-2 | 집값 규제지역 지정 현황

	투기지역	투기과열지구	조정 대상 지역
서울	강남·서초·송파·강동·용산·성동·노원·마포·양천·영등포·강서·종로·중·동대문·동작	전체	전체
경기	–	과천·성남	분당·과천·성남·하남·고양·광명·하남·남양주·동탄2·광명·구리·안양 동안·광교지구·수원 팔달·용인 수지·용인 기흥
부산	–	–	해운대·동래·수영
대구	–	대구 수성	–
세종	전체	전체	전체

* 2018년 12월 31일 기준
* 출처: 국토교통부

역 내에 소재한 농어촌주택을 취득할 경우 이런 혜택에서 배제된다. 즉 서울에 주택과 일정 농어촌주택을 보유한 경우 비록 2채 보유한 상태이지만, 서울주택을 양도할 때는 1주택으로 비과세를 받을 수 있었지만, 해당 농어촌주택이 투기지역에 소재한 경우라고 한다면 2주택으로 중과세되는 것이다.

둘째, 일정 규모 이하의 지방 별장은 취득세 중과세율을 적용받지 않는다. 이때의 규모는 농어촌주택의 규모와 유사한데, 대지면적은 $660m^2$ 이하이고, 건물의 연면적은 $150m^2$ 이내여야 한다. 또한 건물 부분의 시가표준액이 6,500만 원에 미달하고, 토지를 포함한 공시가격은 2억 원 이하여야 한다. 이러한 요건을 충족하는 농어촌주택에 대해서는 비록 그 용도가 별장에 해당하는 경우에도 취득세를 중과세하지 않는다. 단, 해당 농어촌 별장의 소재지가 투기지역으로 지정된 이후에 취득하는 경우라면 별장으로 중과세된다. 일반 농어촌주택이었다면 1~3%의 세율이 적용되겠지만, 별장은 표준세율 4%에 중과세율 8%를 더한 12%의 취득세율이 적용된다. 여기에 농특세와 교육세 등을 감안하면 취득가액의 14% 정도가 취득관련 부대 비용으로 지출되어야 하는 것이다.

단, 별장은 종부세 대상에서 제외된다. 종부세에서 제외시켜주는 이유는 이미 재산세가 중과세되기 때문이다. 재산세는 공시가액에 과표적용율을 곱하고 여기에 4%로 고율의 세율을 적용해 계산한다. 즉 종부세 없이도 보유로 인한 불이익을 충분히 감당하고 있다. 한 편 소득세법상 주택으로 보지 않기 때문에, 별장과 일반 주택을 각

1채씩 보유한 경우로서 일반주택을 먼저 양도할 경우 일반주택은 1세대 1주택 비과세 적용이 가능하다.

그렇다고 별장에 대해서 양도소득세 혜택을 주는 것도 아니다. 주택수에서 제외시켜주는 대신에 별장 부수토지의 양도세 산정시 비사업용토지로서 10%를 일반세율에 추가해 과세하고 있다.

조정 대상 지역에 적용되는 규제내용

조정 대상 지역에 적용되는 규제내용은 다음과 같이 4가지로 정리할 수 있다.

첫째, 조정 대상 지역 내에 소재한 주택을 다주택자가 양도할 때, 2주택자는 기본 세율에 10% 포인트 추가해 과세하고, 3주택 이상자는 20%를 추가해 과세한다. 따라서 2주택자는 최저 16%에서 최고 52%의 세율을 적용받게 되며, 3주택자는 최저 26%에서 최고 62%의 세율을 적용받게 된다. 물론 지방세는 별도로 추가과세된다. 또한 장기보유특별공제도 적용받을 수 없다.

둘째, 2018년 8월 2일 이후 취득한 주택으로 조정 대상 지역 내에 있는 주택은 2년 이상 거주해야 1세대 1주택 비과세를 적용받을 수 있다.

셋째, 일반 분양권 전매시 1년 미만 보유시 50%, 2년 미만 보유시

| 표 3-3 | 각 지구 지역별 규제

	투기지역	투기과열지구	조정 대상 지역
대출	LTV·DTI 40%	LTV·DTI 40%	LTV 60%·DTI 50%
	중도금대출 발급요건 강화 – 분양가격 10% 계약금 납부 – 세대당 보증건수 1건 제한	중도금대출 발급요건 강화 – 분양가격 10% 계약금 납부 – 세대당 보증건수 1건 제한	중도금대출 발급요건 강화 – 분양가격 10% 계약금 납부 – 세대당 보증건수 1건 제한
	주담대 만기연장 제한 – 2건 이상 아파트 담보대출 있는 경우		
	주담대 건수 제한(세대당 1건) – 기존주택 2년 내 처분 약정시 예외 허용		
	기업자금대출제한 – 임대사업자의 임대용 주택 취득 외 주택취득 목적 기업자금대출 신규 취급 불가		
정비 사업	–	재건축 조합원 주택공급수 제한(1주택)	재건축 조합원 주택공급수 제한(1주택)
		재건축 조합원 지위양도 제한 – 조합설립인가~소유권 이전등기시	
		재개발 등 조합원 분양권 전매제한 – 관리처분계획인가~소유권 이전 등기	
		정비사업 분양 재당첨 제한 – 조합원/일반분양 포함, 5년	–
		재건축 사업 후분양 인센티브 배제	
세제	양도세 주택수 산정시 농어촌주택 포함 – 3년 보유 및 이전주택 매각시 1세대 1주택 간주 배제	–	
	취·등록세 중과대상 특례 배제 – 중과대상인 별장에서 일정규모·가액 이하 농어촌주택 배제 제외		
		–	다주택자 양도세 중과·장특공 배제 – 2주택 +10%p, 3주택 +20%p
			1세대 1주택 양도세 비과세 요건 강화 – 2년 이상 보유+거주, 9억 원 이하
			분양권 전매시 양도세율 50%
전매 제한	–	분양권 전매제한 – 소유권 이전등기시(최대 5년)	분양권 전매제한 – 6개월~소유권 이전등기시
		오피스텔 (100실 이상) 전매제한 강화 – 소유권 이전등기 or 사용승인일로부터 1년 중 짧은 기간	오피스텔(100실 이상) 전매제한 강화 – 소유권 이전등기 or 사용승인일로부터 1년 중 짧은 기간
청약		1순위 자격요건 강화 – 청약통장 가입 후 2년 경과+납입횟수 24회 이상 – 5년 내 당첨자가 세대에 속하지 않을 것, 세대주일 것 – 2주택 소유 세대가 아닐 것(민영)	1순위 자격요건강화 – 청약통장 가입 후 2년 경과+납입횟수 24회 이상 – 5년 내 당첨자가 세대에 속하지 않을 것, 세대주일 것 – 2주택 소유 세대가 아닐 것(민영)
		1순위 청약일정 분리(해당지역, 기타)	1순위 청약일정 분리(해당지역, 기타)
		민영주택 일반공급 가점제 적용확대 – 85㎡ 이하 100%, 85㎡ 이상 50%	민영주택 일반공급 가점제 적용확대 – 85㎡ 이하: 75%, 85㎡ 이상: 30%
	–	민영주택 재당첨 제한 – 85㎡ 이하: 과밀억제권역 5년, 그 외 3년 – 85㎡ 초과: 과밀억제권역 3년, 그 외 1년	민영주택 재당첨제한 – 85㎡ 이하: 과밀억제권역 5년, 그 외 3년 – 85㎡ 초과: 과밀억제권역 3년, 그 외 1년
		오피스텔 거주자 우선분양 – 분양 100실 이상: 20% 이하 – 분양 100실 미만: 10% 이하	오피스텔 거주자 우선분양 – 분양 100실 이상: 20% 이하 – 분양 100실 미만: 10% 이하
		9억 초과 주택 특별공급 제외	
기타		지역·직장주택조합 조합원 지위양도 제한 – 사업계획승인 후 양도·증여·판결 등에 따른 입주자 지위 변경 제한	
		지역·직장주택 조합원 자격요건 강화 – 조합설립인가신청일~신청일 1년 전	
	–	자금조달계획서 신고의무화(3억 이상)	–
		민간 분양가상한제 적용 주택 분양가 공시 – 수도권은 의무 공시, 지방은 별도 고시	
		공급질서 교란자에 대한 자격제한 – 5년, 공공주택지구는 10년	

* 출처 : 기획재정부 보도자료

는 40%, 2년 이상 보유시는 기본세율이 적용된다. 조정 대상 지역 내의 분양권은 무조건 50%의 세율이 적용된다

넷째, 기존에 대형평형을 가진 재건축 조합원의 경우에는 소형평형 2채를 받아서 이 중에서 1채를 임대사업용으로 활용할 수 있다. 하지만 투기지역 내에서는 1채만 받을 수 있으므로 대형평형을 유지해야 한다.

투기과열지구 내에서 적용되는 규제

기본적으로 조정 대상 지역 내의 규제를 받게 된다. 중요한 추가 규제내용으로 재건축 조합원의 지위를 양도할 경우 매수인은 현금청산대상자가 되어 아파트를 분양받을 수 없게 된다. 단, 재개발 등의 경우 관리처분계획의 인가일 전까지는 조합원 지위승계가 가능하다. 또한 투기과열지구 내에서 조합원으로 분양받거나, 일반 분양받은 경우 5년 내 분양 재당첨이 제한된다.

> **1분 절세 칼럼** ●●● 현재 상태에서 나지율 씨가 강남권에 주택을 장만하는 방법은 전세형태의 세입자를 둔 상태에서 취득이 유일해보인다. 현재 투기과열지구 내에서 주택을 취득할 때 자금조달 계획서를 제출하도록 하고 있고, 특히 강남권의 경우 반드시 조사받는다는 생각으로 출처 입증에 대한 사전 준비가 필요하다.

현재 그리고 미래에
다주택자로 살아가는 법

다주택자에 대한 중과세시대에
활용 가능한 절세방안을 알아본다.

조세기 씨는 서울 서초구에 살고 있는 집 1채와 강서구 마곡지구에 아파트 2채를 사서 전세를 주고 있다. 2017년 8·2 대책에서 다주택자에게는 양도세를 엄청나게 부과하겠다는데, 걱정이 이만 저만이 아니다. 갭투자로 마곡에 있는 아파트에서 시세차익을 얻기는 했지만, 2019년 양도소득세를 내고 빌린 돈의 이자를 지불하고 나면 오히려 적자가 될까 우려된다. "세무사님, 이럴 땐 어떻게 해야 되나요?"

2017년 다주택자에게 양도세를 강화하겠다는 8·2 부동산 대책 발표가 있었다. 이에 따라 2018년 4월부터 2주택 이상 다주택자의 경우 조정 대상 지역 내 주택을 팔 때 양도소득세를 중과하고 있다. 양도세 강화는 2018년 4월 1일 이후 양도하는 주택부터 적용하고 있다. 다주택자는 주택을 유형별로 분류하고 향후 세법개정에 따른 투자수익율 변동에 대비해야 한다.

중과세 대상에서 제외되는
주택인지 여부를 판단한다

과거 부동산 경기침체기에 건설 경기 활성화를 위해서 미분양 아파트를 취득할 때 세금 혜택을 주던 때가 있었다. 이러한 주택에 대해서는 양도소득세를 감면해주고, 다주택에 대한 중과세에서도 제외된다. 서울을 기준으로 설명하자면, IMF 극복을 위한 감면주택으로 1998년 5월 22일부터 1999년 말까지, 2001년 5월 23일부터 2002년 말까지 미분양 아파트(해당 기간에 준공 또는 일반 분양 계약한 재건축 아파트 조합원도 포함)를 최초 분양 계약한 경우 이러한 혜택을 받을 수 있다.

이후 2013년 4월 1일부터 2013년 12월 31일 사이에 미분양 아파트 또는 미분양 주거용 오피스텔 그리고 기존 주택 중 1세대 1주택자가 보유한 주택(국민주택 규모 이하 또는 6억 원 이하)을 취득하기로 계약한 경우도 양도소득세 감면 및 다주택 중과세 제외 대상이다. (조세특례제한법 제97조, 97의2, 98조~98의3조, 98의5조~98의8조, 99조~99의3조 요건 참조)

따라서 위 감면 대상 주택을 양도할 때는 다주택 중과세에도 불구하고 일반세율이 적용되고 장기보유특별공제도 받을 수 있다. 게다가 양도소득세 감면도 적용될 수 있으므로 세액 계산 방식이 현재와 크게 다르지 않다. 따라서 매각 여부를 검토할 때 1순위 대상이 된다.

1세대 1주택 비과세를 적용받아야 할 거주주택을 선정한다

주택과 관련해 현행 존재하는 가장 커다란 혜택은 1세대 1주택 규정이다. 양도소득세의 경우 매매가액 9억 원까지는 전액 비과세를 받을 수 있고, 10년 이상 장기 보유시 매매차익의 80%를 비용으로 공제받을 수 있다.

다주택자 중과세 적용시 장기보유특별공제를 전혀 인정받지 못하게 된다. 즉 보유 기간에 대한 물가상승율공제가 전혀 인정되지 않는 것이다. 현행 매매차익의 최대 30%가 비용으로 인정되고 있는데, 이마저도 공제불가다. 해당 공제 금액은 매매차익이 거액일수록 비례해 커지게 되며, 세액의 크기에 큰 영향을 주게 된다.

현재 여러 채의 주택을 보유한 상태에서 먼저 양도하는 주택이 비과세 대상 1세대 1주택으로 인정받기 위해서는 다른 주택이 일정 장기임대주택으로 등록되고, 먼저 양도하는 주택은 양도 당시 2년 이상 거주된 주택이어야 한다.

이때의 임대주택은 다른 임대주택보다는 좀더 요건이 느슨하다. 면적에 대한 제한은 없고, 임대주택으로 등록 당시 수도권은 기준시가 6억 원 이하(수도권 외의 지역은 3억 원)이기만 하면 된다. 즉 조정대상 지역에서 새롭게 취득한 경우도 가격요건만 충족하면 주택수에서 제외되는 임대주택이 될 수 있다. 또한 임대 기간도 다른 임대주택과는 달리 5년만 임대해도 된다.

따라서 보유한 주택 중 고가주택이면서 매매차익이 거액인 경우라면, 사전에 거주 요건을 충족시켜서 거주주택으로 분류해놓아야 한다. 특히 고가주택의 경우에는 중과세를 피할 수 있는 임대주택으로 등록할 수 없기 때문에 거주주택으로 비과세 받는 방안을 적극 검토해야 한다.

임대주택으로 등록해서 중과세를 피해야 할 주택을 선별한다

8·2대책은 다주택자에게 중과세할 것을 경고하고 있지만, 기존의 다주택자에게 중과세를 피할 수 있는 방법도 제시하고 있다. 그것은 바로 임대사업자 등록이다.

이미 시행되고 있는 임대주택에 대한 여러 가지 혜택을 최대한 이용할 경우 재산세, 종합부동산세, 임대소득에 대한 종합소득세 그리고 양도소득세는 그리 큰 걱정거리는 아니다.

그 이유는 이미 시행되는 임대주택 관련 세법이 과세제외, 감면 등의 혜택을 부여하고 있기 때문이다. 특히 장기임대주택에 대해서는 엄청난 혜택을 추가로 부여하고 있다. 따라서 단기보유목적이 아닌 장기보유목적의 다주택자라면, 임대주택의 등록에 따른 세금 감면 혜택을 미리 살펴보고 본인에 해당되는 규정을 적극 활용해야 한다. 대부분 임대사업자 등록 이후부터 혜택을 주고 기간 계산이 시작되기 때문에 늦게 등록을 할수록 선택지는 점점 좁아지게 된다.

기존 다주택자가 임대주택으로 등록해 받을 수 있는 혜택 중 가장 큰 비중을 차지하는 것은 양도소득세 분야다. 2018년 9월 13일 이전 취득 주택이라면, 장기임대주택으로 등록하고 8년 이상 임대 시 다주택자 중과세에서 제외될 수 있다. 또한 장기보유특별공제를 최대 70%까지 적용받을 수 있다. 이것은 현행 존재하는 가장 큰 혜택이다. 이를 활용하면 거액의 양도소득세 절세가 가능하다.

다만 2018년 9월14일 이후에 취득하는 임대주택은 가격요건을 추가로 충족해야 장특공제 혜택을 볼 수 있다. 거주주택에서 제외되는 주택처럼 수도권 6억 원 이하, 비수도권 3억 원 이하라는 요건을 취득 시점에 갖추어야 한다. 이때의 가격은 실제 취득가액이 아니고, 기준시가다. 또한 신규 취득 임대주택에 대해서 주어지던 양도소득세 100% 감면 규정은 2018년 말로 종료되었다.

자녀에게 사전증여할
주택을 선별한다

거주주택으로 양도시 해당 거주주택은 1세대 1주택으로 비과세 혜택을 볼 수 있지만, 다른 보유주택의 비과세는 제한적으로 적용된다. 또한 임대주택으로 등록해 장기간 자금이 묶이게 되는 것이 부담스러울 수도 있다.

이 경우 거주주택으로 비과세받는 것을 포기하고, 주택수를 줄여서 일시적 2주택으로 접근하는 것도 가능하다. 예를 들어 조세기 씨의 경우도 마곡의 주택 중 1채를 증여하고, 2주택자가 된 경우 일시적 2주택 규정을 활용해 서초 아파트와 마곡의 나머지 1채의 양도에 대해서 전액 비과세 받을 수 있는 방법도 존재하는 것이다.

따라서 세대 분리될 수 있는 자녀가 있다면, 증여를 통해서 주택수를 줄이고, 남은 주택에 대해서 비과세를 받을 수 있도록 계획을 짜고, 자녀도 수증한 주택을 별도의 세대구성을 통해서 비과세받고 처분할 수 있도록 준비하면 된다. 물론 자녀에게 증여시 발생하게 되는 거액의 증여세를 어떻게 조달할 것인지, 과연 증여를 통해서 양도소득세 절세가 이루어지게 될지에 대한 사전검토는 반드시 필요하다고 할 수 있다.

2주택자는 농어촌주택 등을 취득해 양도세 중과를 피할 수 있다

2019년부터 2020년까지 수도권 거주자의 농어촌 및 소규모 지방도시로의 이전을 유도하기 위해서 중과세 될 주택을 양도하고 2달 이내에 시골주택을 취득하면 장기보유특별공제와 일반세율을 적용해 양도세를 낼 수 있다. 구체적인 요건은 다음과 같다.

1. 수도권 조정 대상 지역 내 공시 가격 합계 6억 원 이하인 2주택 중 1주택을 양도해야 한다.

2. 양도한 주택의 양도소득세 예정신고 기간(양도일이 속하는 달의 말일 부터 2달) 내에 농어촌주택 또는 고향주택을 취득해야 한다.

> * 농어촌주택이란 기준시가 2억 원(한옥 4억 원), 대지면적 660㎡ 이내, 수도권 등외 읍·면 소재 주택을 의미한다.
> * 고향주택이란 기준시가 2억 원(한옥 4억 원) 이하, 대지면적 660㎡ 이내 주택, 수도권 외의 인구 20만 명 이하 시 지역으로서 10년 이상 거주 지역에 소재한 주택을 의미한다.

3. 농어촌주택 등을 3년 이상 미보유 또는 최초 보유 기간 3년 중 2년 이상 미거주하는 경우 2주택 중과세율 및 장기보유공제를 배제해 양도소득세를 추징당하게 된다.

1분 절세 칼럼 ●●● 조세기 씨의 경우 선택할 수 있는 대안은 2가지다. 첫 번째, 서초구 주택이 거주주택 요건을 충족했는지 체크하고, 부족하다면 요건을 채운다. 나머지 주택은 임대주택 등록이 가능한지 주택공시 가격을 확인하고, 등록 가능하다면 구청에 임대주택으로 등록하고, 세무서에 사업자 등록할 수 있도록 한다. 구청에 등록시 일반임대로 진행할지, 장기임대로 진행할지는 향후 자금 계획을 체크해 결정한다. 둘째로 마곡주택 중 1채를 자녀에게 증여해 세대분리시키고, 나머지 주택이 일시적 2주택으로 비과세 가능할지 검토한다.

다주택 중과세에서
제외되는 주택도 있다

양도소득세는 시세차익이 있어야 납부할 세액도 있다.
시세차익이 없다면 주택을 몇 채 소유해도 양도소득세를 내지 않는다.

나지율 씨는 예전부터 경매에 관심이 많았다. 열심히 경매공부를 해서 서울 시내에서만 빌라를 5채 구입한 상태이다. 경매의 경우 시세보다는 저렴하게 구입할 수 있고 세입자를 전세의 형식으로 임대차 계약시 추가적인 자금이 거의 들지 않고도 주택을 구입할 수 있었다. 마침 부동산에 대한 투자가 활성화되어, 이미 취득한 주택은 상당한 시세차익을 얻은 상태이다. 나지율 씨는 앞으로 주택을 더 구입해 임대사업을 할 예정이다. 그런데 2018년 개정된 세법은 나지율 씨를 충격에 빠뜨리고 말았다. 다주택자는 매매차익의 66%를 세금으로 내야 한다는 것이다. 보유 기간 동안 부담한 이자, 재산세, 종부세, 세입자 도배 벽지 시공비, 화장실 수리비 등은 비용으로 인정해주지도 않으면서 양도소득세로 66%를 받아가게 되면, 지금까지의 고생이 물거품이 된다. "세무사님, 방법이 없을까요?"

다주택자에 대한 양도소득세 중과세 제도는 다음과 같이 요약된다. 우선 2주택 이상 보유자가 조정 대상 지역 내에서 주택을 양도할 경우 현행 일반적인 양도소득세율 구간별 6~42%의 세율에 10%를 가산해 16~52%를 적용한다. 3주택 이상 보유자가 조정 대상 지역 내에서 주택을 양도할 때는 20%를 가산해 26~62%의 세율을 적용한다. 여기에 보유 기간별 최대 매매차익의 30%까지 적용되는 장기보유특별공제도 배제하게 된다.

조정 대상 지역에
주택을 양도할 때 중과세

다주택 보유자가 양도하는 주택으로 중과세 대상이 되는 주택은 조정 대상 지역 내에서 양도되는 주택이다. 즉 3채의 주택 중 조정 대상 지역이 아닌 지역의 주택을 양도할 때는 중과세가 적용되지 않는다.

예를 들어 동일 세대원(부부합산해 판단)이 서울 서초구에 1채, 강원도에 2채를 보유한 경우 3주택이다. 이때 서초구에 있는 주택을 양도할 때는 중과세 대상이 되지만, 강원도에 있는 주택을 양도할 경우에는 중과세 대상이 아니다. 즉 강원도 주택을 양도할 경우 일반세율이 적용되고, 장기보유특별공제도 적용된다. 따라서 서초구의 주택을 양도하기 전에 강원도의 주택을 양도해 주택수를 줄인다면 중과세를 피할 수 있다. 즉 이러한 규정으로 인해서 똘똘한 집 1채만 남기고 지방에 보유한 주택을 처분하게 되어 지방 주택시장이 붕괴되는 문제점이 야기된 것이다.

3주택 이상자 중과세대상에서
제외되는 주택은 어떤 것이 있을까?

조정 대상 지역 내에 소재하고 있지만 양도소득세 중과세에서 제외되는 주택이 있다.

대표적인 중과세 배제주택은 임대주택

현행 세법상 중과세 대상에서 제외되는 임대주택의 범위는 가격을 기준으로 판단한다. 수도권의 경우 임대개시(임대사업자 등록+실질임대개시) 시점 현재의 기준시가가 6억 원 이하이고, 8년 이상 임대(단, 2018년 3월 31일까지 등록한 경우는 5년)를 유지한 경우 해당이 된다. 면적기준은 없다. 따라서 대형평형도 기준시가만 6억 원 이하라면 대상이 된다. 수도권 외의 조정 대상 지역인 부산과 세종시의 경우 기준시가 3억 원 이하의 주택에 대해서만 임대주택으로 혜택을 볼 수 있다. 다른 조건은 동일하다. 한편 2018년 9월 14일 이후에 신규로 취득하는 주택은 비록 기준시가가 6억 원 이하이고 임대사업자로 등록해 임대를 해도 중과세 대상 주택이 된다.

양도소득세 감면 확인 도장을 받은 주택

대표적인 것이 2013년 4월 1일~2013년 12월 31일까지 계약체결된 신규분양 아파트, 미분양 아파트, 1세대 1주택에게 취득한 주택이다. 해당 주택은 1세대 1주택 비과세 판단시 주택수에서 제외되며, 양도소득세 감면 혜택도 부여한다. 중과세 대상 주택수에서 제외되는 감면주택은 조세특례제한법에서 요건을 명시하고 있다.

첫째, 조세특례제한법 제97조, 제97조의 2, 제98조에 해당하는 주택으로 감면 대상 장기임대주택이라 한다.

- 1986년부터 2000년 사이에 신축된 다가구주택으로 현재까지 계속 임대하고 있는 주택과 1995년부터 2000년 사이에 신축된 다가구주택으로서 구청에 임대사업자 등록을 해 현재까지 임대하고 있는 주택이 대상이 될 수 있다.
- 1999년 8월 20일~2001년 12월 31일 사이의 기간 동안 국민주택 규모 이하의 아파트를 청약 또는 미분양분을 분양 계약해 구청에 임대사업자 등록하고 현재까지 임대하고 있는 주택이 대상이 될 수 있다.
- 1995년 10월 31일 현재 미분양 주택을 1995년 11월 1일~1997년 12월 31일까지 분양계약하고 5년 이상 임대하는 경우와 1998년 2월 28일 현재 미분양 주택을 1998년 3월 1일~1998년 12월 31일 사이에 분양 계약하고 5년 이상 임대해 보유하고 있는 주택이 대상이 될 수 있다.

둘째, 조특법 제98조의 2, 제98조의 3, 제98조의 5부터 제98조의 8, 제99조, 제99조의 2, 제99조의 3에 해당하는 주택으로 감면 대상 신축주택이라 한다.

- 수도권 외의 지역에서 2008년 11월 3일~2010년 12월 31일까지 분양 계약 체결한 2008년 11월 2일 현재 미분양 주택 또는 신규 분양 주택(2008년 11월 3일 이전에 건축허가)이 대상이 될 수 있다. 미 분양 주택의 경우 구청에서 미분양 주택 확인 날인이 검인계약서 에 있어 쉽게 구분 가능하다.

- 서울을 제외한 지역에서 2009년 2월 11일 현재 미분양 주택 또는 신규분양 주택으로 2009년 2월 12일~2010년 2월 11일까지 선착 순으로 공급받은 주택과 해당 기간에 착공 및 준공을 득한 주택으 로 재건축이 아닌 신규건설 주택이 대상이 될 수 있다. 이 경우 면 적 제한이 있는데, 공동주택은 전용 149m^2(45평)이하여야 하고, 단 독주택은 대지 660m^2, 연면적 149m^2 이하여야 한다.

- 수도권 외의 지역에서 2010년 2월 11일 현재 미분양 주택을 2011년 4월 30일까지 분양 계약 체결하는 경우 대상이 될 수있다. 분양 계약서에 미분양 주택 확인 날인으로 구분 가능하다.

- 2011년 3월 29일 현재 준공되었으나 미분양된 주택을 2011년 12월 31일까지 최초 매매계약 체결하는 경우 대상이 될 수 있다. 단, 2011년말까지 임대사업자 등록을 구청과 세무서에 하고, 임대 를 개시해서 5년 이상 임대했어야 한다. 또한 취득 당시 기준시가 6억 원 또는 전용면적 149m^2를 초과하는 경우 감면 불가이다.

- 2012년 9월 24일 현재 미분양 주택으로서 분양가액이 9억 원 이 하인 주택을 2012년 12월 31일까지 매매 계약한 경우 대상이 될 수 있다.

- 2014년 12월 31일 현재 미분양 주택으로서 2015년 12월 31까지 매매계약을 체결하고 5년 이상 임대를 해야 한다. 취득 당시 매매 가액은 6억 원 이하여야 하고, 전용 면적은 135㎡ 이하여야 한다. 또한 2015년까지 임대사업자 등록을 구청과 세무서에 하고 임대를 개시해야 한다.

- 1998년 5월 22일~1999년 6월 30일(국민주택의 경우 1999년 12월 31일 까지)기간에 최초 분양 계약 또는 준공된 재건축·재개발 조합원이 대상이 된다. 단 고급 주택은 제외다. 그러나 면적이 고급 주택의 기준이었던 시기이므로 거의 모든 주택이 대상이 된다.

- 2013년 4월 1일 ~ 2013년 12월 31일의 기간 중 신축 주택, 미분 양 주택, 1세대 1주택자가 소유한 기존 주택을 취득하는 경우 대 상이 될 수 있다. 대상 주택은 면적이 클 경우는 6억 원 이하이면 대상이 되고, 가격이 고가일 경우 면적이 국민주택 규모 이하면 대상이 된다.

- 비수도권의 경우 2000년 11월 1일~2001년 5월 22일의 기간, 전 국이 대상인 경우 2001년 5월 23일~2002년 12월 31일의 기간, 서울과 과천 및 5대 신도시 외의 지역은 2003년 1월 1일~2003년 6월 30일의 기간이 감면 대상 기간이다. 해당 기간에 분양 계약을 체결했거나, 재건축·재개발 조합원의 주택으로 사용검사를 받은 경우 대상 주택이 될 수 있다.

기타 중과세에서
제외되는 주택

종업원에게 무상으로 10년 이상 임대하는 사원용 주택, 5년 이상 운영한 가정보육시설용 주택, 상속받은 지 5년 이내의 주택, 문화재 주택, 채권 대신 받은 주택으로 3년이 넘지 않은 주택 등이 중과세에서 제외된다.

주택수 판단시 유의할 점

보유하고 있는 주택이 중과세에서 제외되지만, 다주택 중과세 적용시 주택수에는 포함될 수 있다는 점에 유의해야 한다. 즉 해당 주택을 포함해 3주택 여부를 따지게 되고 해당 주택을 포함해 3주택인 경우로서 조정 대상 지역의 다른 주택을 양도할 때는 3주택자로서 중과세가 적용된다.

예외적으로 중과세 대상에서도 제외되고 주택수에서 제외되는 주택도 있다. 수도권, 광역시, 세종시(이하 도심지역) 이외의 지역에 소재한 주택으로 보유주택의 양도 당시 기준시가가 3억 원 이하인 주택(이하 외곽주택)은 주택수에서 제외된다.

도심지역에 있더라도 군·읍·면지역의 주택은 외곽 주택으로 취급해 기준시가 3억 원 이하라면 주택수에서 제외시킨다.

예를 들어 인천광역시 강화군 불은면에 기준시가 2억 5천만 원(강남빌라 양도 시점의 기준 시가)인 주택 5채와 강남구에 기준시가 2억 원인 빌라가 있다고 가정해보자. 이때 강남구의 빌라를 먼저 양도하는 경우를 생각해보자. 주택의 보유수는 총 6채이지만, 중과세 대상 주택은 강남구 1채만 해당된다. 강화도의 주택은 비록 광역시에 소재하지만, 면지역이므로 기준시가 3억 원 이하이면, 중과세 대상 주택 수에는 포함하지 않는다. 결국 중과세 대상 주택 수는 1채이므로 다주택 중과세를 적용하지 않는다.

2주택자 중과세대상에서 제외되는 주택

2주택 보유자가 조정 대상 지역에 있는 주택을 양도할 때도 양도소득세 중과세 대상이다. 단, 3주택 이상자에 대해서 중과세 배제 주택을 예외로 인정하는 것처럼 2주택자에게도 예외를 두고 있다.

우선 3주택 이상자에게 적용되는 중과세 배제 주택을 기본적으로 인정해준다. 또한 주택수 판단도 동일한 기준으로 적용한다.

다만 2주택자의 경우 부득이하게 일시적으로 2주택이 되는 경우 등이 빈번하게 발생하므로 이를 추가로 감안해서 중과세 배제 범위를 확장 적용해주고 있다. 3주택 이상자에 대한 중과세 배제 규정에 더해 적용되는 2주택 중과세 배제 대상 주택은 다음과 같다.

첫째, 부득이하게 보유하게 된 경우다. 1세대 1주택 판단시 일시적 2주택 규정과 유사하다. 우선 취학, 근무상 형편, 질병 요양 등의 사유로 취득한 일정 주택, 결혼하고 5년 이내에 양도하는 주택, 부모를 봉양하기 위해 세대 합가 후 10년 이내에 양도하는 주택, 소송 결과로 취득하는 주택으로 3년 이내 양도하는 주택 등이 중과세에서 제외되는 주택이다. 이외에도 재개발 등 정비구역으로 지정되지 않는 지역의 양도 당시 기준시가가 1억 원 이하인 주택도 중과세를 적용하지 않는다.

2주택자의 경우 중과세 여부를 판단하기 전에 비과세를 받을 수 있을지 여부부터 확인해야 한다. 일시적 2주택 규정에 의해 비과세가 적용되는 경우라면, 중과세 여부를 따질 필요도 없다. 다만 비과세를 적용받는 경우에도 9억 원을 초과하는 고가주택의 양도소득세를 산정할 때 위 규정이 없다면, 자칫 2주택 중과세(탄력세율, 장기보유 특별공제 배제)가 적용될 여지가 있어 문제가 될 수 있다. 따라서 이러한 문제를 해결하고자 위 규정을 만든 것으로 이해하면 된다.

재개발·재건축 입주권을 팔 경우
3주택이라도 일반세율 적용

조합이 관리처분인가를 받게 될 경우 조합원은 종전주택 대신 조합원 동호수를 배정받아 조합원 입주권을 갖게 된다. 그래서 세법은 관리처분인가일이 지나면, 주택이 존재하는지 여부를 불문하고 세법상으로 조합원 입주권으로 본다. 즉 더이상 주택이 아닌 것이다.

그러나 3주택 여부를 따질 때 주택수에는 포함시킨다.

예를 들어 남편이 조합원 입주권 1개를 가지고 있고, 배우자가 일반주택을 2채 가지고 있는 경우 총 3채의 주택을 보유한 것으로 본다. 따라서 배우자가 일반 주택을 양도할 때 3주택자로서의 양도로 보아 중과세를 적용하게 된다.

단, 남편이 조합원 입주권을 먼저 양도할 경우는 다르다. 조합원 입주권은 주택 수에는 산입되지만, 주택은 아니기 때문에 중과세 적용 대상이 아니다. 즉 일반세율의 적용을 받아서 양도소득세를 산정하게 된다.

물론 투기과열지구 내의 재개발·재건축 조합원 입주권 양도가 제한되지만, 예외적으로 전매가 허용되는 케이스라면 입주권을 먼저 양도해 중과세 대상 주택수를 줄여보는 것을 고려해볼 필요는 있다.

1분 절세 칼럼 ●●● '다주택자에 대한 중과세'라는 표현처럼, 중과세는 주택에 대해서만 적용된다. 그러나 보유가 권장되거나 부득이하게 보유하는 경우에 대해서는 중과세 적용을 배제한다. 나지율 씨의 경우처럼 소형 빌라를 여러 채 보유한 경우에는 이를 임대주택으로 등록해 임대를 개시하면 본인 거주주택 및 전체 주택에 대해서 중과세를 면할 수 있다.

다주택자가 주택임대사업자로 지혜롭게 살아남기

8·2 대책이 다주택자들에게 준 고민 중의 하나는
'임대사업자로 등록할 것인가, 그대로 중과세를 당할 것인가'다.

조세기 씨는 부산에서 상가를 매입하고 큰 낭패를 봤다. 임차인이 제때 월세를 내지 않은 것도 문제였지만, 보증금이 다 차감되도록 임차인이 점포를 비워주지 않아 어려움을 겪었다. 겨우 임차인을 내보낸 후 새로운 세입자를 맞이했지만, 정말 쉽지 않은 것이 임대사업이었다. 이러한 과거의 경험을 뒷받침해 상가임대는 포기하고 이제는 주택임대사업을 하려고 한다. 그런데 상가를 임대할 때 부가가치세도 내고 소득세도 냈는데, 주택도 마찬가지일지 의문이 들었다. 그러던 중 "상가임대보다는 주택임대사업이 세제 혜택은 훨씬 크다라는 얘기를 들었다."

주택임대사업자는 주택임대사업을 통해 소득을 얻는 사업자를 말한다. 현행 세법상의 임대주택에 대한 규정을 최대한 이용할 경우 다주택중과세는 그리 부담스럽지 않을 수 있다.

주택임대사업을 할 때
새집을 사면 취득세를 감면받는다

전용 $60\,m^2$ 이하의 신규 분양하는 아파트, 주거용 오피스텔, 신축 다세대 빌라를 취득해서 임대사업을 할 때 취득세를 면제받을 수 있다. 건축주로부터 최초 분양받을 때 적용 가능하고, 취득일부터 60일 이내에 임대사업자로 구청에 등록해야 한다. 통상 등기 전까지 취득세를 내야 하므로 최소한 취득세 납부 전까지는 등록을 하는 것이 좋다.

임대사업자 등록 후 장기임대의 경우 8년, 일반임대는 4년 이상 임대(이하 임대의무기간)를 해야 취득세 감면분을 추징당하지 않는다.

특히 오피스텔의 경우 분양가액의 4.6%가 취득세이므로 절세 효과가 크다. 예를 들어 전용 $60\,m^2$ 이하의 오피스텔 분양가액이 1억 2천만 원인 경우 원래 내야 할 취득세는 552만 원이다. 이를 주택임대사업자로 등록할 경우 취득세가 100% 면제된다. 단, 최소납부세제의 도입으로 감면액의 15%인 80만 원가량은 내야 한다.

한편 감면 대상 임대주택은 면적에 대한 제한만 있고 금액에 대한 제한은 없다. 즉 평당 5천만 원이 넘는 고가의 아파트라도 면적이 $60\,m^2$ 이하라면 동일한 혜택이 가능하다.

건강보험료도
감면받을 수 있다

임대주택 보유시 세금이 가장 큰 부담으로 다가온다. 재산세, 종합부동산세, 종합소득세, 건강보험료 등 임대사업자 등록을 통해서 챙겨야 할 세금공과 등이 부담이 될 수밖에 없다.

건강보험료 감면은 주택임대수입이 연간 2천만 원 이하인 사업자에게 주어진다. 4년 단기임대의 경우 40%, 8년 장기임대의 경우 80%의 건강보험료 인상분을 감면해준다.

소형 임대주택은
재산세가 면제된다

최소 1채 이상을 임대주택으로 등록해야 혜택을 받게 된다. 8년 이상 임대하는 임대주택으로서 전용 $40m^2$ 이하의 공동주택, 다가구주택 또는 오피스텔에 대해서 재산세를 전액 면제(단, 재산세 50만 원 초과시 85%만 감면)한다. 2018년까지는 전용 $60m^2$ 이하로 단기는 50% 감면, 장기임대는 재산세의 75%를 감면해주고, $85m^2$ 이하는 단기 25%, 장기는 50%의 재산세를 감면해준다.

종합부동산세도
피할 수 있다

면적은 무관하고, 임대사업자로 등록할 시점의 기준 시가가 6억 원
(비수도권은 3억 원) 이하인 경우 과세에서 제외된다. 따라서 가격이
고가인 경우 임대주택으로 등록하더라도 종합부동산세는 내야 한
다. 최소한 등록 후 8년 이상은 임대 유지해야 종부세 혜택이 유지
되며, 이전에 의무임대 기간을 채우지 못하는 경우 면제받은 세금을
추징당하게 된다.

신규로 분양받은 아파트로서 분양 가격(또는 시세)이 고가인 경우
에는 최초 기준시가 고시 전에 등록을 하면 평가 또는 산정되어진
기준시가가 6억 원에 미달할 수 있다. 기준시가 6억 원 제한은 최초
등록시에 충족하면 된다. 그렇기 때문에 종부세 혜택을 노리는 고가
의 신축 아파트는 최초 기준시가 고시 전에 등록 여부를 검토해볼
필요성이 있다.

단, 2018년 9월 13일 이전에 이미 1주택을 보유한 상태에서 조정
대상 지역에 있는 주택을 취득해 임대주택으로 등록할 경우엔 종부
세에서 제외되는 임대주택 혜택을 적용받을 수 없다.

종합소득세도
감면받을 수 있다

임대로 인한 소득세는 총 임대수입에서 관련 경비(재산세, 종부세, 이자 비용, 수선유지비, 임대차 관련 중개수수료 등)를 차감한 소득에 세율을 적용해서 계산한다. 통상 아파트의 경우 재산세와 담보대출로 인한 이자비용이 주된 경비가 된다. 주요 경비가 크지 않은 경우 세법상 정해진 비율만큼 비용으로 인정받을 수 있으며, 주택의 경우 상가보다는 상대적으로 큰 경비가 인정된다. 그럼에도 그동안 과세 제외처럼 여겨졌던 소득세를 새롭게 내는 것은 부담이 될 수 있다.

이런 경우에도 차라리 양지에서 혜택을 받는 것이 유리할 수 있다. 최소 1채 이상 임대주택으로 등록하면 소득세 감면이 가능하다. 대상 임대주택은 국민주택 규모 이하면서 기준시가 6억 원 이하여야 한다. 즉 고가주택은 혜택불가다.

임대 기간별로 감면액이 달라지며, 장기임대주택은 75%의 종합소득세를 감면해주고, 단기임대주택은 30%의 소득세를 깎아준다. 임대소득이 2천만 원에 미달하는 경우 2018년까지는 소득세가 면제된다. 2019년부터는 분리과세되는데, 이 경우 임대소득의 50%가 비용으로 인정된다. 만약 임대사업자로 등록할 경우 70%를 경비로 인정받을 수 있다. 따라서 적격임대사업자의 경우 임대소득의 약 30%를 과세표준으로 하고 여기에 세율을 적용한 후 계산된 세금에 대해서 30~75%의 추가 감면까지 적용받게 된다.

임대주택을 처분할 때도
혜택을 받을 수 있다

기존에 가지고 있는 임대주택에 대해 주어진 혜택을 찾아보자. 과거의 이야기지만, 이미 받았던 혜택을 다시 한 번 체크해보자.

- 1999년 8월 20일~2001년 12월 31일 기간 중 국민주택 규모 이하의 공동주택을 신규 분양받아서 구청에 2채 이상 임대사업자 등록한 경우라면, 신규 분양받은 공동주택에 대해서 양도차익이 아무리 많더라도 100% 양도소득세를 감면받을 수 있다. 이 경우 '구청에 임대사업자 등록'이 전제 조건이므로 그 당시 요건을 채우지 못할 경우 감면 불가다.
- 1986년 1월 1일~2000년 말까지 신축해 5세대(호별 국민주택 규모 이하) 이상 임대 개시한 다가구주택도 혜택을 볼 수 있다. 이 경우 당시 구청에 등록을 하지 않았어도 양도소득세 혜택이 가능하다. 10년 이상 임대하면 되는데, 이미 10년이 지났으므로 당시 준공되어 임대개시한 다가구주택의 경우엔 매각 전에 반드시 검토해보아야 한다.

2015~2018년까지 취득해 3개월 이내에 장기임대로 등록한 경우

취득 후 3개월 이내에 장기임대주택으로 등록하고 이를 10년 이상 계속 임대하는 경우 양도세를 100% 감면해준다. 해당 주택은 국민주택 규모 이하여야 하며, 가격에 대한 제한(2018년 9월 14일 이후 취득시는 수도권 6억 원, 비수도권 3억 원 이하)은 없다. 따라서 강남권의 고가아파트이지만 면적이 $85m^2$ 이하인 경우라면, 장기임대주택으로 등록하고 10년 임대할 경우 양도소득세를 100% 감면받게 된다.

단, 자기가 이미 가지고 있는 땅에 다세대주택을 지어서 임대할 경우에는 해당되지 않는다. 분양을 받거나, 타인에게 매입해야 한다. 또한 기존에 이미 가지고 있는 주택도 3개월 이내에 장기임대사업자로 등록하지 못한 경우라면 감면은 불가능하다.

장기임대주택의 장기보유특별공제 혜택

장기임대주택으로 등록하고 10년 이상 임대시 매매차익의 70%를 비용으로 공제해준다. 엄청난 혜택이다. 이 규정은 취득 후 3개월 이내에 등록할 것이라는 요건이 없기 때문에 자기 땅에 공동주택을 신축해 임대를 개시하는 것도 가능할 것으로 판단된다. 이 경우 기존의 임대개시 전의 매매차익에 대해서도 70%의 비용인정이 되는 셈이므로 거액의 절세가 가능하다. 예를 들어 단독주택을 다가구주택으로 신축해 10억 원의 시세차익이 발생한 경우에도 다가구주택(호별 국민주택 규모 이하일 것)을 장기임대주택으로 등록해 10년 이상 임대한다면, 7억 원의 비용을 공제받게 되어 3억 원의 차익에 대해서만 양도소득세를 내면 된다. 물론 중과세율도 적용되지 않는다.

일반임대주택은 6년 이상 임대시 연간 2%씩 추가해 10년 이상 보유시 최대 40%의 장기보유공제를 적용한다.

임대주택 등록시 양도소득세 중과세율이 적용배제된다

다주택 중과세를 피할 수 있는 임대주택은 등록할 당시 기준시가가 6억 원 이하(비수도권은 3억 원 이하)여야 한다. 국민주택 규모를 초과해도 기준시가가 6억 원 이하면 등록 가능하다. 등록 후 8년 이상 임대하고 양도할 경우엔 중과세율이 적용되지 않는다. 장기보유특별공제의 적용도 가능하다.

단, 2018년 9월 13일 이전에 이미 1주택을 보유한 상태에서 조정대상 지역에 있는 주택을 취득해 임대주택으로 등록할 경우에는 비록 임대의무기간을 충족해 양도했어도 중과세율이 적용된다.

거주주택을 양도할 때 등록된 임대주택은 주택수에서 제외한다

2년 이상 거주한 주택을 양도할 때 임대주택으로 등록된 주택(기준시가 6억 원, 비수도권은 3억 원 이하일 것)은 제외하고 비과세 판단을 하게 된다. 따라서 거주주택 1채와 등록된 임대주택이 5채인 경우 비록 6채를 보유했지만, 거주주택을 먼저 팔 경우 1세대 1주택으로 비과세를 적용받을 수 있다. 단, 5년 이상 임대의무기간 내에 임대를 중단하거나 임대주택을 처분하면 비과세받았던 거주주택에 대해 중과세가 적용된 금액으로 양도세를 물어야 한다.

임대주택으로 등록할 때의 단점

임대의무기간을 채우지 못할 경우 이자와 함께 받은 혜택들을 반환해야 한다. 시·군·구청에 임대주택으로 등록할 때에는 적어도

4년은 임대해야 하고, 장기임대주택으로 등록시 8년 이상은 의무적으로 임대해야 한다. 의무기간을 못 채우고 처분하면 임대주택 1가구당 1천만 원의 과태료가 부과된다. 각종 취득세, 재산세, 소득세, 종부세 등에서 받은 세금 혜택도 원금에 이자를 가산해 추징당한다.

임대소득 노출로 세금과 공과 증가

세무서에 주택임대사업자로 등록하는 경우 건강보험료 및 국민연금 납부액이 증가될 수 있다. 국민연금은 나중에 돌려받는 돈이지만, 건강보험료의 경우 피부양자로 등록되어 있다가 지역가입자로 전환될 경우의 증액분이 상당하기 때문에 부담이 될 수 있다.

1분 절세 칼럼 ••• 장기간 주택을 보유할 경우 주택임대사업자 등록은 필수다. 시세차익이 커서 거액의 양도소득세부담이 예상되는 경우 임대주택으로 등록해 혜택을 보는 것이 유리하다. 등록시 발생하는 건강보험료, 소득세 같은 추가부담금이 있지만, 등록 후의 세금 혜택과 비교하기 어렵다. 장기임대주택에 대한 혜택은 신규취득 및 기존 주택의 보유자에게도 적용가능하고, 매매차익의 최대 70%까지 공제가 가능하다. 새롭게 주택을 취득해 다주택자가 되는 경우에도 장기임대주택으로 등록시 양도소득세 100% 감면이 가능하다. 과거 장기임대주택의 경우 최초 임대보증금 및 월세의 제한이 있었지만, 이 규정이 폐지되어 장기임대주택이라고 하더라도 인근 시세와 동일한 임대료 책정이 가능하다. 이후 연간 5%상한선만 지키면, 임대료와 관련된 불이익은 당하지 않을 수 있다.

세법마다 다르다,
어려운 임대 기간 계산법

대책이 발표될 때마다 기존의 혜택을 볼 수 있는 요건이 계속 변화하고 있다.
내가 가지고 있는 임대주택은 얼마나 임대하고 팔아야 될지 미리 알아보자.

조세기 씨는 임대주택을 최선의 투자로 판단하고, 수도권에 있는 100채의 아파트를 구입하기로 했다. 돈을 빌려서 갭투자를 한다면 가능한 시나리오라고 생각되어 저평가된 아파트를 기회가 되는 대로 구입했다. 이제 목표가 달성되어 임대사업자 등록을 하려고 하는데, 도대체 임대사업자의 종류가 왜이리 많은지 어렵기만 하다. 또 세금 혜택을 보려면 각종 세금마다 언급하는 요건이 달라서 판단할 수가 없었다. "이럴 때는 어떻게 해야 하는 걸까?"

2017년부터 주택 가격이 급격히 상승하기 시작했고, 정부는 세금 정책으로 부동산의 가수요를 억제하고자 많은 대책을 내놓았다. 그 중에서도 특히 임대사업자에 대한 대책은 수시로 변화되고, 특히 주택의 취득 시점별로 요건이 달라 사람들이 혼돈스러워 하고 있다.

세법마다 다른
임대의무기간 계산방법

임대주택법상 또는 세법상 임대주택에 대한 임대 기간은 4년, 8년, 10년으로 제각각이다. 또한 임대의무기간을 채우는 방법도 종합부동산세 산정시에 제외되는 임대주택과 양도소득세를 감면받기 위한 임대주택, 중과세 배제를 위한 임대주택이 각각 별도로 규정되어 있다.

장기보유특별공제 70%를
적용받기 위한 임대 기간 산정

먼저 주택임대 기간의 기산일은 구청과 세무서에 임대사업자 등록을 하고 주택의 임대를 개시한 날부터다. 중간에 공실이 있는 경우 기존 임차인의 퇴거일부터 다음 임차인의 입주일까지의 기간으로서 3월 이내의 기간은 임대를 계속한 것으로 인정한다.

만약 상속으로 인해 피상속인의 임대주택을 취득하고 임대하는 경우에는 피상속인의 주택임대 기간을 상속인의 주택임대 기간에 합산해 의무기간을 계산하게 된다. 한편 기존에 단기임대사업자로 등록했다가 장기임대사업자로 변경할 경우에는 이미 경과된 임대 기간의 50%를 5년 범위 내에서 임대 기간으로 인정해준다. 예를 들어 6년간 단기임대사업자로 임대하고 있다가 장기로 전환하는 경우 6년의 절반인 3년을 장기임대사업자로서의 임대 기간으로 계산해 준다는 의미다.

재개발·재건축에 대한 규정을 별도로 두고 있지 않다. 따라서 공사 기간은 임대 기간에 포함하지 않은 것으로 보아야 한다.

또한 계속적으로 임대해야 하고, 임대주택 상태로 양도되어야 혜택을 볼 수 있다. 임대의무기간 이후 본인이 일시적으로 거주하다가 양도할 경우에는 임대주택이 아닌 거주주택이 된다. 그렇기 때문에 거주주택으로서의 비과세 요건을 채우지 못한 경우에는 큰 낭패가 우려된다.

양도소득세 100% 감면을 위한 장기임대주택의 임대 기간 산정

장기임대주택으로 구청과 세무서에 등록하고 10년간 계속적으로 임대해야 혜택을 볼 수 있다. 물론 예외기간도 있다. 기존 임차인의 퇴거일부터 다음 임차인이 주민등록을 이전하는 날까지의 기간을 예외로 둔다. 그 기간은 6개월 이내이며, 임대의무기간 중 택지개발 사업 등으로 수용되는 경우도 계속 임대한 것으로 본다. 즉 10년에 미달하게 임대한 경우여도, 수용되는 경우에는 10년 임대한 것으로 인정해서 감면 혜택을 준다.

특히 「도시 및 주거환경정비법」에 따른 주택 재건축사업 또는 주택 재개발사업('빈집 및 소규모주택 정비사업' 포함)에 대해서는 특별규정을 두고 있다. 해당 조합원 주택의 관리처분계획 인가일 전 6개월부터 준공일 후 6개월까지의 기간을 임대 기간으로 보도록 규정하고 있다.

그럼에도 과세관청의 유권해석은 공사 기간은 포함하지 않는 것으로 해석하고 있다(서면 2017부동산 2743 장기임대주택의 임대 기간중에 「도시 및 주거환경정비법」에 따른 재건축사업이 진행되는 경우 임대 기간은 재건축 전 임대 기간과 재건축 후 임대 기간을 통산함). 즉 재건축 전과 후의 실질적인 임대 기간만 인정하겠다는 뜻이다. 이는 향후 다툼의 여지가 있는 부분이다.

거주주택 양도시 주택수와
다주택 중과세에서 배제되는 임대 기간 산정

주택임대 기간의 기산일은 구청과 세무서에 임대사업자 등록을 하고 주택의 임대를 개시한 날부터다. 중간에 공실이 있는 경우 기존 임차인의 퇴거일부터 다음 임차인의 입주일까지의 기간으로서 3월 이내의 기간은 임대를 계속한 것으로 인정한다.

만약 상속으로 인해 피상속인의 임대주택을 취득하고 임대하는 경우에는 피상속인의 주택임대 기간을 상속인의 주택임대 기간에 합산해서 의무기간을 계산하게 된다. 이 경우 재개발·재건축에 대한 규정을 별도로 두고 있지 않다. 따라서 공사 기간은 임대 기간에 포함하지 않은 것으로 보아야 한다.

종부세에서 합산배제되는 임대주택의 임대 기간 산정

종부세에서 합산배제되는 임대주택의 임대 기간은 주택의 임대를 개시한 날부터 계산한다. 상속으로 인해 피상속인의 합산배제 임대주택을 취득하고 계속 임대하는 경우에는 당해 피상속인의 임대 기간을 상속인의 임대 기간에 합산한다.

기존 임차인의 퇴거일부터 다음 임차인의 입주일까지의 기간이 2년 이내인 경우에는 계속 임대하는 것으로 본다. 다른 법보다 공실 인정기간을 넉넉하게 주고 있다.

택지개발 사업 등에 의한 토지 수용으로 임대를 못한 경우에는 해당 기간 동안 계속 임대한 것으로 인정하고, 천재지변 등에 의한 예외적인 사유도 인정한다.

재개발·재건축 조합원의 경우 멸실된 주택의 임대 기간과 새로 취득한 주택의 임대 기간을 합산해 계산하고, 공사 기간이 임대 기간에 포함되지 않음을 명확히 하고 있다.

단, 주택재건축·재개발사업으로 새로 취득한 주택의 준공일로부

| 표 3-4 | 세법마다 다른 임대주택 요건

구분		주택 유형	주택 규모	주택 가액	임대소득 규모	임대 기간
양도 소득세	양도세 중과배제	모든 주택 (2018년 9월 14일 이후 조정지역 신규취득 제외)	제한없음	수도권 6억 원, 지방 3억 원 이하	제한 없음	8년 이상 (2018년 3월 이전 5년 이상)
	거주주택 주택수 제외	모든 주택	제한없음	수도권 6억 원, 지방 3억 원 이하	제한 없음	5년 이상
	70% 장특공제 또는 100% 감면	모든 주택 (감면은 2018 취득분까지)	85㎡ 이하	2018년 9월 14일 이후 취득시 수도권 6억 원, 지방 3억 원 이하	제한 없음	10년 이상
종부세	종부세 (합산배제)	모든 주택 (2018년 9월 14일 이후 조정지역 신규취득합산)	제한없음	수도권 6억 원, 지방 3억 원 이하	제한 없음	8년 이상 (2018년 3월 이전 5년 이상)
종소세	임대소득세 (감면)	모든 주택	85㎡ 이하 *수도권외 읍·면 지역은 100㎡	전국 6억 원 이하	제한 없음	4년 30%, 8년 75% 감면
지방세	취득세 (면제·감면)	신축 공동주택 + 주거용 오피스텔	40㎡ 이하 (100% 단, 취득세 200만 원 초과시 는 85%)	제한 없음	제한 없음	4년 이상
	재산세 (면제·감면)	공동주택 *오피스텔 포함	40㎡ 이하 (100% 단, 50만 초과시 85% 면제)	제한 없음	제한 없음	8년 이상
건보료 감면	건보료 감면	모든 주택	제한없음	제한 없음	연 2천만 원 이하	4년(40%) 8년(80%)

터 6개월 이내에 임대를 개시해야 한다.

최근의 가장 기본적인 조건은 8년 이상 장기임대주택으로 등록하고, 임대당시에 기준시가 6억 원 이하면서 국민주택 규모 이하여야 한다. 또한 2018년 9월 13일 이전에 취득했어야 한다.

위 요건을 충족할 경우 양도소득세, 종부세에서 주어진 임대주택에 대한 혜택을 누릴 수 있다. 그리고 세부적으로 이미 설명한 바에 따른 취득시기별, 임대주택별 요건을 세부적으로 검토해 이미 보유하고 있는 주택과 향후 취득할 주택별 대책을 연구해야 한다. 자칫 검토가 어긋날 경우에는 세금폭탄에 직면하게 된다. 또한 장기간의 임대가 헛수고가 된다.

1분 절세 칼럼 ●●● 다가구주택으로서 1세대 1주택 비과세가 불가능할 경우 장기임대사업자 등록을 통해 장기보유특별공제를 최대 70%까지 확보해 매매차익을 줄여놓을 필요가 있다. 다가구주택은 호별 면적 계산 및 가액 계산이므로 요건에 기본적으로 충족된다. 따라서 2018년 9월 14일 이후 신규 취득만 아니라면, 임대사업자 등록은 의미있다.

2000년 이전부터 임대사업을 했다면 감면 대상인지 확인하자

일정 요건을 갖춘 주택을 5년 이상 임대한 후 양도하면 양도소득세의 50%를,
10년 이상 임대하면 양도소득세 전액을 감면해준다.

조세기 씨는 여유자금을 활용할 방법을 찾기가 어려워 1980년대 말부터 지방의 신축 소형 아파트들을 여러 채 매수해 임대사업을 해왔다. 그런데 주택을 여러 채 보유하고 있는 사람들에 대한 세제상 불이익이 많아져 혹시 본인이 잘못된 선택을 한 것은 아닌 지 고민하고 있었다. 그러던 차에 임대하던 아파트 중 1채를 매각해야 할 상황이 발생했다. 조세기 씨는 양도소득세가 많이 나올까봐 걱정이 이만저만 아니다.

여러 채의 주택을 보유한 사람은 양도소득세 중과세 대상이 된다. 하지만 주택들을 장기간 임대사업에 사용하고 있다면, 국가가 권장하는 사업 목적에 제공한 것으로 봐서 혜택을 주고 있다. 과거 일정 기간 내에 취득해서 임대하고 있는 주택의 경우 1세대 1주택 판단 시 주택수에서 제외되며, 감면 혜택까지 주어진다. 다만 감면받은 양도 소득세액의 20%는 농어촌특별세로 납부해야 한다.

장기임대주택,
양도소득세를 감면받는 조건이 있다

과거 장기임대주택에 대한 양도소득세 감면은 주택의 신축기간과 임대주택법에 의한 임대사업자 등록 여부에 따라서 요건을 달리하고 있다. 아래의 요건에 해당하면 보유 기간에 따라서 양도소득세 감면과 비과세 판단시 주택수에서 제외되는 혜택을 볼 수 있다.

우선, 구청에 임대사업자로 등록하지 않아도 혜택을 보는 임대주택이다. 이 3가지 요건을 모두 갖춘 주택을 5년 이상 임대한 후 양도하는 주택에 대해서는 양도소득세의 50%를 감면해주며, 10년 이상 임대하면 양도소득세 전액을 감면해준다. 2019년 기준으로 10년이 경과되었으므로 100% 감면된다고 보아야 한다.

다음으로, 구청에 반드시 임대사업자로 등록해야 혜택을 볼 수 있는 임대주택이다.

| 표 3-5 | 최초 세무서에만 등록해도 혜택보는 장기임대주택

구분	구청에 임대주택 등록 여부에 무관하게 감면
대상 주택	5채 이상의 신축 국민주택(국민주택 규모 이하)을 5년 이상 임대 후 양도
취득 시기	1986년 1월 1일~2000년 12월 31일 기간 중 신축 및 임대개시
세제혜택	① 5년 이상 임대시 50% 감면, 10년 이상 임대시 100% 감면 ② 주택수에서 제외

- 국민주택 규모(전용면적 85㎡ 이하)의 주택으로서 아파트, 빌라뿐만 아니라 면적 이하의 다가구주택, 단독주택도 해당된다. 다가구주택은 임대호별로 면적을 계산한다.
- 1986년 1월 1일부터 2000년 12월 31일까지 신축된 주택(다가구주택포함) 또는 1985년 12월 31일 이전에 신축된 공동주택으로, 1986년 1월 1일 현재 입주한 사실이 없는 주택
- 2000년 12월 31일 이전에 5채 이상의 주택에 대한 임대를 개시해야한다. 다가구주택은 호별판단이므로 통상 5채 요건에 충족된다.

| 표 3-6 | 구청에도 등록해야 혜택보는 장기임대주택

구분	1995년 1월 1일~2000년 12월 31일 기간 중 취득 및 임대하는 건설임대주택 또는 매입 임대주택
대상 주택	5채 이상의 신축 주택(국민주택 규모 이하)을 5년 이상 임대 후 양도
세제혜택	① 5년 이상 임대시 100% 감면 ② 주택수에서 제외

- 국민주택 규모(전용면적 85㎡ 이하)의 공동주택만 해당된다. 따라서 다가구주택은 적용대상이 아니다.
- 건설임대주택은 1995년 1월 1일부터 2000년 12월 31일까지 신축된 주택(공동주택, 단독주택) 또는 1994년 12월 31일 이전에 신축된 공동주택으로 1986년 1월 1일 현재 입주한 사실이 없는 주택이 대상이 된다.
- 매입임대주택은 1995년 1월 1일부터 2000년 12월 31일이전에 취득한 신축주택이 대상이다.
- 건설임대주택과 매입임대주택 모두 2000년 12월 31일 이전에 5채 이상 임대 개시해야 한다. 다가구주택은 당시 임대주택으로 구청에 등록 불가이므로 대상에서 제외된다.

여기서 건설임대주택이란 임대를 위해 직접 주택을 지어 임대하는 주택을 말한다. 사례로 들 수 있는 것이 부영건설의 공급방식이다. 아파트 또는 빌라를 지어서 분양하지 않고, 장기임대한 후에 임대의무기간 충족 후 분양하는 형태다. 이처럼 구청에 등록한 건설임대 또는 매입임대주택의 경우 5년 이상 임대시 양도세 100% 감면을 받을 수 있다.

5채 이상 임대하지 않아도
감면받는 방법

2000년 이전에 취득한 임대주택에 대한 양도소득세 감면을 받기 위해서는 5채 이상의 주택을 5년 이상 임대해야 하지만, 2채 이상만

| 표 3-7 | 2채 이상 임대시 혜택보는 장기임대주택

구분	1999년 8월 20일~2001년 12월 31일까지 매입 임대주택은 매매계약 체결, 건설임대주택은 사용승인 받은 임대주택
대상 주택	1채 이상의 신축 주택을 포함한 2채 이상의 국민주택을 5년 이상 임대 후 양도
세제혜택	① 5년 이상 임대시 100% 감면 ② 주택수에서 제외

임대하고도 감면받는 경우도 있다. 2채 이상의 주택을 5년 넘게 임대한 경우에 양도소득세를 감면받기 위해서는 여러 가지 요건을 충족해야 한다.

우선, 임대한 2채의 주택 중 1채 이상은 반드시 신축 임대주택이어야 하고, 그 신축 임대주택을 양도해야 양도소득세 전액을 감면받는다. 신축 임대주택이 아닌 주택을 양도할 때는 감면 혜택을 볼 수 없다. 여기서 말하는 신축 임대주택은 크게 2가지 유형으로 구분되는데, 주택의 규모가 국민주택 규모(전용면적 85㎡) 이하여야 하는 것은 동일하다. 건설 임대주택의 경우 1999년 8월 20일부터 2001년 12월 31일 사이에 신축되거나 1999년 8월 19일 이전에 신축된 공동주택으로서 이전에 입주 사실이 전혀 없는 주택을 임대사업에 제공해야 한다. 매입 임대주택의 경우 국민주택 중 1999년 8월 20일부터 2001년 12월 31일 사이에 신축 또는 계약을 하고 계약금을 지급한 주택이 대상이 된다. 그 전에 신축된 주택의 경우 1999년 8월 20일 이전에는 입주한 사실이 전혀 없어야 한다.

또한 반드시 임대주택법에 의해 시·군·구청에 임대사업자 등록을 해야 한다. 따라서 다가구주택은 적용 대상에서 제외된다. 이 요건을 충족하는 신축 임대주택 1채를 포함해 총 2채 이상의 주택을 5년 이상 임대하고 신축 임대주택을 양도하는 경우에는 양도소득세를 전액 감면받는다. 또한 해당 감면 대상 임대주택은 1세대 1주택 판단시 주택수에서 제외된다.

장기일반민간임대주택은 특별히 양도소득세를 더 감면해준다

기존 임대주택 사업자의 경우에 실질적으로는 임대사업을 하면서도 별도의 사업자 등록 없이 임대를 계속해왔다. 정부는 체계적인 주택임대사업을 도모하고자 임대주택 관련 법령을 개정했다. 공공성을 가지는 임대사업자에 대해 세제 측면의 지원을 강화하기로 한 것이다. 대상 임대사업자는 장기일반민간임대주택 사업자다.

'장기일반민간임대주택'이란 일반형 임대사업자가 8년 이상 임대할 목적으로 취득해 임대하는 민간 임대주택을 말한다. 호수 제한은 없다.

장기일반민간임대사업자 등에게는 8년 이상 임대시 장기보유특별공제를 50% 적용하고, 10년 이상 계속 임대시 최대 70%까지 적용한다. 연간 7% 상당의 공제 혜택을 부여하는 셈이다. 물론 8년 임대 의무 기간 및 임대료 인상율을 연간 5%로 제한 요건을 충족한

| 표 3-8 | 장기일반민간임대주택

준공공임대 주택 감면	2018년까지
대상 주택	국민주택 규모 이하(다가구는 가구당 판단) + 10년간 의무임대 + 임대료인상율 연간 5%
사업자 등록	장기일반민간임대주택
취득 시기	2015년 1월 1일~2018년 12월 31일 사이에 계약
세제혜택	① 양도소득세 100% 감면 ② 주택수에서 제외

경우에 혜택을 부여한다.

2018년까지 일정 주택을 취득하고 3개월 이내에 장기일반민간 임대주택사업자로 등록하고 10년 이상 임대할 경우 확실한 양도소 득세 감면을 해준다. 요건은 국민주택 규모 이하의 주택이고, 임대 료 5%의 상한율을 지키는 조건이다. 2018년 9월 14일부터 2018년 12월 31일 사이에 취득하는 경우에는 취득 당시 기준시가가 6억 원 (수도권외곽은 3억 원)이하여야 한다는 요건이 추가되었다.

1분 절세 칼럼 ●●● 임대주택에 대한 양도소득세 특례를 적용받기 위해서는 반드시 주어진 기간 내에 신축된 주택을 최초로 취득해야 한다. 법에 정해진 기 간 내에 신축된 주택이더라도 누군가가 먼저 입주했던 사실이 있는 주택에는 감면 혜 택이 주어지지 않는다. 2019년 이후 신규 취득한 임대주택의 양도에 대한 감면 규정은 없지만, 중과세 배제 등의 혜택은 주어지고 있으므로 이왕 임대사업을 한다면 요건을 충족할 수 있는 결정을 할 필요가 있다.

1998년 이전 분양받은 미분양 주택은
낮은 세율로 양도세를 낸다

미분양주택에 대한 과세특례를 적용받기 위해서는 법에서 정한 기간 중에
미분양주택을 취득하고, 5년 이상 보유 또는 임대한 후 양도해야 한다.

조세기 씨는 1998년 IMF 외환위기 및 2008년 금융위기에 따른 여파와 경기 침체에
도 불구하고 투자를 위해서는 역발상이 필요하다는 판단 하에 경기도에 위치한 미분
양 주택 1채를 취득했다. 거주 목적은 아니라서 임대를 놓고 계속 보유했는데, 시간
이 흐르다 보니 어느 정도의 시세차익이 발생했다. 큰 욕심은 없었던 터라 '이 정도
에서 수익 을 실현시켜야겠다'라는 결심을 했고, 매도시 양도소득세가 얼마나 나올지
궁금해져서 집 근처의 세무사 사무실을 찾아갔는데 생각하지 못한 희소식을 들었다.
조세기 씨가 들은 '희소식'은 과연 무엇일까?

한때 주택시장이 침체되어 아파트를 지어도 분양되지 않아 미분양
사태가 속출하던 시기가 있었다. 이러한 미분양 아파트는 건설 회사
의 유동성에 심각한 악영향을 미쳤고, 건설 경기를 얼어붙게 했다.
나아가 미분양 사태는 국가 경제 전반에도 매우 좋지 않은 영향을
끼쳤다. 그렇기 때문에 정부에서는 미분양 아파트 문제를 해결할 수

있는 방안이 필요했다.

그런 배경 속에서 당시 정부는 미분양 아파트를 취득하는 사람에게 양도소득세 과세특례 혜택을 주는 파격적인 정책을 내놓았다. 미분양 물건의 해소가 그 정책의 취지였기 때문에, 세법에서 정하는 미분양 아파트에 해당하는 요건을 갖춘 주택에 대해서만 그 혜택을 부여한다.

과세특례를 받으려면
일정 요건을 갖추자

미분양 주택에 대한 양도소득세 과세특례 혜택을 받기 위해서는 우선 당해 미분양 주택이 서울시 이외에 소재한 국민주택 규모 이하의 주택이어야 한다. 또한 주택 건설촉진법에 따라 사업계획 승인을 얻어 건설하는 주택으로, 관할 구청장 등에게 1995년 10월 31일 당시의 미분양 주택임을 확인받아야 한다.

그런데 현재 시·군·구청에서는 미분양 주택 관리대장을 비치·보관하지 않아서 사실상 미분양 주택에 대한 공적인 확인 서류를 발급받을 수 없는 상황이다. 따라서 그 대안으로 건설 회사에서 분양 당시 미분양 주택에 대한 특례 대상임을 확인받거나, 주택이 준공된 후 분양받았다는 사실을 건축물 관리대장 등을 통해 입증하는 방법으로 특례를 적용받아야 한다. 미분양 주택에 대한 과세특례 대상은 신축된 아파트를 최초로 분양받은 사람이기 때문에 다른 사람이 입주했던 주택을 매수해 취득한 경우는 과세특례 혜택을 받을 수 없다.

미분양 주택에 대한
과세특례를 적용받으려면?

미분양 주택에 대한 과세특례 혜택을 받으려면 법에서 정한 기간중에 미분양 주택을 취득하고, 5년 이상 보유 또는 임대한 후 양도해야 한다. 미분양 주택에 대한 양도소득세 과세특례를 적용받으려면 미분양을 판정하는 시기와 취득 시기가 중요한데, 두 시기에 걸쳐서 혜택을 부여했다.

첫째, 1995년 10월 31일 현재 미분양 주택을 1995년 11월 1일에서 1997년 12월 31일 사이에 취득한 경우 혜택을 부여한다. 이때 1997년 12월 31일까지 매매계약을 체결하고 계약금을 납부한 경우도 동일하게 혜택을 준다.

둘째, 1998년 2월 28일 현재 미분양 주택을 1998년 3월 1일에서 1998년 12월 31일 사이에 취득한 경우 혜택을 부여한다. 이 경우에도 1998년 12월 31일까지 계약을 체결하고 계약금을 납부한 경우에는 동일한 혜택을 준다.

추가적으로 갖추어야 할 요건으로는 취득 후 5년 이상 보유하거나 또는 임대사업을 영위하는 것이다. 이렇게 특례 대상 주택의 요

| 표 3-9 | 저율 분리과세되는 미분양 주택

구분	내용
대상 주택	서울시 외에서 미분양 국민주택(관할관청에서 미분양 확인 주택)을 취득해 5년 이상 보유 후 양도
취득 시기	1차 1995년 11월 1일~1997년 12월 31일, 2차 1998년 3월 1일~1998년 12월 31일 기간 중 분양계약
세제혜택	① 저율의 양도소득세율 20%를 적용받거나, 종합소득으로 합산과세 하는 방식 중 택일 ② 주택수에서 제외

건을 충족하는 주택을 양도하면 양도소득세 대신 종합소득세를 계산해 세금을 납부하는 혜택을 준다.

물론 현재 종합소득세와 양도소득세는 합산해 과세하지 않는다. 예를 들어 제조업을 영위하면 보통 사업소득이 발생하는데 한 제조업자가 1억 원의 손실을 입었고, 주택을 양도해 1억 원의 이익 또한 발생했다고 하자.

이 사람의 입장에서는 1억 원의 손실과 1억 원의 이익이 발생했으니 실질적인 소득은 0원일 것이다. 그런데도 세금을 계산할 때는 제조업소득과 양도소득을 구분해 1억 원의 이익이 발생한 양도소득에 대해 과세한다. 하지만 특례 대상 주택에 대해서는 양도소득에 대해 종합소득과 합산해 계산할 수 있는 특권을 준다.

만약 앞서 말한 사례와 동일한 조건이라면 당해 양도소득 1억 원과 종합소득에서의 손실 1억 원을 통산해 소득을 0원으로 보아 추가로 납부할 세금이 없다. 하지만 만약 그대로 양도소득세를 납부하고자 하는 경우에도 일반적 세율이 아닌 20%의 세율을 적용할 수 있으므로 일반적인 경우보다 세금 부담이 줄어들 수 있다.

일반적인 세율은 6~42%의 세율이 적용되고, 다주택자의 경우 최고 62%의 세율이 적용된다. 특례주택에 해당되는 경우 조정 대상 지역의 다주택으로 양도한다고 하더라도 20%의 단일 세율로 과세되므로 크게 유익하다. 특히 2018년 이후 다주택 중과세제도가 본격 시행되면서부터는 대상주택을 보유한 다주택자는 선택의 폭이 넓어지게 된다.

만약 2주택자로서 분당에 특례주택이 있고, 강남구에 일반주택이 있다고 해보자. 일반적으로 강남구의 일반주택을 먼저 양도할 때 비과세가 되기 위해서는 분당 주택을 임대주택으로 등록하고 거주주택으로서의 요건을 채우는 방법이 가장 보편적인 대안이다. 그런데 특례주택은 일반주택의 양도시 주택수에 포함되지 않으므로 위 사례의 경우 별도의 임대주택 등록 없이 강남주택도 별도의 거주요건 없이 1세대 1주택으로 비과세가 가능하다.

1분 절세 칼럼 ●●● 과세특례 혜택을 대수롭지 않게 여길 수도 있지만, 활용도에 따라 매우 커다란 혜택이 될 수 있다. 예를 들어 다주택자가 이런 주택을 보유한 경우 중과세를 피해갈 수 있고, 사업소득에서 커다란 손실이 발생한 경우 양도소득에서 공제를 받을 수 있는 혜택을 부여받는 셈이다. 또한 감면세액에 대해 농어촌특별세도 부과되지 않는다.

미분양 주택을 취득했다면
양도소득세 감면 대상인지 확인하자

신축 주택 취득 기간중에 주택을 취득했더라도
기존에 다른 사람이 보유하고 있던 주택이면 감면 대상이 되지 않는다.

조세기 씨는 IMF 외환위기 이후 부동산 시장이 침체되자 왠지 이때가 부동산 투자의
적기라는 느낌에 2001년 말쯤 아파트 1채를 구입했다. 당시 정부에서도 부동산 경기
진작을 위해 많은 정책을 내놓았지만, 잘 알지 못했던 조세기 씨는 단지 값이 많이 저
평가되었다고 생각해 아파트를 매수했다가 가격이 많이 오른 2006년 말에 매도했다.
아파트를 매도하면서 양도소득세도 신고하고 납부했는데, 세무사 친구가 내지 않아도
될 세금을 낸 셈이라고 말해 당황스럽다.

정부에서는 IMF 외환위기 이후 침체된 부동산 시장을 살리기 위해
1998년부터 2003년 사이에 취득하고, 일정한 요건을 갖춘 주택은
매도시 양도소득세 감면 혜택을 준다. 세제 혜택의 주요 골자는 준
공 시점부터 5년간 발생하는 양도차익에 대한 양도소득세를 100%
감면해주는 것이다. 다만 감면되는 양도소득세에 대해 20%의 농어
촌특별세를 과세하기 때문에 결국 80%의 양도소득세가 경감된다.

반드시 신축 주택을 취득해야
감면받는다

조세특례제한법에 의해 양도소득세를 감면받기 위해서는 반드시 신축 주택을 취득해야 한다. 또한 신축 주택 취득 기간중에 주택을 취득했더라도 신축 주택이 아니라 다른 사람이 보유하고 있던 주택을 취득한 경우에는 감면 대상이 되지 않으므로 각별히 유의해야 한다. 어떠한 경우에 감면 대상 주택이 되는지 구체적으로 살펴보면 다음과 같다.

첫째, 신축 아파트를 분양받아 신축 주택 취득 기간 내에 계약을 체결하고 계약금을 납부하면 감면 대상 주택이 된다.

둘째, 재건축·재개발 아파트의 경우 조합원에게 주택을 분양하고 나서 남은 주택을 일반인에게 분양하는데, 이러한 일반분양분 아파트 역시 신축 주택 취득 기간 내에 계약을 체결하고 계약금을 납부하면 감면 대상이 된다.

한편 주택은 건설회사 등에서 분양받을 수도 있지만 자신이 직접 건설할 수도 있는데, 이 경우 별도로 계약하거나 계약금을 지급하는 절차가 없기 때문에 신축 주택 취득 기간 내에 사용승인을 받거나 사용검사(임시 사용승인 포함)를 받으면 양도소득세 감면 대상에 포함된다.

신축 주택 취득 기간에
사용승인을 받아야 한다

재건축·재개발아파트의 조합원은 자신이 직접 주택을 건설하는 경우에 해당한다. 따라서 조합원이 감면 대상이 되려면 재건축·재개발되는 아파트의 사용승인과 사용검사를 신축 주택 취득 기간 내에 받아야 한다.

그런데 재개발·재건축 아파트는 아파트가 완공되기 전에 조합원과 일반분양자에 대한 분양계약과 계약금 납입이 동시에 이루어지고, 나중에 아파트가 완공되고 나면 사용승인 또는 사용검사를 받게 된다. 만약 분양계약과 계약금 납입이 신축 주택 취득 기간 내에 이루어졌고, 아파트의 사용승인은 신축 주택 취득 기간이 지나고 나서 이루어졌다면 일반분양자들은 감면 대상이 되지만, 조합원들은 감면 대상이 되지 않는 문제가 발생한다.

이러한 문제를 없애기 위해 재개발·재건축 등 조합주택의 경우 일반분양이 신축 주택 취득 기간 내에 이루어졌다면 사용승인이 그 이후에 이루어졌더라도 조합원 분양분도 감면 대상에 포함시킨다. 결국 조합원의 경우 아파트가 신축 주택 취득 기간 내에 사용승인을 받거나(완공되거나), 일반분양자에 대한 일반분양계약이 신축 주택 취득 기간 내에 이루어졌다면 감면받을 수 있다.

기간별로
요건과 혜택이 다르다

감면 대상에 해당되는 주택인지 여부는 취득한 시기에 따라 달라지는데, 1998년부터 2003년 사이에 취득한 주택으로 고가주택이 아닌 주택이 그 대상이다. 그런데 신축 주택 취득 기간 내에 취득했다고 해서 무조건 감면 대상이 되는 것은 아니다. 그 기간 이내라도 시기마다 세부적 요건이 조금씩 다르기 때문에 그 내용을 잘 살펴봐야 한다.

또한 여기서의 '취득'은 양도소득세에서 일반적으로 말하는 잔금청산시의 취득이 아니고 일반분양의 경우 계약일이 되고, 조합원이나 자가 건축주택은 사용검사일이 기준일이 된다는 점에 유의해야 한다.

신축 주택 취득 기간을 살펴보면 다음과 같다.

- 1998년 5월 23일~1999년 6월 30일: 전국의 모든 주택(단, 전용면적 85㎡ 이하인 국민주택 규모 이하의 주택은 1999년 12월 31일까지)
- 2000년 11월 1일~2003년 6월 30일: 서울·인천·경기 외에 소재하는 국민주택 규모(전용면적 85㎡) 이하의 주택
- 2001년 5월 23일~2002년 12월 31일: 전국의 모든 주택
- 2003년 1월 1일~2003년 6월 30일: 서울·과천 및 5대 신도시(분당·일산·중동·산본·평촌 신도시를 말함) 이외의 지역에 소재한 주택(단, 서

울 등에 소재한 경우에도 2002년 12월 31일 이전에 착공해 2003년 6월 30일 이전에 완공한 조합원 주택 또는 자기가 지은 주택은 감면)

신축 주택 취득 기간에 취득한 분양 주택 및 조합원의 주택은 준공 후 5년간의 매매차익에 대해 양도소득세를 100% 감면해준다. 다만 감면 대상이 되는 조합주택의 경우 2016년 이후 양도분부터 감면소득의 범위가 대폭 축소된다. 당초에는 최초 종전주택 취득 시점부터 준공 후 5년간의 양도소득에 대한 세금을 감면해주었는데, 2016년 이후부터는 준공 후 5년간의 양도소득에 대해서만 감면을 적용한다.

주택과 관련된 감면 규정은 계속 신설되고 개정된다. 기간별 주택에 대한 감면내용 중 핵심적인 내용을 표로 간단히 정리하면 다음과 같다.

| 표 3-10 | IMF 외환위기 때 신축 주택의 감면 요건 및 혜택

구분	내용
대상 주택	전국의 분양 주택, 본인명의 신축 주택(조합주택 포함)으로 고가주택은 제외
취득 시기	① 전국 1998년 5월 22일~1999년 6월 30일(단, 국민주택 규모 이하는 1999년 12월 31일까지) ② 수도권을 제외한 전국 2000년 11월 1일~2003년 6월 30일 ③ 서울·과천 및 5대 신도시는 2001년 5월 23일~2002년 12월 31일
취득 기준	분양계약 체결일, 본인신축 주택은 사용승인일
세제혜택	① 준공 후 5년간 발생한 양도소득에 대해 양도소득세 100% 감면 ② 조합주택은 2015년까지 양도분에 대해서 최초 취득일부터 준공 후 5년간 양도소득에 대한 양도소득세 100% 감면

| 표 3-11 | 2010년 미분양 주택 감면 요건

구분	내용
수도권 외곽 미분양 주택	2010년
대상 주택	2010년 2월 11일 현재 미분양 주택으로 수도권 외곽에 소재
취득요건	2010년 5월 14일~2011년 4월 30일 기간 내에 계약 체결
세제혜택	① 분양가 인하율별로 감면: 10% 인하 → 양도세 60% 감면, 20% 인하 → 80% 감면, 20% 초과 인하 → 100% 감면 ② 주택수에서 제외 ③ 비거주자도 감면 적용

| 표 3-12 | 2011년 미분양 주택 감면 요건

구분	내용
준공 후 미분양 임대주택	2011년
대상 주택	2011년 3월 29일 현재 준공 + 미분양인 주택 + 2011년 12월 31일까지 임대계약 체결 + 면적 149㎡ 이하
임대 기간	• 사업시행자는 2년 이상(임대 개시 당시 기준시가 6억 원 이하) • 매입 임대는 5년 이상(취득 당시 기준시가 6억 원 이하)
세제혜택	① 5년간 양도소득의 50% 감면 ② 비거주자도 혜택 ③ 주택수에서 제외

| 표 3-13 | 2012년 미분양 주택 감면 요건

구분	내용
미분양 주택 감면	2012년
대상 주택	2012년 9월 24일 미분양 주택 + 취득가액 9억 원 이하
취득 시기	2012년 9월 24일~2012년 12월 31일 사이에 분양계약 체결
세제혜택	① 5년간 양도소득의 100% 감면　② 주택수에서 제외 ③ 거주자만 적용

| 표 3-14 | 2013년 미분양 주택 감면 요건

구분	내용
신축, 미분양, 기존 주택 감면	2013년
대상 주택	신축 주택, 미분양 주택, 1세대 1주택자의 주택 + 매매가 6억 원 이하 또는 전용면적 85㎡ 이하
취득 시기	2013년 4월 1일~2013년 12월 31일 사이에 계약 체결
세제혜택	① 5년간 양도소득의 100% 감면 ② 주택수에서 제외 ③ 비거주자도 혜택

| 표 3-15 | 2015년 미분양 주택 감면 요건

구분	내용
준공 후 미분양 임대주택 2	2015년
대상 주택	2014년 12월 31일 현재 준공 후 미분양 주택 + 취득가액 6억 원 이하 + 면적 135㎡ 이하
취득 시기	2015년 1월 1일~2015년 12월 31일 사이에 분양계약 체결
세제혜택	① 5년간 양도소득의 50% 감면 ② 주택수에서 제외

1분 절세 칼럼 ●●● 이러한 대책은 통상 10년을 주기로 반복되고 있다. 부동산 경기를 살려서 실물경기를 회복시키겠다는 정책적 목적에 의해 미분양 아파트가 늘어나게 되면, 이러한 대책을 거의 주기적으로 내놓고 있다. 따라서 최초로 아파트를 분양받거나 신축한 경우, 감면 대상이 되는지 체크해볼 필요가 있다.

서울 이외 지역의 미분양 주택을
취득하면 또 다른 혜택이 있다

양도소득세 감면 정책은 수도권 과밀억제권역과 그 외의 지역으로 나눈다.
수도권 과밀억제권역에서는 양도차익의 60%, 그 외의 지역은 100%를 감면한다.

지방 미분양 아파트에 대한 정부 정책에 실망하고 있던 조세기 씨는 2009년 초 발표
된 정부 정책에 나름 희망을 걸었다. 그것은 지난 IMF 외환위기 때와 유사한 '양도소
득세 100% 감면 정책' 때문이다. 5년 동안 발생한 매매차익에 대한 감면 규정으로,
2000년 경에도 이런 정책에 맞춰 분양된 아파트를 분양받았다가 크게 이익을 본 적
이 있어 이번에도 투자하기로 마음먹었다. 그래서 서울 시내의 미분양 아파트를 검색
했는데 한 가지 장애물이 생겼다. 이번 감면 규정은 서울 지역에서 분양하는 아파트
에는 해당되지 않았던 것이다. 실망한 조세기 씨는 어쩔 수 없이 서울 이외의 지역을
살펴볼 수밖에 없었다.

2009년 지방 미분양 아파트의 양도소득세 감면 정책의 가장 큰 혜
택은 양도소득세의 일부가 아니라 전액을 면제한다는 것이다. 이는
준공 후부터 5년간 발생하는 양도차익에 대해 한시적으로 주는 혜
택이다.

지방 미분양 해소 지원책이라 서울 지역은 전체적으로 혜택에서

배제된다. 또한 지역을 수도권 과밀억제권역과 그 외의 지역으로 나누어 수도권 과밀억제권역에 대해서는 양도차익의 60%를 감면해주고, 그 외의 지역은 100%를 감면해준다. 수도권 과밀억제권역은 다음과 같다.

- 수도권 과밀억제권역
  - 서울특별시
  - 인천광역시(강화군·옹진군 등 제외)
  - 경기 지역 14개 시(의정부시·구리시·남양주시·하남시·고양시·수원시·성남시·안양시·부천시·광명시·과천시·의왕시·군포시·시흥시)

예를 들어 강화군과 옹진군 등은 과밀억제권역에서 제외되므로 양도소득세를 100% 감면받을 수 있다. 그 밖의 혜택은 과거 양도세 감면 혜택의 내용과 유사한데, 일반주택을 양도할 때 주택수에 포함하지 않는다는 점, 영원히 중과세율을 적용하지 않는다는 점 등이 있다.

다만 거주자가 아닌 비거주자도 감면 혜택을 볼 수 있다는 점과 장기보유특별공제가 무조건 최대 80%까지 적용되지는 않는다는 점 등 차이가 있다. 장기보유특별공제의 경우 해당 미분양 주택이 1채만 있는 경우 최대 80%까지, 2주택 이상인 경우 최대 30%까지만 적용된다.

취득 시점과 면적에 대한
제한이 있다

취득 시점에 대한 제한이 있다. 다음의 기간 내에 최초로 분양을 받아 매매계약을 체결하고 취득해야 한다. 기간의 말일까지 사용검사가 되지 않은 주택에 대해서는 2010년 2월 11일까지 매매계약을 체결하고, 계약금을 납부했다면 감면 대상에 포함된다.

- 거주자인 경우: 2009년 2월 12일~2010년 2월 11일
- 비거주자인 경우: 2009년 3월 16일~2010년 2월 11일

다만 기존의 주택을 취득하는 경우는 대상에 포함되지 않으며, 시공 회사 또는 시행 회사에서 주택을 최초로 분양받아야 한다. 이미 분양받은 주택을 분양권 상태로 취득하거나 분양계약을 해지하고 다른 가족 명의로 재계약하는 경우에는 양도소득세 감면 혜택을 받을 수 없다.

분양받은 것 외에 자기가 직접 지은 주택에 대해서도 동일한 혜택을 볼 수 있다. 요건은 분양받는 경우와 유사하다. 즉 언급한 감면 기간 내에 건축 허가를 받고 동시에 사용검사까지 받아야 감면 혜택을 준다.

다만 기존의 주택을 멸실하고 새롭게 주택을 짓는 경우에는 감면 혜택을 주지 않는다. 조합원의 경우 자기 집을 짓는 것과 같으므로,

| 표 3-16 | 양도소득세 감면 요건

구분	내용
대상 주택	서울시 외곽의 미분양 주택 및 본인명의로 보존등기하는 신축 주택으로 수도권 과밀억제권역은 건물 149㎡(대지는 660㎡ 이내), 지방은 면적 제한 없음
취득 시기	거주자는 2009년 2월 12일~2010년 2월 11일 비거주자는 2009년 3월 16일~2010년 2월 11일
취득기준 시점	분양 주택은 분양계약 체결일, 본인 신축 주택은 착공일 (단, 조합주택은 감면 배제)
세제혜택	① 준공 후 5년간 발생 양도소득에 대한 양도세 100% 감면 (단, 수도권과밀 억제권역 소재 주택은 60% 감면) ② 주택수에서 제외

같은 취지로 2002년 말까지 한시적으로 재개발·재건축 조합원에 대해서도 감면을 해주었으나, 미분양 주택에 대한 감면 규정에서는 제외되었다.

수도권 과밀억제권역 안의 지역인 경우 대지면적이 $660\,m^2$ 이내, 주택의 연면적이 $149\,m^2$(공동주택의 경우에는 전용면적 $149\,m^2$) 이내인 주택에 대해서만 감면 혜택을 준다. 미분양 주택을 해소하기 위한 정책이므로 실질적인 미분양 주택이 아닌 경우에는 배제된다. 따라서 다음 3가지 경우에 해당되는 주택은 양도소득세 감면 혜택을 적용받을 수 없다.

첫째, 매매계약일 현재 입주한 사실이 있는 주택은 감면 혜택에서 제외된다.

둘째, 2009년 2월 12일부터 2010년 2월 11일 사이에 사업 주체와 매매계약을 체결한 매매계약자가 해당 계약을 해제하고, 매매계약자 또는 그 배우자(매매계약자 또는 그 배우자의 직계존비속 및 형제·자매를 포함)가 당초 매매계약을 체결했던 주택을 다시 매매계약해 취득한 주택도 제외된다.

셋째, 미분양 주택 취득 기간중에 해당 사업 주체에게서 당초 매매계약을 체결했던 주택에 대체해 다른 주택을 매매계약해서 취득한 주택도 제외된다. 따라서 동·호수가 마음에 들지 않는다는 등의 사유로 함부로 계약을 변경하지 말아야 한다.

감면 기간은
준공으로부터 5년 동안이다

준공 시점부터 5년 동안 발생하는 양도차익만 양도소득세 감면 대상이 된다. 즉 준공 시점 이전에 분양권 상태로 처분하는 경우 발생하는 양도차익에 대해서는 감면 혜택을 적용하지 않는다. 따라서 준공 이후 주택 상태로 양도해야 혜택을 볼 수 있다.

5년이 경과한 후부터 발생하는 양도차익에 대해서는 전액 양도소득세가 과세되지만, 다주택 중과세는 계속해서 배제된다. 또한 일반주택 양도시에는 주택수에 포함하지 않는 규정도 계속해서 유효하다.

양도차익에 대해 감면 혜택을 받기 위해서는 양도소득세 신고시 일정 요식 행위를 거친 계약서를 제출해야 한다. 당해 계약서는 구청장이 미분양 주택임을 확인하는 도장을 찍은 것으로, 주택을 공급하는 사업자가 구청에서 날인받아 분양계약자에게 교부해야 한다. 따라서 분양계약자는 당해 계약서에 날인이 되어 있는지 반드시 확인해야 한다.

1분 절세 칼럼 ●●● 이미 1998년과 2000년 초 IMF 외환위기 때 겪어본 바와 같이 감면 대상 주택을 매입해두면 주택가격 상승기에 매우 강력한 절세 효과가 발생한다. 따라서 주택을 취득해야 한다면 기왕이면 감면을 받을 수 있는 주택인지 확인해보고 취득 여부를 결정하는 것이 바람직하다.

감면 대상 주택은 준공 후 5년까지 양도소득세를 내지 않아도 된다

최초 분양계약을 2001년 12월에 하고 준공 입주를 2004년 8월에 했다면,
2004년 8월부터 5년이 되는 2009년 8월까지가 감면이 되는 기간이다.

조세기 씨는 2002년에 주상복합아파트 1채를 취득했다. 금액이 꽤 나가는 아파트 라고민했지만 가격 상승에 대한 기대와 가격이 아무리 크게 올라도 나중에 양도소득세 감면 혜택이 주어지는 아파트란 이야기에 결국 매입했다. 집값은 기대만큼 많이 올랐고, '이 정도에서 시세차익을 누리는 것이 낫겠다'라는 생각에 매각했다. 별도로 양도소득세를 신고하지 않았는데, 매각 후 몇 달이 지나서 세무서에서 세금을 추징하겠다고 연락이 왔다. 분명 양도소득세를 내지 않아도 되는 주택이라고 신문기사까지 확인했는데 과세를 한다는 말에 너무 당황스러워 부리나케 세무서를 찾아갔다.

조세특례제한법상 일정 기간(1998~2003년) 내에 취득한 주택은 양도소득세가 100% 감면된다. 하지만 이러한 규정은 취득일에서 5년 이내에 양도한 경우에 적용되므로, 취득 후 5년 이상 보유한 감면 대상주택을 양도할 때는 5년 경과 후 발생하는 양도차익에 대해 양도소득세를 납부해야 한다.

5년 이내에 양도해야
100% 감면된다

5년이라는 기간은 주택으로서의 보유 기간을 의미하기 때문에 청약을 통해 감면 기간에 계약을 한 사람들의 경우 계약일부터 5년이 아니라는 사실에 유의해야 한다. 즉 최초 분양계약을 2001년 12월에 하고 준공 입주를 2004년 8월에 했다면, 2004년 8월부터 5년이 되는 2009년 8월까지가 감면되는 기간이라고 할 수 있다.

자신이 직접 주택을 신축한 경우라면 준공 시점부터 5년을 따지면 된다. 다만 재건축·재개발 조합원의 경우 언제부터 5년을 따져야하는지 의문이 생길 수 있다. 물론 종전주택을 취득했을 때부터 기산한다면 양도소득세 감면 혜택의 실익이 거의 없을 것이다.

또한 준공 시점 이후부터 기산하는 경우에도 그 이전 시점에 이미 발생한 양도차익에 대해서는 감면받을 수 없기 때문에 조합원 입장에서 불리하게 여겨질 수 있다. 이 부분에 대해서 2015년까지 양도한 조합원 아파트에 대해서는 종전 구주택의 취득 시점부터 준공 후 5년까지의 양도차익에 대해서 감면을 적용했다. 예를 들어 1985년에 취득하고, 재건축이 진행되어 2001년에 준공 입주된 경우 1985년부터 2006년까지의 양도차익에 대해서 감면이 적용된다. 2016년 이후 세법개정으로 조합원아파트의 경우도 준공 후 5년간의 양도차익에 대해서만 감면해준다.

양도소득금액 산정은
이렇게 한다

최초 5년간의 양도소득금액은 정확히 알기 어려우므로 기준시가의 비율로 계산한다. 예를 들어 보유 기간의 총 양도소득금액이 10억 원이고, 취득시 기준시가가 2억 원, 양도시의 기준시가가 8억 원, 취득 후 5년이 되는 시점의 기준시가가 5억 원이라고 하자. 보유 기간 동안의 기준시가 상승액이 6억 원(8억 원-2억 원)인데, 그 중 최초 5년간의 기준시가 상승액은 3억 원(5억 원-2억 원)이다. 이는 총 보유 기간의 기준시가 상승액의 50%에 해당하기 때문에 총 보유 기간의 실제 양도소득금액의 50%가 최초 5년간 발생했다고 보고, 5억 원(10억 원의 50%)을 과세에서 제외한다.

┃ 1분 절세 칼럼 ●●● 이러한 감면 혜택은 거주자에게게만 주어지므로 취득 당시와 양도 당시 모두 주택의 소유자가 거주자(국내에 1년 이상 주소 또는 거소를 두고 있는 자) 자격을 유지하고 있어야 감면받을 수 있다. 즉 외국인에게는 세제 혜택을 부여하지 않는다. 거주자 요건을 채우지 못한 재외국민 및 해외동포도 외국인 취급을 받아 감면 혜택을 받지 못할 우려가 있으니 주의를 요한다.

5년간 양도소득세 감면,
그때 그때 달라졌다

부동산 경기활성화를 위한 정부대책 중 가장 큰 것이 양도소득세 100% 감면이다.
단, 양도 시점에 제도가 바뀌지 않았는지 반드시 살펴보아야 한다.

대치동에 소재한 지율 재건축 아파트는 2003년에 신축 아파트로 준공되었다. 조세기 씨는 당초 조합원으로서 1995년에 지율 재건축 아파트를 취득했고, 재건축을 거쳐서 신축 아파트에 입주하게 되었다. 정부는 IMF 외환위기 이후 부동산 경기침체에 따른 건설 경기의 하락으로 실업자 및 도산업체가 급증함에 따라 부동산 경기 부양을 위해 양도소득세 감면책을 내놓았고, 지율 재건축 아파트는 그 혜택을 보는 단지다. 조세기 씨는 1995년 당시 1억 원에 취득했고, 추가 부담없이 신규 아파트를 분양받았다. 현재 시세는 9억 원이다. 취득 시점의 기준시가는 1억 원이고, 준공시 기준시가는 5억 원, 준공 후 5년이 되는 날의 기준시가는 7억 원이었다. 양도시 기준시가는 7억 원이다. 조세기 씨가 보유한 주택은 감면 대상 아파트 외에 2채다. 조세기 씨는 여러 채의 주택이 있는 것이 부담스러워 아파트를 내놓았지만, 3채의 주택 중 대치동 아파트만 매수 의사가 타진되어 결국 대치동 아파트를 매각하기로 했다. 이미 다른 조합원들이 감면을 받아서 양도소득세를 조금만 납부한 것을 봐왔기 때문에 양도소득세에 대해서 추호의 걱정도 하지 않았다. 잔금을 받고 나서 친구인 세무사에게 세금이 얼마나 나오는지 물어보았다. 친구는 심각한 표정으로 말한다. "세기야! 2016년부터 양도소득세 계산방법이 바뀌었다. 왜 미리 나한테 안 물어보고 계약한 거니?"

정부는 부동산 경기활성화를 위해 1998년과 2001년에 양도소득세 감면대책을 발표했다. 해당 규정은 5년간의 양도차익을 감면해준다는 내용이었는데, 서울의 경우 2001년 5월 23일부터 2002년 말 (감면 대상 기간)까지 아파트 분양계약을 체결한 사람이 대상이었고, 해당 기간에 준공 또는 일반분양자의 계약이 체결된 재건축 조합원들도 감면의 대상에 포함된다.

법은 가만히 있는데 감면 대상자는 계속 변경되었다

최초로 문제가 된 것이, 감면 대상 기간에 준공되지 않은 재건축 조합원에 대한 과세문제였다. 법령은 분명히 감면 대상 기간 내에 일반분양자가 있다면 조합원도 감면해주는 것으로 되어있다.

하지만 일부 과세관청에서 이를 배제했고, 결국 대법원 판례에 의해서 감면 대상 기간에 일반분양계약이 이루어졌다면 조합원도 감면받는 것으로 확정했다.

두 번째, 문제는 감면 대상 주택 중 고가주택의 판단문제였다. 당시 고급주택은 감면 대상 주택에서 제외되었고, 그 기준은 면적과 금액이었다. 아파트의 경우 전용 45평 이상이고 6억 원을 초과할 경우에는 고급주택에 해당한다. 강남권의 대상 아파트는 분양시점에는 6억 원 이하이지만, 양도 시점에 대부분이 6억 원을 초과하므로 면적기준이 상당히 중요한 관건이 되었다. 6억 원을 초과하지만, 면적이 45평에 미달할 경우 감면 대상 아파트가 되기 때문이었다. 이 문제로 인해서 주상복합 아파트의 발코니면적이 전용면적에 포함되는지 여부가 다시 한 번 뜨거운 쟁점이 되었고, 결국 이번에도 법원은 납세자의 편에서 발코니면적을 제외한 면적으로 판단하라고 판결했다.

세 번째 문제는 감면 대상 소득에 대한 것이었다. 당초 법령은 '취득일부터 5년내의 양도차익에 대해 감면한다'라고 규정하고 있었고, 당시 법령상의 산식을 해석하면 조합원이 종전주택을 취득한 때부터 준공 후 5년까지를 감면 대상 소득으로 볼 수밖에 없었다. 한동안 이러한 방식으로 재건축 조합원들은 당초 취득시부터 준공 후 5년까지의 양도소득에 대해서 감면을 받아왔다.

이후 국세청에서 취득일에 대한 새로운 해석을 내놓았다. 재건축 조합원에 대해서도 감면 대상이 되는 기간은 새로운 아파트가 준공된 시점부터 5년이고 해당 기간에 대해서만 감면을 해준다는 것이었다.

즉 재건축 조합원은 당초 취득 시점부터 양도일까지의 총 양도소득에서 신축 아파트의 준공일부터 준공 후 5년까지 발생한 양도소득만을 감면해준다는 것이다.

해석의 변경은 이미 양도소득세를 신고한 조합원 및 세금환급을 받은 조합원들에 대해 거액의 세금추징을 가져왔다. 이후 다행히 해당 유권해석은 대법원 판례에 의해 취소되었고, 조합원은 종전처럼 종전주택 취득시부터 기산해 감면 대상 양도소득을 계산할 수 있게 되었다.

문제는 2015년말에 개정된 세법이다. 대법원 판례가 나온 이후 정부는 취득일에 대한 과세관청의 견해를 시행령으로 보완했다. 결국 2016년 이후 양도하는 감면 대상 재건축 조합원의 경우 최초 종전주택의 취득 시점이 아닌 신축 주택의 준공시점부터 5년간의 양도소득에 대해서만 감면 혜택을 볼 수 있게 된다.

조합원도 신축 아파트의 준공시부터 5년간 세금 감면받는다

개정법령에 의하면 조세기 씨가 2015년까지 양도시 감면 대상 양도소득은 다음과 같이 산정된다.

> (9억 원 − 1억 원) × (5년이 되는 날의 기준시가 7억 원 − 준공시 기준시가 5억 원)
> / (양도시 기준시가 7억 원 − 준공시 기준시가 5억 원) = 8억 원

2016년 이후 양도시 조세기 씨의 감면 대상 양도차익은 다음과 같이 산정된다.

> (9억 원 − 1억 원) × (5년이 되는 날의 기준시가 7억 원 − 준공시 기준시가 5억 원)
> / (양도시 기준시가 7억 원 − 종전주택 취득시 기준시가 1억 원) = 2.6억 원

무려 5억 4천만 원에 대한 소득이 시행령 개정으로 인해 과세 대상 소득으로 전환된다. 세액으로 환산하면, 38%의 세율이 적용될 것이므로 약 1억 8천만 원 가량의 세금이 추가될 수 있다. 만약 조세기 씨가 1세대 1주택자라고 하면 감면 여부에도 불구하고 양도소득세 비과세를 받게 되므로 별문제가 없다. 그러나 비과세 대상이 아닌 경우라고 하면 엄청난 세부담 차이로 인해 매매 의사결정이 달라지게 된다. 즉 다른 주택을 먼저 팔고 비과세를 받거나, 다른 주택을 임대주택으로 전환하고 비과세를 받아야 하는 것이다.

정부의 8·2 대책으로 인해 다주택자에 대한 중과세제도가 시행되고 있다. 2주택 이상자에 대해서 장기보유특별공제배제 및 10~20%의 추가세율이 적용된다. 현재 소득세법상 감면 대상 아파트는 3주택 중과세 대상에서는 제외된다. 그러나 소득세법 시행령의 개정으로 언제든지 다주택 중과세 대상으로 포함될 수도 있다.

감면 대상 아파트라도
한푼도 감면되지 않는 경우가 많다

감면 대상 아파트가 분양계약된 시점은 2002년까지다. 이때 계약된 아파트는 2005년경부터 입주를 시작했고, 해당 시기는 아파트시장의 과열로 인해 부동산에 대한 규제가 시작되던 때다.

특히 보유세 강화를 통한 주택 수요억제 정책으로 인해 금융위기 전까지의 아파트 공동주택가격(기준시가)을 살펴보면, 2006년에 고점을 찍고 2007년부터 하향 곡선을 그리고 있던 때였다. 그리고 금융위기 당시 급격하게 떨어졌다가 최근이 되어서야 2006년 당시의 기준시가를 회복하게 된다. 따라서 감면 대상아파트들의 준공 후 5년이 된 시점의 기준시가는 금융위기 근처 기간이므로 최초 취득시의 기준시가에 미치지 못하는 경우가 많다.

감면 대상 소득이라는 것이 준공일부터 5년간의 양도차익을 소득공제하는 방식인데, 앞의 산식에 대입할 경우 준공일의 기준시가가 5년 후의 기준시가보다 더 커져서 음(-)의 수가 나오게 된다. 결국 실질과는 다르게 기준시가 상으로는 5년간 손해를 본 셈이다. 2002년도 분양받은 아파트의 가격이 현재와 비교할 때 현저히 차이가 날 것임은 분명하다. 그럼에도 세법상 이익이 있어야 감면을 받을 텐데 세법의 계산구조상 손해를 봤으니 감면액은 전혀 없다.

1분 절세 칼럼 ●●● 현재 투기지역으로 지정되어 있는 많은 감면 대상 아파트들이 비슷한 문제를 가지고 있다. 최소한 준공시 기준시가보다, 5년 후의 기준시가가 조금이라도 더 큰 경우라고 한다면 어느 정도 방법은 있다. 그러나 그렇지 않은 경우 1세대 1주택 비과세를 받는 방법 외에는 특별한 대책이 현재로선 존재하지 않는다.

감면주택과 일반주택이 있는 경우
이런 순서로 처분하자

시세차익이 가장 큰 주택을 가장 나중에 팔아야 한다는 원칙은
2주택자 뿐만 아니라 모든 다주택자에게 동일하게 적용할 수 있다.

조세기 씨는 현재 주택 2채를 보유하고 있다. 1채는 오래 전부터 보유하면서 계속 거주해온 주택이고, 다른 1채는 지난 2002년에 여유자금을 활용해 투자 목적으로 구입한 주택이다. 조세기 씨는 근래에 하고 있는 사업이 경기불황의 여파로 어려워지자 보유한 주택 중 1채를 팔아 자금을 마련하기로 결심했다. 아무래도 새로 산 집보다는 오래 전부터 가지고 있던 집을 파는 것이 낫다고 생각했는데, 이것이 과연 옳은 결정인지 궁금해졌다.

양도소득세는 시세차익에 부과하는 세금이기 때문에 아무리 큰 금액에 팔았더라도 시세차익이 없다면 양도소득세도 납부할 필요가 없다. 다시 말해 100억 원에 부동산을 팔았더라도 취득금액이 100억 원이었다면 시세차익을 보지 못했으므로 양도소득세가 나오지 않지만, 2억 원에 판 부동산의 취득가액이 1억 원이었다면 시세차익인 1억 원에 대해서는 양도소득세를 납부해야 한다.

시세차익이 적은 주택부터
팔아야 유리하다

주택 2채를 보유한 사람의 경우, 2채 중 먼저 양도하는 주택에 대해서는 양도소득세가 과세된다. 또한 조정 대상 지역 내에 있는 주택이라고 하면, 양도소득세 중과세까지 적용된다. 하지만 나중에 양도하는 주택은 양도당시 1주택에 해당되어 다른 추가적인 비과세 요건을 갖춘다면 조정 대상 지역에 소재하고 있더라도 1세대 1주택이므로 비과세된다.

따라서 시세차익이 적은 주택, 기왕이면 조정 대상 지역이 아닌 곳에 소재한 주택을 먼저 팔아 적은 양도세를 내고, 양도차익이 큰 주택은 비과세 작전으로 접근하는 것이 유리하다. 시세차익이 가장 큰 주택을 가장 나중에 팔아야 한다는 원칙은 2주택자뿐만 아니라 모든 다주택자에게 동일하게 적용할 수 있다.

보유 기간도 함께 고려해야 한다. 둘다 조정 대상 지역에 소재하고 시세차익이 동일하면서 보유 기간만 다른 경우 어차피 먼저 양도하는 주택은 장기보유특별공제를 적용받지 못하므로 보유 기간이 상대적으로 단기인 부동산을 양도하는 것이 상대적으로 유리하다. 나중에 매도하는 고가주택에 대해서는 최대 80%의 장특공제가 적용되기 때문이다.

감면 대상 주택을
먼저 파는 것이 유리하다

보유한 2채의 주택 중 1채가 감면 대상 주택이라면 선택의 폭이 넓어진다. 우선 대부분의 감면 대상 주택은 여러 채를 가지고 있어도 다주택 중과세(중과세율과 장특공제 배제)를 적용받지 않는다. 이는 통상적인 양도세 감면 기간인 5년이 경과해도 동일하게 적용된다. 따라서 감면되는 주택을 포함한 다주택자는 중과세 적용 없이 감면 대상인 주택을 먼저 팔고, 나머지 일반주택은 비과세를 받을 수있도록 매각 순위를 정하는 것이 좋다.

어떤 감면 대상 주택은 일반주택을 양도할 때 보유 주택수에서 제외된다. 즉 일반주택을 먼저 양도하더라도 양도 당시 감면 대상 주택은 없는 것으로 보아 1주택자로 간주된다. 따라서 이 경우에는 감면 대상 주택을 먼저 팔아도 되고, 일반주택을 먼저 양도해 비과세를 받아도 된다. 그러나 관련 법령이 수시로 바뀌므로 주택수에서 제외되는 감면 대상 주택보다 일반주택을 먼저 양도해 비과세 받을 계획인 경우, 그 시점의 법령을 재검토해 의사결정을 해야 한다.

> **1분 절세 칼럼** ●●● 양도소득세법은 부동산 경기를 반영한다. 과거의 혜택도 일정 시기 이후 양도분에는 적용되지 않는 사례도 빈번하다. 과거 IMF 극복을 위한 신축 아파트 등에 대한 감면은 분양계약서에 특별히 감면도장을 찍어주지는 않았다. 최근에는 최초 분양계약서에 감면 대상 주택을 확인해주도록 하고 있다.

양도소득세법은 부동산 경기를 반영한다.

과거의 혜택도 일정 시기 이후 양도분에 대해서는

적용되지 않는 사례도 빈번하다.

재건축과 재개발은 정비사업을 통해서 기존의 오래된 노후주택 대신 새로운 아파트를 취득하게 된다는 점에서 일반적인 부동산의 취득 과정과는 차이가 있다. 양도소득세를 과세할 때도 이러한 차이로 인해 일반적인 주택의 양도와는 조금 다른 해석 및 특례 규정이 부여되고 있다. 4장에서는 재건축·재개발 부동산이 일반 부동산과 다른 점을 살펴보고, 투자시 활용할 수 있는 세법 지식을 알아보고자 한다.

4장

재개발·재건축
부동산을 양도할 때
꼭 알아야 할 절세 비법

재개발·재건축 조합원 지분의
취득 시점별 세금 정리

재건축과 재개발 등 도시 및 주거환경 정비법에 의한 조합원 지분은
매매시점별로 커다란 세부담의 차이가 발생한다.

용산 재개발 정비사업조합은 부동산 침체기를 벗어나 어렵게 사업계획의 시행인가를 받게 되었다. 조합원들이 합심해 속도를 내다 보니, 관리처분계획도 거의 수립되어가고, 총회와 관할관청의 인가만 받으면 사업의 큰 고비는 넘게 되는 터라 조합원들은 모두 흡족해하고 있다. 조세기 씨는 이런 재개발 조합원 지분에 평소 관심을 가지고 있었고, 언제 투자를 하는 것이 가장 높은 수익을 낼 수 있을지 현재 저울질하고 있다. 다만 세금과 관련해서는 명확한 기준이 없어서 의사결정에 도움을 줄 자료를 찾고 있다.

최근 부동산의 흐름 중 재개발·재건축에 대한 투자는 일반인들이 소규모투자로 새집을 구입할 수 있는 기회를 제공한다는 장점 때문에 많은 관심을 받고 있다.

다만 부동산 대책으로 인해 투기과열지구 내의 재건축 조합원의 지위 양도가 금지되고 있고, 이로 인해 일부 지역의 재건축·재개발 사업이 위축되고 있지만, 대도시 권역의 정비사업은 도시의 재생 및

신규 아파트의 공급이라는 역할을 담당하고 있어 긍정적으로 보아야 할 것이다.

조합원 지분은 주택멸실 전에 취득해야 취득세가 절세된다

조합원 지분은 최초 빌라, 다세대, 다가구 등의 주택 형태에서 이주 개시 이후의 철거 상태 그리고 공사 기간을 거쳐서 새로운 아파트라는 주택으로 변경된다. 재건축과 재개발 등 정비사업은 절차 등이 거의 동일하고, 세금에 있어서도 건물 준공시의 취득세에서 약간의 차이를 나타내고 있을 뿐 거의 유사하다.

일반적인 조합원 지분 투자시 발생하는 세금에 대해 설명하고, 그 투자 시점의 결정에 영향을 주게 되는 사안을 정리하면 다음과 같다.

우선 취득세다. 조합원 지분은 언제 사는 것이 취득세가 가장 저렴할까? 일단 취득세의 구조를 잠깐 들여다보자. 취득세율은 주택과 그 외의 부동산으로 크게 구분해 별도의 세율이 적용된다. 주택의 경우 1~3%의 세율이 매매가격을 기준으로 차등 적용되는 데 반해, 그 외의 부동산은 일률적으로 4%의 세율이 적용된다. 따라서 재개발 지분의 취득시 주택의 형식으로 취득할 때와 주택이 아닌 상태에서 취득할 때 세금이 달라지게 된다.

예를 들어 조합원 지분이 관리처분 후 주택이 아닌 상태에서 취득되는 경우 토지의 취득이 되어 4%의 취득세율이 적용된다. 매매가격이 5억 원이라고 가정하면, 주택으로 취득할 때 6억 원 이하의 주택은 1%의 세율이 적용된다. 즉 500만 원의 취득세가 과세된다. 그런데 토지 취득의 경우 2천만 원의 취득세를 내야 한다. 주택보다 무려 4배나 더 많은 세부담이다.

그렇다면 주택인지 아닌지는 어떻게 구분할까? 최근 조세심판소의 판례는 다음과 같이 설명하고 있다.

> 주택 재개발 정비사업 등을 위해 세대의 세대원이 퇴거·이주하고 단전·단수 및 출입문봉쇄 등 폐쇄조치가 이루어진 주택의 경우에는 비록 외형적으로 주택의 형태를 가지고 있다고 해도 곧 철거될 것이기 때문에 이미 그 주택은 사용가치를 상실하고 단지 앞으로 새로이 건축되는 주택을 소유할 수 있는 분양권으로서의 가치만 보유하고 있다고 할 수 있으므로 재산세 과세대상인 주택에 해당한다고 할 수는 없음.(조심2010지0080,2010.11.05.)

즉 관리처분 이후에 이주가 개시되고, 이주가 완료된 주택이 단전·단수되고 출입문을 봉쇄해 더이상 주거가 불가능해진 상태가 되면 비록 철거가 이루어지지 않은 경우에도 주택이 아닌 토지로 보는 것이다.

그러나 최근의 행정안전부 유권해석은 또 다른 견해를 표하고 있다. 2018년 1월 1일 이후 취득분부터 사실상 철거 멸실되었다면 토지로 취득세를 과세하고, 멸실되지 않는 경우 주택으로 과세한다는 것이다. 또 실제 멸실된 날짜를 확인하기 어렵다면 공부상 멸실된 날짜를 기준으로 한다는 것이다.

세금을 내는 사람은 자신이 무엇을 취득했고, 얼마의 세금을 내야 하는지 알고 있어야 올바른 투자 의사결정을 할 수 있다. 법률도 아닌 유권해석이나 판례에 따라서 거액의 세금이 변동될 수 있다는 것은 합리적이지 못하다. 일단 납세자의 입장에서는 취득세 고지서를 발부해주는 과세관청의 입장을 기준으로 삼고 의사결정해야 한다. 즉 사실상 철거일을 기준일로 판단한다.

재산세와 종합부동산세는
그때 그때 다르다

재산세의 경우도 위 판례에도 불구하고, 행안부의 유권해석에 따라서 판단한다. 즉 사실상 철거 멸실된 날을 기준으로 주택 또는 토지로 과세한다. 종합부동산세는 재산세의 과세기준을 따르고 있어서 동일하게 판단한다.

주택상태에서는 개별주택 가격, 공동주택 가격 등 고시된 가격이 과세기준이 된다. 여기에 0.1~0.4%의 세율이 차등 적용된다.

토지로 과세될 경우 개별공시지가가 과세기준이 되고, 아파트 공급 목적의 토지이므로 다른 토지와 합산과세되지 않고 분리과세 된다. 세율은 0.2%의 단일세율이 적용된다. 또한 사업용 토지이므로 종합부동산세의 과세 대상에서도 제외된다.

결국 고가의 아파트를 재건축하는 경우라면 당초 조합원은 철거 이후 부담하게 될 재산세가 크게 절감이 된다. 특히 종합부동산세도 과세 대상에서 제외되므로 절세 효과는 더 커지게 된다. 반면에 재개발지역 내의 소형주택보유자의 경우에는 오히려 재산세부담이 커지는 경우가 발생하게 된다. 이유는 종전에 단독주택 또는 다세대주택으로서 0.1%의 최저세율을 적용받던 사람이 0.2%의 단일세율로 변경되기도 하고, 무엇보다 과세기준금액이 증가되는 사례(개별주택 가격이 단순 토지 상태의 개별공시지가보다 적은 경우)가 적지 않기 때문이다.

재산세와 종합부동산세의 경우 과세기준일이 6월 1일이다. 그렇다면 5월 30일까지 철거 절차를 완료할 경우 주택이 아닌 사업용 토지로서 과세당하게 된다. 또한 종합부동산세가 부담되는 사람은 해당일 이전까지 멸실하면 절세가 가능하다. 물론 조합원 개인이 철거시점을 조정하기는 어렵다. 조합 차원에서 사업 일정 검토시 이주 일정 등을 현명하게 검토한 후 가능하다면 조합원의 이익이 되도록 의사결정해야 할 것이다.

반면에 조합원 지분 취득자는 과세기준일을 경과한 뒤 입주권을 취득해 재산세와 종합부동산세를 1년 유예시킬 수 있다.

양도소득세를 절세하기 위해서는
관리처분인가 시점 이전에 취득해야 한다

양도소득세는 그 취득 시점이 매우 중요하다. 이유는 관리처분인가일을 기준으로 산정하는 것들이 달라지기 때문이다. 관리처분인가일 이전에는 주택을 취득한 것으로 보지만, 시점 이후부터는 조합원의 입주권을 취득한 것으로 보기 때문에 취급이 크게 달라진다. 이는 취득세 등 지방세법상의 판단기준일과도 다르다. 이주완료 전 주택을 취득해 주택으로서의 취득세를 낸 경우에도 관리처분인가일 이후에 취득한 경우라면 입주권의 취득으로 보아 소득세법을 적용하게 된다.

우선 주택으로서 보유 기간의 판단이다. 인가일 이전에 조합원 주택 지분을 취득시에는 공사 기간을 보유 기간에 포함시켜준다. 따라서 조합원의 지분을 취득했을 때부터 공사완료 후 아파트 상태로 양도할 때까지가 주택으로서의 보유 기간이 된다.

예를 들어 1억 원에 재개발 주택을 취득하고, 이를 준공 후 9억 원에 양도한다고 해보자. 관리처분인가일 이전에 취득한 경우 공사 기간이 보유 기간에 포함되어, 준공 후 즉시 양도한다고 하더라도, 다른 주택이 없는 한 1세대 1주택 비과세 규정에 의해서 양도소득세를 한 푼도 안 내도 된다(단, 조정 대상 지역 내에서 2017년 8월 3일 이후 취득 주택의 경우 2년 이상 거주 요건 추가됨).

반면에 관리처분인가일 이후에 취득하는 경우 준공 이후부터 주택보유 기간이 시작되므로, 준공 후 즉시 양도시 40%의 높은 단기 보유 세율이 적용되어 큰 낭패를 보게 된다. 따라서 양도소득세의 관점에서는 무조건 관리처분인가일 이전에 취득을 해야 세금 혜택을 볼 수 있다.

1분 절세 칼럼 ●●● 재건축·재개발 주택의 투자 시점은 투자수익율에 막대한 영향을 주게 된다. 따라서 조합원 지분에 대한 투자는 실수요의 측면에서 장기적 관점에서 접근해야 한다. 또한 조합원 지위는 투기과열지구 내에서 그 양도가 제한되어 있다. 이러한 처분권의 제한에도 불구하고 다른 일반주택의 양도시 주택수에 포함되고, 이는 다주택자의 중과세 여부의 판단 및 일반 주택 양도시 1세대 1주택 비과세 판단 등에 큰 영향을 주기 때문에 면밀한 검토가 필요하다.

관리처분인가가 떨어지면
부동산은 권리가 된다

부동산에서 입주권으로 변경되는 날은 관리처분인가일이다.
관리처분인가일을 기준으로 재건축 입주권에 따라 세법상 지위가 변경된다.

조세기 씨는 5년 전에 수원에 있는 재개발 주택을 취득했다. 추진위원회 상태에서 취득했고, 현재 관리처분인가를 앞두고 있다. 재개발이 완료되면 입주할 생각이었지만 직장과의 거리가 너무 멀어 처분하기로 결심했다. 그런데 수원 지역은 거주하지 않아도 되어서 비과세 혜택을 받지만, 시골에 집을 1채 사놓은 것이 있어 1주택 요건을 채우지 못해 양도소득세를 내야 했다. 다행히도 수원에 있는 주택을 사려는 사람이 나타났고, 계약도 했다. 이제는 잔금만 받으면 되는데, 잔금 시점을 관리처분인가 이전과 이후 중 언제로 잡을 것인지 의견이 분분해 정하지 못했다. 세금 차이가 매우 크다는 점은 분명했다.

재건축·재개발 주택은 종전주택이 철거되고 토지의 상태로 존재하다가 다시 건물이 완공되어 주택이 되는 특수한 과정을 거친다. 이로 인해 취득·보유·양도 관련 세금이 단계별로 상이하게 취급된다. 특히 관리처분인가일을 기준으로 여러 가지 특이한 세법상의 변화가 발생하게 된다.

입주권으로 변환되면
불이익도 있지만 이익도 있다

관리처분인가일을 기준으로 변경되는 세법 내용을 살펴보자.

첫째, 부동산 거래의 신고방식이 달라진다. 인가일 이전에는 취득할 때 주택 등 종전부동산의 신고방식으로 신고하지만, 인가일 이후에는 종전부동산과 입주권을 구분해서 신고하게 된다. 철거 이후에는 단순 토지로서 취득세를 내야 한다. 이 경우 종전에 적용받던 주택으로서의 취득세율 대신 단순 토지로서의 취득세율 4.6%를 적용받는다.

둘째, 철거 전까지는 주택으로서의 재산세를 내야 하고, 철거 후에는 토지로서 재산세를 낸다.

셋째, 양도소득세는 부동산이 아닌 부동산을 취득할 수 있는 권리의 양도로 세액 계산을 한다. 따라서 재건축 진행중인 주택을 관리처분인가일 이후에 양도할 경우 오히려 양도소득세가 늘어날 수 있다. 인가일 이후에는 주택이 아닌 입주권의 양도로 취급되며, 권리의 매매차익부분에 대해서는 장기보유특별공제를 적용하지 않기 때문이다.

과거에 예외적으로 1세대 1주택 비과세 요건을 갖춘 고가주택이라고 간주되는 입주권에 대해서는 양도차익 전체에 대해서 장기보유특별공제를 적용했으나, 최근의 판례는 이를 인정하지 않고 있으므로 유의해야 한다.

결국 고가의 재건축 입주권을 관리처분인가일로부터 사용검사일(또는 임시사용 승인일) 전까지 양도할 경우 불이익을 당할 수 있으므로 유의해야 한다.

예를 들어 관리처분인가일까지 10년을 보유했고, 10억 원에 취득해 20억 원에 매도할 재개발 주택이 있다고 해보자. 이 재개발 주택의 권리가액이 15억 원일 때, 만약 관리처분인가일 이전에 매도한다면 20억 원에서 10억 원을 차감한 양도차익 10억 원에 대해서 장기보유특별공제가 적용된다.

하지만 관리처분인가일 다음날에 처분할 때는 권리가액과 매매가액의 차이 부분은 조합원 입주권의 양도차익으로 보아 장기보유특별공제를 적용하지 않는다. 즉 5억 원의 양도차익만 장기보유특별공제가 적용된다.

넷째, 관리처분인가일 이전에 취득하는 경우 주택으로서의 보유기간을 당초 취득일에서 공사 기간을 포함해 인정받을 수 있지만, 관리처분인가일 이후에 입주권으로 취득하면 준공시부터 새롭게 주택으로서의 보유 기간을 따져야 한다.

즉 관리처분인가일 이전에 주택을 취득한 경우라면, 준공 후에 즉시 양도해도 2년 이상의 보유 기간을 충족해서 1세대 1주택 비과세를 적용받을 수 있지만, 관리처분인가일의 다음 날 취득한 경우에는 새로운 아파트가 준공되고 2년은 보유해야 비과세 요건을 충족하게 된다.

관리처분 후 입주권이라는 권리 상태에서 주택이라는 부동산으로 변환되는 시점은 준공일이다. 즉 사용검사일을 의미한다. 사용검사 이전에 임시 사용승인을 받은 경우에는 임시 사용승인일이 부동산으로의 변화 시점이 된다.

1분 절세 칼럼 ●●● 아파트를 일반분양받은 경우 잔금을 모두 치러야 당해 아파트의 소유권을 취득했다고 본다. 즉 잔금 지급을 늦출 경우 부동산을 취득할 수 있는 권리인 분양권 상태로 유지된다. 준공되자마자 아파트를 처분할 예정이라면 차라리 분양권 상태에서 처분하는 것이 유리할 수 있다. 취득세를 절세하고, 단기 보유로 인한 중과세율을 면할 수 있기 때문이다. 분양 잔금 청산 후 1년 동안은 단기 양도로 보아 40%의 높은 세율을 적용받는다.

조합의 매도청구 소송으로
토지 소유권이 이전될 경우 양도 시기

양도 시기를 기준으로 양도소득세의 신고와 납부할 시기가 결정된다.
정비사업의 경우에는 그 시기가 매우 혼돈스럽다.

2003년 6월 19일 조세기 씨는 서울시 강남구에 상가건물 및 토지를 취득했다. 이후 해당 구역은 재건축 정비사업이 진행되었고, 조세기 씨는 조합에 분양 신청을 하지 않았다. 조합이 위 토지의 매매대금을 ㎡당 1,993만 원에 통보했으나 조세기 씨는 협의에 응하지 않았고, 조합은 조세기 씨를 상대로 소유권 이전 등기(매도청구) 소송을 법원에 제기했다. 법원은 토지 매매대금을 ㎡당 3,299만 원으로 증액 판결했으나, 소송당사자 모두 판결에 불복해 고등법원에 항소했다. 조합은 지방법원이 판결한 ㎡당 3,299만 원을 공탁하고 재건축 사업을 진행했으며, 조세기 씨는 일단 이의를 유보하고 공탁금을 수령했다. 이 경우 조세기 씨는 언제까지 양도소득세를 신고·납부해야 하는 것일까?

일반적인 부동산의 양도차익을 계산할 때 그 취득 시기 및 양도 시기는 원칙적으로 해당 자산의 대금을 청산한 날로 한다. 다만 예외적으로 대금을 청산하기 전에 소유권 이전 등기를 한 경우에는 소유권 이전 등기접수일이 양도일이 된다. 따라서 이전 등기만 하지 않는다면, 잔금을 받을 때가 양도 시기가 되는 것이다. 그러므로 이 날이 속하는 달의 말일부터 2개월 이내에 양도소득세를 신고하고 납부하면 된다.

강제적으로 소유권을 빼앗겨도 양도세를 신고·납부한다

일반적인 양도소득세는 잔금 청산일과 소유권 이전 등기일 중 빠른 날을 양도 시기로 보아 법을 적용한다.

문제는 매매대금으로 얼마를 받을지 확정되지 않았거나, 본인의 의사와는 무관하게 소유권 이전 등기가 진행된 경우다. 도시 및 주거환경정비법 제39조에 의하면, 사업시행자는 주택 재건축사업 또는 가로주택 정비사업을 시행할 때 조합사업에 동의하지 않는 등의 사유가 있는 경우 해당하는 자의 토지 또는 건축물에 대해서는 '집합건물의 소유 및 관리에 관한 법률 제48조'의 규정을 준용해 매도 청구를 할 수 있도록 규정하고 있다.

조합의 매도청구에 대해 통상적으로 조합의 종전자산평가액에 본인의 부동산을 팔고자 하는 경우는 거의 발생하지 않는다. 즉 합의 되지 않고, 법원의 조정 내지 판결에 따라 지루한 싸움을 계속하게 된다. 그러다보니 매매대금은 판결의 확정에 따라 결국 결정될 수밖에 없다.

또한 1심 재판부의 판결에 따라 잠정적으로 결정된 보상금을 조합에서 공탁하고, 현금 청산자가 공탁금을 수령할지 여부 역시 자유 의지라고 할 수 있다. 다만 공탁금을 수령했다고 해서 1심 재판부의 판결에 승복하는 것은 아니므로 통상 공탁금을 수령하고 상급심을 진행하기 마련이다.

이처럼 얼마를 받을지 모르는 상태에서, 또 언제 잔금을 수령할지 결정되지 않는 상태에서 양도소득세를 미리 신고한다는 것은 일반인의 사고로는 이해하기 힘들다. 위 사례에 대한 현재 국세청의 견해는 다음과 같다.

첫째, 공탁금을 이의 없이 수령한 경우에는 공탁일을 양도일로 본다. 즉 법원에서 공탁금을 수령한 날이 양도일이 되는 것이 아니라 조합이 법원에 공탁한 날이 양도일이 되는 것이다. 둘째, 이의를 유보하고 공탁금을 수령하거나 상급심을 통해서 변동된 보상금을 수령하는 경우에는 변동된 보상금이 법원 판결로 확정된 날이 양도일이 된다.

위에서 공탁일을 양도일로 간주하는 것은 양도 시기를 인위적으로 조정하는 것을 방지하려는 취지에서다. 공탁금에 대해서 이의 없이 수령했으므로 매매대금이 이로써 확정되었고, 잔금 청산은 공탁일 이후 로 언제든지 가능하므로 공탁일을 잔금 청산일로 본다는 해석이다.

여기서 만약 공탁금에 이의를 제기하면 매매대금이 미확정인 상태이므로 다시 판결이 확정될 때까지 양도 시기가 연장된다. 공탁일은 판결 확정일이며, 매매대금이 확정되고 잔금 청산은 이미 이루어진 상태이므로 이때를 양도 시기로 본다.

1분 절세 칼럼 ●●● 조합의 미동의 세대들에 대해 통상 소송이 진행되는 경우 보상금의 수령 시점을 통상적인 양도 시기로 오인하는 경우가 많다. 재결 후 보상금이 공탁되는 경우 1차적으로 양도 시기가 되었는지 검토하고, 이의 유보시 판결 확정일까지 양도 시기가 연장된다. 물론 소유권 이전 등기일이 앞설 경우 소유권 이전 등기일이 양도일이 된다는 사실을 주의해야 한다. 양도 시기와 관련해서는 잔금 청산일과 소유권 이전 등기일 중 빠른 날이 양도일이라는 것이 대원칙이다.

재건축·재개발 아파트 보유 기간과 거주 기간, 이렇게 판단한다

주택으로서의 보유 기간은 준공일부터 따진다.
준공일부터 3년 이상 보유하고 주택 양도 당시에 다른 주택이 없어야 비과세된다.

조세기 씨는 강북에 있는 재개발 주택을 취득했다. 이미 관리처분인가가 된 재개발 지역이라 사업 추진에 대해 별다른 걱정을 하지 않았다. 시간이 흘러 주택이 철거되고, 주택은 지율아파트로 재탄생했다. 하지만 조세기 씨는 자금 사정이 극도로 나빠져서 이 아파트를 처분해야만 했다. 조세기 씨의 상식으로는 거주 요건도 필요 없는 지역이고, 재개발 주택을 취득한 지 4년이 되었으니 당연히 양도소득세를 비과세받으리라고 확신했다. 그래도 혹시 몰라 확인해보니 세무서에서 "준공된 지 1년도 되지 않아서 40%의 세율이 부과된다"라고 했다.

도정법상 재건축·재개발은 공사 기간을 보유 기간에 포함한다. 원래 공사 기간에는 토지만 존재하는 상태이므로 주택이 아니다. 그럼에도 이 기간을 주택의 연장으로 보고 보유 기간으로 인정해준다. 따라서 비과세 판단시의 보유 기간은 최초 취득부터 양도까지의 기간을 합산하면 된다.

보유 기간과 거주 기간에 따라
과세 여부가 결정된다

공사 기간을 보유 기간으로 인정받으려면 도정법에 의한 조합원 지분을 취득해야 한다. 정비구역 지정 없이 일반 건축허가를 받아서 재건축하는 경우는 도정법에 의한 재건축과 다르다. 도정법에 의한 경우는 환지의 개념을 법에서 인용하고 있다. 환지란 개발사업을 위해 종전 토지를 제공하고, 그 대가로 새롭게 조성된 토지로 교환받는 것을 의미한다.

도정법상의 재건축도 종전 부동산을 조합에 제공하고 새로운 아파트를 제공받는다는 점에서 환지로 보고, 양도소득세 및 취득세 등에서 혜택을 부여하고 있다. 일반 건축 허가에 의한 재건축도 실질적인 진행 형태가 유사하기 때문에 달리 취급해야 할 이유가 없다. 하지만 과세관청은 일반 건축 허가에 의한 재건축의 공사 기간은 보유 기간으로 인정하지 않는다.

관리처분인가 전에 주택과 부수토지를 취득해 면적이 증가한 경우를 살펴보자. 이 경우도 관리처분인가 전에 취득했기 때문에 원칙상 취득일부터 양도일까지의 기간을 주택으로서의 보유 기간으로 인정한다. 주택의 건물 면적이 증가한 경우에는 그 증가 부분도 동일한 기간을 적용한다.

다만 대지 지분이 증가한 경우에 그 증가 지분은 준공일부터 기산한다. 즉 증가한 대지 지분에서 발생하는 양도차익에 대해서도 비과세를 받기 위해서는 준공 후 2년이 경과되어야 한다.

당초 토지만 있거나 상가 등을 보유하다가 신축 주택을 취득하는 경우를 살펴보자. 이 경우 당초에 주택으로 보유하지 않은 상태였기 때문에 공사 기간에는 토지를 보유한 것으로 본다. 주택으로서 보유 기간은 준공일부터 기산하게 된다.

무허가주택은 건축 허가를 받지 못한 주택이다. 그러나 실질적으로 사람이 거주하고 생활하는 공간이다. 세법은 실질과세의 원칙에 의해 과세하기 때문에 무허가주택도 주택으로 본다. 따라서 공사 기간도 보유 기간에 포함한다. 즉 당초 취득일부터 양도일까지를 보유 기간으로 계산한다.

주로 재개발구역 혹은 도시환경정비구역 내에서 빈번한 사례다. 무허가주택의 건물분을 취득하고 국공유지를 점유한 경우를 살펴보자. 즉 건물만 조합원 소유이고, 토지는 국가 소유인 상태다. 토지, 즉 국공유지의 경우 등기부상 취득 시기가 정비구역 지정 후 사업 시행에 따라서 향후에 이루어진다. 그럼에도 건물 소유만으로 주택 보유를 인정하고 있고, 건물 부분에 대한 소유 지분에 대해서는 취득일부터 양도시까지 보유 기간을 계산한다. 다만 토지에 대한 주택 으로서의 지분은 준공일 이후부터 기산하게 된다. 결국 조합원으로 서 분양받은 아파트 전체에 대해서 양도소득세 비과세를 받으려면 준공 후 최소한 2년 경과 후 양도해야 가능하다.

이번에는 조합원 입주권 상태로 취득해 준공 후 신축 주택으로 양도하는 경우를 살펴보자. 관리처분인가일 이후에 입주권을 취득한 경우 일반분양권처럼 취급한다. 비록 주택으로서 사용되는 상태에서 취득하더라도 현행 세법 해석은 이를 무시하고 입주권의 취득으로 본다. 따라서 실질적인 보유 기간에도 불구하고 공사 기간을 보유 기간으로 인정받지 못하며, 준공일부터 보유 기간과 거주 기간을 기산한다.

1분 절세 칼럼 ●●● 조세기 씨는 관리처분인가일 이후에 취득했기 때문에 부동산을 취득할 수 있는 권리, 즉 입주권을 취득한 것이다. 따라서 주택으로서의 보유 기간은 준공일부터 따진다. 준공일을 시작으로 2년 이상 보유하고, 그 주택을 양도할 당시에 다른 주택은 없어야 비과세 혜택을 받을 수 있다. 조세기 씨는 준공일부터 1년 이내에 양도했기 때문에 현행 유권해석상 단기 보유에 대한 중과세율을 적용받는다.

조합원 입주권을 팔 때
비과세받는 방법은 따로 있다

재개발·재건축 입주권에 대해서는 특별히 일정 요건을 갖췄을 때
주택으로 취급해 비과세를 해주므로 이를 정확히 파악하고 있어야 한다.

조세기 씨는 과천에 살고 있다. 조세기 씨의 소망은 과천의 재건축 아파트가 빨리 재건축이 추진되어서 새 아파트에 살아보는 것이었다. 조합이 설립되었고, 사업계획 승인과 관리처분인가까지 받았다. 퇴근할 때마다 보는 공사현장의 모습은 참으로 뿌듯한 일이 아닐 수 없었다. 그런데 갑자기 불행이 찾아왔다. 다니던 회사의 부도로, 조세기 씨는 내집 마련의 꿈을 접어야 했다. 들어올 수입은 없는데 준공 시점까지 나가야 할 추가 부담금은 말 그대로 부담스러울 수밖에 없었다. "세무사님, 입주권 상태로 양도하면 세금이 많아도 비과세받을 수 있나요?"

양도소득세에서 비과세 혜택을 주는 것은 주택과 일부 농지밖에 없다. 주택이 아닌 권리 상태에 해당하는 입주권에 대해서도 예전에는 별도의 비과세 규정이 없었다. 그러나 재개발·재건축의 경우 종전 노후화된 주택 등을 새로운 아파트로 환지받는 것으로서 비록 입주권상태이지만 주택으로서 취급할 필요성이 대두되었다.

262

입주권으로
비과세받기 위한 요건들

입주권 상태에서 비과세 혜택을 받기 위해서는 충족해야 할 요건들이 있다. 관리처분계획 인가일 현재 1세대 1주택을 보유해야 하고, 2년 이상의 보유 요건을 충족해야 하며, 입주권의 양도 시점에 다른 주택을 가지고 있지 않아야 하고, 새로운 주택을 취득한 후 3년 이내에 당해 입주권을 팔아야 한다.

일반 주택의 비과세 요건과 거의 유사하지만 가장 커다란 차이는 인가일 현재 1세대 1주택 비과세 요건을 갖추어야 한다는 것이다. 최초 이 규정이 생겼을 때만 하더라도 법이 엄격하게 적용되었으나, 납세자의 부득이한 사정 등이 생기고 이로 인한 새로운 예규와 판례가 형성되어 이제는 입주권도 거의 주택으로 취급하고 있다.

보유 요건을
충족해야 한다

종전에는 관리처분인가 시점을 기준으로 판단했다. 따라서 인가일 현재 2년 보유 요건을 충족해야 했다. 그러나 실질적으로 관리처분계획의 인가일 이후부터 이주완료일까지의 기간이 상당하고, 해당 기간에는 세입자 및 조합원이 실거주를 하고 있기 때문에 관리처분인가일 이후에도 주택으로서의 효용이 유지되는 한, 입주권이 아닌 주택으로서의 보유 기간을 인정받게 되었다.

예를 들어 전기가 끊기고, 수도가 단절되어 생활하기 어려운 경우라면 더이상 주택으로 활용하기도 어려울 것이다. 이 경우 과거에는 관리처분인가일까지만 주택으로 보유 기간을 인정했지만, 이제는 따라서 최초 재건축 주택 취득시부터 단전단수일까지를 보유 기간으로 주장할 수 있다. 또한 단전단수 이후에 세입자가 더 머물러 있다가 실제 퇴거한 날이 확인 되는 경우에는 그 퇴거일을 주택으로서의 보유 기간 말일로 인정받을 수 있다.

따라서 만약 관리처분인가일 이전에 재건축 아파트를 취득하고, 관리처분인가일까지의 보유 기간이 2년에 조금 미달하는 경우라면 이주 시기를 조정해 2년 보유 요건을 충족시키는 것이 유리하다.

양도일 현재
다른 주택이 없어야 한다

조합원 입주권의 양도일 현재 다른 주택이 없어야 입주권 비과세가 가능하다. 조합원 입주권 외에 1주택을 소유한 경우라면, 그 1주택을 취득 후 3년 이내(조정 대상 지역 내 취득시 2년)에 조합원 입주권을 양도해야 비과세 요건을 충족하게 된다. 즉 일시적 2주택에 해당하는 경우 외의 다른 주택에 대해서는 주택수에 포함해 판단한다.

아래의 주택은 일시적 2주택은 아니지만, 관련법령에서 1세대 1주택 비과세 판단시 주택수에서 제외되는 주택과 판매용 재고주택 등으로 해당 주택을 보유한 상태에서 입주권 양도시 다른 주택이 없는 것으로 보아 입주권의 비과세 여부를 판단하게 된다.

- 조세특례제한법에 의한 감면 대상 : 임대주택, 미분양 주택, 농어촌 주택(조특법 97조, 97조의2, 98조, 98조의2, 98조의3, 98조의5, 98주의6, 98조의7, 99조, 99조의3, 99조의4 참조)
- 소득세법에 의한 일시적 2주택, 공동상속지분권자 중 소수지분권자, 사업용 재고자산(건설업, 부동산 매매업) 등

다만 위에서 열거된 주택 외의 다른 주택은 입주권 양도시 주택 수에 포함된다. 따라서 상속주택, 동거봉양 주택, 혼인으로 합가한 주택, 문화재 주택, 이농·귀농 주택을 보유한 상태에서 입주권을 양도할 경우에는 비과세 적용이 되지 않으므로 매우 각별한 주의를 요한다.

한편 종전 주택의 재건축이 진행되어 입주권이 된 상태에서 일반 주택을 취득하고, 3년 내에 양도할 경우 해당 입주권은 비과세 대상이 된다. 그런데 주택이 아니고 다른 재건축·재개발 입주권을 취득하고 종전 주택의 입주권을 양도할 때는 비록 3년 내에 양도한다고 하더라도 비과세를 적용하지 않는다는 것이 유권해석이다.

분양받은 층 또는 평형대가 마음에 들지않아 주거이전 목적으로

대체 취득하는 경우도 별도의 예외를 두고 있지 않으므로 다툼의
여지가 있는 부분이다.

양도가액이
9억 원 이하여야 한다

조합원 입주권의 양도가 위의 요건을 충족해 1세대 1주택으로 취급
되는 경우에도 유의할 점이 있다. 주택의 경우도 마찬가지지만, 양
도가액 중 9억 원을 초과하는 비율에 해당하는 매매차익에 대해서
는 비과세가 적용되지 않는다는 것이다.

특히 입주권의 경우 양도차익을 산정하는 방식이 주택과 다르다.
입주권의 양도차익에 해당하는 부분에는 장기보유특별공제를 적용
하지 않고 있다.

예를 들어 5억 원에 종전 아파트를 취득하고, 이 아파트가 재건축
되어 권리가액이 7억 원이고, 이 아파트를 12억 원에 양도했다고 해
보자. 주택의 상태로 매도시 12억 원과 5억 원의 차이인 7억 원에 대
해서 장기보유특별공제를 적용하게 된다. 따라서 10년 보유시 5억
6천만 원이 비용으로 인정된다.

만약 입주권 상태로 매도시에는 계산법이 다르다. 권리가액과 매
매가의 차이를 입주권에 대한 양도차익으로 보고 장기보유공제를
적용하지 않기 때문에 7억 원과 5억 원의 차이인 2억 원에 대해서만

장기보유공제가 적용되어 1억 6천만 원만 비용이 인정된다.

결국 동일한 금액으로 취득하고 동일한 금액으로 양도하더라도 주택을 팔 경우와 입주권을 팔경우의 과세표준은 다르다. 특히 프리미엄이 크게 형성되어 매매금액과 조합원권리가액의 차이가 클수록 입주권의 양도차익은 급격히 증가하게 된다.

따라서 9억 원을 초과하는 고가의 입주권을 양도할 때는 각별한 주의가 필요하다. 매매가액이 9억 원이라면 매매차익이 아무리 크더라도 전체가 비과세되지만, 9억 원을 크게 넘는 고가의 재건축 입주권은 주택으로서 팔 때의 세부담보다 훨씬 큰 세부담을 하게 될 수 있다. 따라서 이 경우 재건축사업의 완료인 준공 이후 주택 상태로 팔 것을 적극 검토해야 한다.

1분 절세 칼럼 ●●● 판례의 흐름상 조합원 입주권에 대한 비과세 판정시 입주권을 하나의 주택으로 인정하고 요건을 검토하는 경향이 강해지고 있다. 조세기씨의 경우에도 관리처분인가일 이전에 취득했고, 과천의 아파트를 취득해 철거 전까지 2년 이상 보유했다면 입주권 상태로 양도해도 비과세가 가능하다. 단, 조정 대상 지역으로 지정된 후에 취득했다면 2년 이상 거주하고 양도해야 한다.

임대주택을 활용해
환급청산금 양도소득세 비과세받기

어떤 임대주택은 주택수에서 제외되는 특권을 가지고 있다.
이 규정을 활용하면 거액의 환급금 양도소득세를 줄일 수 있다.

조세기 씨는 2000년 6월 30일에 잠실의 지율아파트를 취득해 3년 이상 거주했다. 지율아파트는 2005년 5월 16일에 사업시행인가를 받고 2007년 5월 4일에는 관리처분계획의 인가까지 받았으나, 사업성이 급격하게 저하되어 사업 중단에 이르렀다. 이후 2013년에 이주 및 철거, 착공되어 2016년 10월경에 준공을 앞두고 있다. 조세기 씨는 지율아파트 외에 2005년에 취득한 도곡동에 아파트가 1채 더 있으며, 해당 아파트는 임대를 준 상태다. 당초의 지율아파트는 대형 평형이었기 때문에 조합원 분양 신청시 소형 평형으로 신청했고, 이에 따라서 약 5억 원의 환급금을 수령했다. 조합의 세무사는 이전 공시일의 다음날을 기준으로 양도소득세를 신고·납부해야 하고, 양도소득세는 무려 1억 5천만 원에 달할 거라고 해 걱정이 크다.

환급청산금은 종전부동산의 권리가액이 새로 분양받은 조합원 분양가를 초과하는 경우에 발생한다. 이러한 청산금의 1세대 1주택 비과세 판단은 양도일 현재를 기준으로 적용한다. 다만 2년 이상의 보유 요건은 조합원이 조합에 종전 주택을 제공한 날(현물출자일)을 기

준으로 판단한다. 청산금의 양도일은 해석상 이전 고시일의 익일이
되고, 이 날을 기준으로 다른 주택이 없고 보유 기간을 충족한 상태
라고 한다면 거액의 청산금을 받더라도 양도소득세는 크게 걱정할
수준은 아니다. 하지만 사례처럼 양도일 현재 다른 주택을 보유한
경우 1세대 2주택이 되어 별도의 판단이 필요하다

양도일 현재
다른 주택을 보유한 경우

우선 적용할 수 있는 규정은 일시적 2주택 규정이다. 새로운 주택을
취득해 3년 이내에 종전주택을 양도하는 경우에는 비록 2주택이지
만 비과세를 적용하고 있다. 조세기 씨 사례의 경우 새로운 취득이
2005년에 있었기 때문에 이미 3년이라는 유예 기간은 경과된 상태
이다. 그러므로 적용할 수 없다.

이후 적용할 수 있는 방법은 도곡동 아파트를 처분하는 것이다.
청산금의 양도일 이전에 도곡동의 아파트를 처분할 경우에는 청산
금의 양도일 현재 다른 주택이 없기 때문에 청산금의 양도소득세
는 1세대 1주택 비과세 적용이 가능하게 된다. 이 경우에도 도곡동
의 양도소득세가 과다하다면 도곡동 아파트의 자녀 증여를 추가로
검토해볼 필요가 있다. 아파트의 자녀 증여는 통상 과다한 세금으로
인해 진행하기 어려우나 청산금의 양도소득세보다 적고, 세대 분리

를 통해서 주택수를 분산시킬 수 있는 자녀가 있다면 검토해볼 필요가 있다.

마지막으로 도곡동 아파트의 매매 또는 증여가 불가능한 경우에 택할 수 있는 방법이 임대주택 등록이다. 도곡동 아파트가 임대주택으로 등록될 경우 지율아파트의 1세대 1주택 판정시 주택수에서 제외될 수 있다. 결국 환급청산금의 양도일 현재 지율아파트만 보유한 것으로 보아 비과세 판단을 하게 된다는 것이다.

청산금의 양도일 이전까지 충족해야 할 요건은 다음과 같다. 첫째, 지율아파트(거주아파트)에 최소한 2년 이상 전세대원이 거주한 사실이 있어야 한다. 둘째, 도곡동 아파트는 공동주택가액이 6억 원 이하이고, 구청이나 관할 세무서에 임대사업자 등록을 해야 한다. 셋째, 도곡동 아파트는 임대사업자 등록 이후 5년 이상 임대되어야 한다.

┃ 1분 절세 칼럼 ●●● 이상의 요건을 충족한 경우 조세기 씨의 환급청산금은 1세대 1주택으로 인정되어 거액의 절세가 가능하다. 물론 도곡동 아파트는 임대 영업용 부동산으로 주택수에서 제외되었으므로 거주 주택으로 전환되어도 1세대 1주택의 비과세 적용이 불가능하다. 다만 2018년 9월 13일 이전에 취득한 경우라고 하면 8년 이상 임대시 다주택 양도소득세 중과세에서 제외된다. 2018년 9월 14일 이후에 취득한 경우에도 기준시가 6억 원 이하라면, 거주 주택 양도시 주택수에서 제외될 수 있는 혜택은 유지된다. 또한 다주택이 아니고 1주택 상태라면 역시 중과세 적용이 되지 않기 때문에 활용할 가치는 충분히 있다.

청산환급금에 대해서도
양도소득세 감면이 가능하다

사업성이 좋은 재건축·재개발 구역에서는 종종 조합원이 환급금을 받는 사례가 있다.
이 경우에도 양도소득세 감면이 가능하다.

지율아파트 재건축 정비사업 조합은 강남구에 소재한 아파트 재건축 조합이다. 당초부터 조합원들의 대지 지분이 크고, 또 일반분양 역시 성공리에 이루어진 관계로 조합원별로 거액의 환급청산금을 수령하게 되었다. 다만 양도소득세를 산정하는 과정에서 1세대 1주택 비과세 요건을 충족하지 못한 조합원들은 거액의 양도소득세가 발생해 매우 상심이 크다. "세무사님, 환급청산금에 대한 양도소득세를 줄일 수 있는 방법은 없을까요?"

조합원의 권리가액이 조합원 분양가액보다 클 경우에는 추가 부담금을 납부하는 대신 청산금을 환급받는다. 이 경우 환급금의 성격은 조합원이 종전부터 가지고 있던 부동산의 일부를 양도한 대가로 수령한 매매대금으로 본다.

부동산을 공익사업용으로 양도하는 경우 현행 세법은 양도소득세의 일부를 감면해주고 있다. 조세특례제한법 제77조 제1항 2호에 의하면, 도정법에 따른 정비구역(정비기반시설을 수반하지 아니하는 정비구역은 제외한다)의 토지 등을 같은 법에 따른 사업시행자에게 양도함으로써 발생하는 소득에 대해서 양도소득세 10%를 감면하도록 규정하고 있다.

문제는 조합원이 돌려받는 환급금도 감면 대상이 되는지의 여부다. 다행히 국세청의 예규(재산46014-490)는 청산금의 경우도 그 대상이 될 수 있다고 본다. 종전부동산의 일부를 양도하는 개념이므로 당연한 해석이다. 또 다른 문제는 양도소득세의 감면은 조합원이 혜택을 보는데, 그 사후 관리의 책임은 조합이 지도록 규정하고 있다는 데 있다.

조합원은 감면을 위해 사업시행인가일 2년 이전에 종전부동산을 취득했어야 하고, 관리처분에 의한 환급금(관리처분 이후 현금 청산 결정 조합원은 제외)을 수령해야 한다. 이후 조합원의 양도소득세 신고 시 조합으로부터 양도소득세 감면 신청서와 사업시행자확인서류를 첨부해 과세관청에 제출함으로써 서류상의 요식행위가 충족된다. 다만 조합이 조합설립인가일에서 1년 이내에 사업시행인가를 받지 못하거나, 사업시행계획서상의 공사완료일까지 신규 아파트를 준공받지 못하는 경우에는 감면에서 배제된다.

현실적으로 조합설립인가 후 1년 이내에 사업시행인가를 받는 사례가 거의 없는 것을 비추어볼 때, 조세특례제한법상의 감면 규정은 사문화된 규정으로 볼 수 있다. 또한 조합원의 감면 적용을 위해서 감면을 신청해주었다가 사업시행계획서상의 공사완료일까지 준공되지 않는 경우, 당초 조합원의 감면세액을 조합이 법인세로 납부해야 하는 중대한 문제가 발생한다. 따라서 현행 감면 규정은 현실을 반영해 조속한 법 개정이 요구된다.

1분 절세 칼럼 ●●● 환급금의 감면은 조합원이 적극적으로 요구하지 않는 경우 적용받기 힘들다. 대부분의 조합들이 사후 관리의 책임을 지면서 알아서 감면받으라고 홍보하지는 않기 때문이다. 환급을 받는 조합원이라면 해당 조합이 감면 요건에 해당하는지 체크하고, 적극적인 자세로 양도소득세 감면 신청을 해야 한다.

조합원 입주권과 일반주택을
가지고 있는 경우의 비과세 요건

재건축·재개발 조합원 입주권도 입주권이지만
주택수에 포함되기 때문에 별도의 판단을 해야 한다.

조세기 씨는 3년 전 천호동에 재개발 주택을 샀다. 취득 당시에는 초기 단계였지만, 현재는 관리처분인가를 획득해 조만간 공사에 착수할 예정이다. 문제는 조세기 씨가 재개발 주택 이외의 일반주택도 가지고 있다는 점이다. 일반주택은 재개발 주택과 비슷한 시기에 매입했는데, 재개발 주택이 너무 열악했기 때문에 거주 목적으로 취득했다. 그런데 금융위기가 닥치면서 더이상 2채의 주택을 가지고 있지 못할 형편에 처했다. 그나마 일반주택은 거래가 활발해 거주하던 일반주택을 처분하려고 했는데, 부동산에 가보니 재개발 주택이 철거되고 나면 일반주택은 비과세되니까 조금만 기다리라고 했다.

조합원 지분을 승계한 조합원의 입주권을 비과세 대상으로 볼 것인지는 관리처분인가일 현재 주택을 보유했는지, 언제 양도했는지 등에 따라 달라진다. 또한 재개발 주택이 철거된 이후에 보유한 일반주택을 처분하는 경우 사유별로 엄격한 요건을 두어 비과세 혜택을 부여하고 있다.

관리처분인가된 조합입주권과
일반주택을 보유한 경우

종전조합원으로서 오래전부터 보유한 주택이 관리처분인가를 받아 재개발·재건축 입주권이 되고, 동시에 일반주택도 오래전부터 보유해온 경우로서 일반주택을 먼저 양도할 때의 비과세 판단이다. 다음의 내용을 참고하자.

일반주택을 사업 기간중에 양도시

입주권은 다른 일반주택의 비과세나 중과세를 판단할 때 주택수에 포함된다. 따라서 재건축·재개발사업 기간(관리처분인가일부터 준공일까지) 중에 조합원 입주권은 최초 종전주택일 때부터 주택수에 포함된다. 사업 기간 중에 일반주택을 양도하는 경우에는 비록 조합주택이 철거된 상태라도 최초 종전주택 취득일부터 주택으로 산정되므로 3년 전부터 2주택이었다면, 어느 것을 먼저 팔아도 과세된다고 보면 된다.

일반주택을 재건축·재개발 아파트 준공 후 2년 내 양도시

최초 조합주택이 있었고, 이후 일반주택을 취득한 후부터 2주택이 되었기 때문에 조합아파트의 준공 후 2년 이내에 양도하더라도 일시적 2주택 규정을 적용할 수 없다. 즉 이런 경우에는 2주택으로 과세된다.

조합원 입주권을 사업 기간중 먼저 양도시

입주권은 입주권으로서의 비과세 요건을 갖추어야지만 비과세된다. 따라서 사업기간중 입주권을 양도한 경우에도 오래전부터 일반주택이 있어 2주택 상태였으므로 비과세가 적용되지 않는다. 다만 입주권이 종전주택으로 비과세 요건에 해당하고 일시적 2주택 요건을 충족했다면, 일반주택을 취득한 후 3년 내에 입주권을 양도하면 비과세받을 수 있다.

아파트 준공 후 재건축·재개발 아파트를 양도시

종전 조합원의 최초 종전주택 취득 시점이 입주권의 취득시기이므로 조합아파트 준공과 동시에 조합아파트를 양도한다고 하더라도 일반주택이 이미 과거부터 있었으므로 2주택으로 과세된다.

1주택자가 조합원 입주권을 실거주 목적으로 승계·취득한 경우

1주택 소유자가 관리처분인가된 조합원 입주권을 매수한 경우로서 일반주택을 양도할 때의 비과세 판단이다. 조합원 입주권도 주택수에 포함되므로 입주권 취득 후 3년 내에 일반주택을 양도해야 비과세된다. 물론 일반주택을 1년 이상 보유한 상태에서 입주권을 취득해야 하고, 일반주택 양도 당시 2년 이상 보유 등 비과세 요건을 충족해야 한다.

다만 새집으로 이사하려는 실수요자를 보호하기 위해 다음의 요건을 모두 충족한다면 3년 경과 후 일반주택을 양도하더라도 특별히 비과세된다.

- 준공 후 전 세대원이 조합아파트에 입주함
- 신축 조합아파트로 준공 후 2년 이내 이사하고, 1년 이상 전 세대원이 거주함
- 준공 전 양도 또는 준공 후 2년 내 일반주택은 양도함
- 일반주택의 비과세 요건을 충족함(2년 이상 보유 등)

재건축·재개발 아파트가 준공되면 그 집으로 전 세대원이 전입해야 하고, 전입했으면 최소한 1년 이상은 살아야 한다. 일반주택은 재건축·재개발 아파트가 준공되기 전에 양도할 수 있고, 늦어도 준공 후 2년 내에는 양도해야 한다.

원 조합원이 정비사업 기간 중 대체주택을 취득해 2주택이 된 경우

정비구역 내에서 종전주택을 가지고 있던 조합원이 재건축 또는 재개발사업 기간 중 일반주택을 취득해 1세대 2주택이 된 경우의 비

과세 판단이다.

재건축 공사중이라도 재건축 아파트는 주택수에 포함된다. 따라서 대체주택을 먼저 양도할 때 대체주택은 종전주택이 아니므로 일시적 2주택에 의한 비과세 규정을 적용할 수 없다.

다만 재건축 등 정비사업 기간에 거주를 위해 부득이하게 취득한 주택이라면 대체주택으로 비과세받을 수 있고, 다음의 요건을 모두 충족시 해당 대체주택은 비과세할 수 있다.

- 대체주택을 재건축 사업시행인가일 이후 취득
- 대체주택에 1년 이상 전 세대원이 거주
- 전 세대원이 신축 조합 아파트로 준공 후 2년 이내에 전입해 최소한 1년 이상 거주할 것
- 준공 전에 양도하거나 준공 후 2년 이내 대체주택을 양도

대체주택은 사업 기간중에 취득해야 한다. 따라서 재건축이 진행된다고 해서 조합설립 단계부터 미리 취득해두면 혜택을 볼 수 없다. 반드시 사업시행인가일 이후에 취득해야만 혜택을 볼 수 있다. 또한 대체주택은 재건축·재개발로 인한 이사 수요를 위해 취득되는 주택이니 반드시 전 세대원이 1년 이상 거주해야 한다.

1년 이상 거주한 후에는 조합원 아파트가 준공되었을 때 전세대원이 다시 조합원 아파트로 전입해 1년 이상 거주해야 한다. 대체주택은 조합원 아파트가 준공되기 전에 양도할 수 있고, 그 이후에 양

도할 수도 있다. 다만 준공 이후 양도할 예정이라면 최소한 2년 내에 양도해야 비과세될 수 있다.

재개발·재건축 정비사업의
현장에 부는 1+1 바람

대지 지분이 큰 조합원의 경우 관련법 개정에 의해 아파트 2채를 받을 수 있다.
이에 따라 종합부동산세와 양도소득세가 달라지고, 상속세와 증여세도 연관된다.

조세기 씨는 1980년도부터 서초동에 아파트를 1채 가지고 있었다. 해당 아파트는 저층의 대지 지분이 컸고, 재건축에 대한 아파트 주민들의 염원이 대단해서 단기간 내에 재건축 사업을 진행할 수 있었다. 조세기 씨는 조합에게서 대형 아파트 1채를 분양받을지, 거주와 임대 목적으로 아파트 2채를 분양받을지 고민중이다.

조세기 씨와 같은 고민은 최근의 소형 주택의 평당 매매가액이 대형 평형을 넘어서고 있는 현상과 맞물려있는 것으로 보여진다. 이런 경우에는 재개발·재건축 사업 전에 1세대 1주택이었던 사람이 2주택이 되기 때문에 부과되는 세금도 달라진다.

우선 종합부동산세는 개인별 주택 공시가액이 6억 원이 넘을 때 과세된다. 다만 1채의 주택을 단독명의로 소유하는 1세대 1주택자는 추가로 3억 원을 더 공제해주기 때문에 공시가액 9억 원 이하의 주택에 대해서는 종부세를 부담하지 않아도 된다. 따라서 정비사업으로 말미암아 준공 후 2주택이 된 경우 더이상 1주택이 아니기 때문에 6억 원만 공제받고, 세부담도 크게 올라간다.

가장 간단하게 생각할 수 있는 방법은 첫째, 임대주택으로 1채를 등록하는 것이다. 요건에 해당이 되면, 주택을 구청과 세무서에 임대용(공시가액 6억 원 이하, 5년 임대)으로 등록하는 순간 종합부동산세에서 제외된다. 또한 거주용 주택은 1세대 1주택으로서 3억 원을 추가공제받아 9억 원을 초과하는 주택공시가격에 대해서 종부세를 부담하게 된다.

우선, 종부세 제외 요건을 검토해보자. 2018년 9월 14일 이후에 조정 대상 지역에서 신규 취득하는 임대주택은 합산해서 과세된다. 재건축으로 인한 1+1의 경우 종전주택의 취득 시점을 기준으로 판단해야 한다. 따라서 종전주택의 취득 시점이 2018년 9월 13일 이전이라고 한다면, 일단 1차적인 기간 요건을 충족한 것으로 본다.

그 다음 단계는 공시가격 6억 원에 대한 제한이다. 최근의 아파트 공시가격은 시가 수준으로 근접해있다. 특히 소형 아파트는 그 정도가 대형 아파트에 비해 더 심하다. 그렇다면 사실상 강남권의 신규 소형아파트의 공시가격이 6억 원 이하일 것을 기대하는 것은 어려운 난제다.

신축 아파트의 경우 공동주택가격이 바로 고시되지 않기 때문에 인근에 있는 유사한 아파트의 공동주택가격을 고려해서 세무서장이 평가한 가격을 기준시가로 본다. 결국 인근에 있는 유사한 아파트의 동일 평형대의 가격을 기준으로 판단해야 한다. 만약 6억 원에 근접한 경우라면 일단 등록하자. 단지 차원에서 가격에 대한 대비를 할 필요도 있다.

그럼에도 불구하고 가격이 6억 원을 넘는 경우 종부세 합산배제 혜택, 양도소득세 중과세 제외 혜택, 거주주택 양도시 주택수에서 제외되는 혜택들을 포기해야 한다.

하지만 남아있는 한 가지 세금 혜택이 있다. 10년 이상 임대시 적용받을 수 있는 장기보유특별공제 70% 규정이다. 2018년 9월 14일 이후 취득분에 대해서 공시가격 6억 원의 제한이 적용되므로 종전 주택의 취득 시점이 그 이전이라고 한다면, 장기보유특별공제 70%의 적용이 가능할 것으로 판단된다.

둘째, 새롭게 분양받을 2채의 주택 중 1채를 증여한다. 증여는 준공 전에 해야 이중의 취득세부담을 줄일 수 있다. 다만 추가로 배정받은 소형 주택은 준공 후 3년간 처분이 곤란하므로 지분으로만 증여가 가능하다. 문제점은 과다한 증여세부담이다. 해당 금액은 종부세보다는 비교할 수 없이 큰 금액이므로 단순히 종부세를 절세하는 차원에서는 검토되지 않는다. 향후 상속세 및 양도세 절세 차원에서 함께 검토해야 할 사항이다.

어차피 공시가격이 6억 원이 넘어서 세금 혜택을 볼 수 없다면, 올바른 가격이 형성되기 전에 최대한의 지분 증여를 자녀에게 하고, 자녀가 향후 남은 지분을 증여 또는 매매로 인수해서 1세대 1주택으로 비과세받는 방향도 나쁘지는 않다. 문제는 역시 돈이다. 지분 증여 역시 증여세와 취득세가 많이 부과되므로 당장의 현금유동성이 부족한 세대는 권장되지 않는 방법이다.

이러한 방법들이 해당되지 않는다면 1+1을 포기하고 1채를 신청해서 1세대 1주택으로서의 혜택을 최대한 받고 양도할 수밖에 없다. 즉 현금이 부족해서 매도를 해야 한다면 1채만 신청하고, 추가 투자를 고려할 정도의 여유자금이 있다면 1+1으로 신청한 후 절세할 수 있는 방안을 검토하는 것이 유리하다.

1분 절세 칼럼 ●●● 재건축 등으로 2주택이 된 경우 당장 부딪히는 세금은 종합부동산세 및 양도소득세다. 가장 적은 비용으로 택할 수 있는 대안은 소형 주택을 임대주택으로 등록하는 방안이다. 임대주택으로서의 불편함이 문제라면 소형 주택을 증여하거나 양도하는 것도 검토할 필요가 있다.

부동산 양도는 취득과 보유 단계를 거쳐 지금까지 부동산투자로 취득한 투자
이익을 확정하는 단계다. 발생하는 소득도 크기 때문에 부동산 거래에 관련된
세금 중에서 다툼이 많이 발생하는 원인이기도 하다. 5장에서는 양도와 증여의
연결 사례, 비사업용 토지에 대한 절세법, 양도소득세 신고방법, 알아두면 유익
한 절세 사례에 대해서 설명하고자 한다.

5장

부동산을 양도할 때
꼭 알아야 할
양도소득세 절세 비법

아들에게 집 팔고
인정받는 방법은 따로 있다

부모 자식 간의 거래에서 가장 중요한 사항은 취득인의 자금출처와
매도인의 매각자금 사용처를 입증하는 것이다.

조세기 씨의 부친은 나이가 들어가면서 자신의 재산을 어떻게 하면 아들에게 물려줄까 고민해왔다. 그러던 중 증여를 하는 것보다 매매를 통해 집을 물려주면 세금이 줄어든다는 말을 듣고 서둘러 매매 형식으로 조세기 씨에게 상가를 물려줬다. 취득할 때 3억 원을 지불했으니 동일하게 3억 원에 처분하는 것으로 매매계약서를 작성하고, 매매차익이 없으니까 양도소득세는 내지 않았다. 그런데 세무서에서 부모와 자식 간에 일어난 거래이니 3억 원이라는 매매가격의 적정성과 증여가 아닌 실제 매매라는 입증자료를 제출하라는 연락이 왔다.

우선 매매와 증여의 차이점을 분석해보자. 가장 큰 차이는 공짜로 재산이 이전되었는지 여부다. 대가가 지급되었으면 양도로 보아 양도소득세를 과세하고, 대가 없이 무상으로 재산이 이전되었으면 증여로 보아 증여세를 과세한다.

부모와 자식 간의
부동산 매매는 증여로 추정한다

양도소득세의 경우 양도차익에 대해, 증여세는 증여재산에 대해 과세한다. 따라서 양도소득세는 양도하는 부동산의 가격이 아무리 거액이라고 하더라도 양도차익이 적으면 세금도 적다.

반면에 증여세는 시세 차이에도 불구하고 증여재산이 크면 클수록 더 많은 세금이 과세된다는 특징이 있다. 세율 측면에서 비교해보면 과세표준으로 10억 원까지는 양도소득세의 세율이 증여세보다 더 높고, 그 이상인 경우에는 증여세의 세율과 같아졌다가 30억원이 넘게 되면 증여세의 세율이 더 높아지게 된다.

이러한 특징을 실무에 접목해보면 다음과 같은 현상을 발견할 수 있다. 일반적으로 취득한 지 오래된 부동산의 경우 그 기간 동안의 양도차익이 크기 때문에 양도소득세가 증여세보다 크다. 이에 반해 취득한 지 얼마 안 된 경우에는 매매차익이 적기 때문에 증여세가 더 크다.

즉 매매차익이 큰 부동산은 증여가 유리할 확률이 높고, 매매차익이 적은 부동산은 양도세가 유리할 확률이 높다. 따라서 가족 간의 소유권 이전시에는 증여와 매매 중에서 어떤 것이 유리한지 비교해 볼 필요가 있다.

하지만 부모 자식 간에 또는 배우자 간에 부동산을 매매한 경우에는 등기형식일지라도 과세관청에서는 가족간에 증여한 것으로 추정한다. 따라서 매매방식으로 소유권 이전시에는 실질적인 매매라는 것이 입증될 수 있도록 증빙 서류를 반드시 준비해야 한다. 과세관청에 입증할 수 없다면 양도소득세가 아닌 증여세가 과세될 수 있기 때문이다.

매수인의 자금출처가 확실해야 매매로 인정받는다

부모 자식 간의 거래에 대해서 과세관청이 인정하고 있는 사례는 다음과 같다.

우선 부모의 부동산이 경매나 공매 등의 절차를 통해서 매각되고, 이를 자식이 경락받는 경우다. 제3자인 타인들과 경합을 거치기 때문에 증여가 개입되기 어렵다고 보는 것이다.

또한 증권거래소와 코스닥을 통해 유가증권을 취득하는 경우와 등기 또는 등록이 필요한 부동산, 골프회원권을 서로 교환한 경우에도 양도로 인정받는다.

매수하는 자녀가 이미 세금을 낸 후의 소득으로 그 대가를 지급한 사실이 입증되는 경우나 이미 소유 재산을 처분한 금액으로 그 대가를 지급한 사실이 입증되는 경우도 양도로 인정받을 수 있다.

일차적으로 과세관청에 설명해야 할 것은 매매대금의 흐름이다. 어떤 형식의 매매계약이건 계약금, 중도금, 잔금 등의 매매대금의 흐름을 취하고 있다. 이러한 대금흐름은 금융기관을 거쳐서 매도인에게 전달되어야 한다. 즉 무통장입금 내지는 계좌이체를 통해서 매수인과 매도인의 인적사항이 확인되고, 주고 받는 금액이 확인되어야 한다.

문제는 매수인이 그 부동산을 취득할 만한 능력이 있느냐다. 자녀가 매수인인 경우라면, 자녀의 소득원을 미리 확인해야 한다. 이미 보유하고 있던 재산을 처분해 아버지의 부동산을 취득했다면 그 금액에서 세금을 뺀 나머지 금액이 소득원이 될 수 있고, 이자소득이나 배당소득 등이 있다면 지급받은 금액에서 원천징수세를 제외한 나머지 금액이 소득원이 된다.

만약 사업을 한다면 사업으로 얻은 순이익에서 세금을 제외한 금액이 소득원이 된다. 아들이 회사에 다닌다면 총 연봉에서 세금을 뺀 나머지 금액이 소득원이 된다.

그러나 한 가지 함정이 있다. 위의 소득원으로 취득한 경우 금융흐름을 통해서 매매대금으로 지급한 돈이 그 돈이라는 것을 입증할 수 있어야 한다.

예를 들어 월급을 모은 돈으로 잔금을 지불한 경우, 급여 통장에 매월 월급이 쌓여있고, 한 푼도 사용하지 않은 채 정기적금에 가입되어 있고, 그 돈을 해약한 후 매매 잔금으로 부모 통장에 입금되는 계좌흐름을 보여줄 수 있어야 한다. 즉 현실적으로 수년간 미리 준비하지 않으면 거의 불가능하다.

결국 은행에서 차입한 자금이나, 매매물건에 설정된 전세보증금 등과 같이 제3자에 대1채무를 승계하는 방식이 증여가 아닌 매매를 입증하는 유용한 증빙이 된다. 따라서 부족한 자금에 대해서는 증여세를 내고 부모에게서 증여받는 것도 유용하다.

예를 들어 시가 3억 원의 아파트를 자녀에게 매각하려고 한다. 해당 아파트의 전세금은 2억 원이고 대출이 5천만 원인 경우, 자녀는 5천만 원만 부모에게 지급하면 매매대금의 흐름을 완벽하게 입증할 수 있다. 이때 부모 자식 간의 증여공제액 5천만 원을 활용해 부모가 자녀에게 현금으로 5천만 원을 증여하고, 이를 매매대금으로 부모에게 송금하게 되면, 3억 원에 대한 매매는 정상적으로 인정받을 수 있다.

한편 부모가 매매대금으로 받은 돈을 어떻게 사용했는지에 대해서는 과세관청에서 사후 관리를 한다. 예를 들어 부모가 매매대금으로 받은 돈을 다시 자녀에게 돌려준다든지, 자녀가 다른 부동산을 살 때 보태준다면, 그 부분은 추가적인 증여이므로 증여세 과세 대상이 된다.

친척 간 매매는
3년 동안 신경 써야 한다

부모 자식 간 매매에 관한 규정을 잘 살펴보면 그 대상이 '배우자와 직계존비속'이라고 되어 있기 때문에 배우자 등이 아니면 증여로 추정되지는 않는다. 그래서 이런 규정을 회피하기 위해 자식에게 직접 양도하지 않고 가까운 친척에게 재산을 양도한 뒤 그 친척이 다시 매도인의 자식에게 우회 양도하는 형태가 있다.

증여세 과세를 피하기 위해 중간에 친척 명의를 한 번 거치는 것이다. 양도소득세의 경우에는 양도차익이 있어야 과세되기 때문에 이런 식으로 거래하면 경우에 따라 세금이 줄어드는 일이 발생한다.

예를 들어 아버지가 2억 원짜리 토지를 취득하고, 이를 아버지의 형제인 삼촌에게 2억 원에 양도한 후, 다시 삼촌이 조카에게 2억 원에 양도하는 것이다. 그렇게 되면 양도차익이 없기 때문에 전혀 양도소득세가 발생하지 않은 상태에서 아버지가 아들에게 토지를 물려주는 셈이 된다.

또한 부모 자식 간의 거래가 아니기 때문에 증여 추정의 문제도 발생하지 않는다. 만약에 이 땅을 증여했다면 3천만 원의 증여세를 내야 하지만, 명의 이전시 발생하는 취득세 등을 감안하더라도 과세관청에 들키지만 않는다면 이익이다.

다만 위 사례의 경우 삼촌이 3년에 미달하게 보유한 상태에서 조카에게 매각하는 경우 과세관청은 아버지가 아들에게 증여한 것으로 추정한다. 즉 정상적인 매매라는 사실을 아버지와 아들이 과세관청에 소명해 인정받아야지만 증여세를 면하게 된다. 역으로 3년 이상 보유한 상태에서 삼촌이 조카에게 매도한다면, 과세관청이 거래에 대해서 매매가 아닌 증여라고 입증해야 하기 때문에 안전하게 거래를 인정받을 수 있다.

따라서 친척을 경유하는 매매가 결론적으로 이루어졌다면, 최소 3년 이상 보유된 상태일 때 매매해서 문제의 여지를 남기지 않는 것이 유리하다.

1분 절세 칼럼 ●●● 부모 자식 간의 거래에 있어 가장 중요한 것은 취득하는 사람의 자금출처와 매도하는 사람의 매각자금의 사용처를 입증하는 일이다. 특히 자금출처의 경우 단기간에 이루어질 수 있는 부분이 아니기 때문에 장기간에 걸친 준비가 필요하다. 조세기 씨의 경우도 부친으로부터 부동산을 매매로 취득하기 전에 본인 자금의 출처를 명백하게 입증할 수 있어야 한다. 예를 들어 자신의 근로소득, 임대소득, 배당소득 등을 출처로 해 장기간 가입한 연금보험상품 등을 이용한다면 자금 흐름 자체가 금융기관을 통해 명백하게 드러날 수 있기 때문에 효과적인 대응책이 된다.

증여하고 5년 안에 팔면서
양도세 절세하기

장기 보유하고 매매차익이 큰 부동산의 경우 배우자 간 공제로 미리 증여하고,
5년 후에 양도하면 양도소득세를 줄일 수 있다.

조세기 씨는 부친이 오래전부터 보유했고 취득 당시 5천만 원에 취득한 주택을 2년 전에 증여받았다. 증여받은 주택을 잘 보존해야 했지만, 경기가 어렵고 사업상 목돈 이 필요해 어쩔 수 없이 주택을 양도하기로 했다. 증여받을 당시 단독주택의 시가는 2억 원이었으며, 조세기 씨는 증여세 2,400만 원을 부담하고 증여받았다. 그런데 2년 이 지난 지금, 주택을 3억 원에 팔면 어떻게 신고해야 하고, 양도소득세는 얼마나 내 야 하는지 궁금해졌다.

아들에게 증여하고 양도해서
양도세 면제받기

증여받은 자산을 양도하는 경우에는 증여받았을 때의 평가액이 취 득가액이 된다. 주택을 2억 원으로 평가해 증여받았다면 2억 원이 취득가액이 되고, 이 주택을 팔 때의 매매가액과의 차이를 기준으로

양도소득을 산정한다.

하지만 부동산을 부모 자식 간에 증여하고, 5년 이내에 양도할 경우 이러한 과정은 무시된다. 이때는 이월 과세라고 해서 양도소득을 산정할 때 증여받은 가액은 무시하고, 당초 증여자가 취득한 가액을 취득가액으로 보고 매매차익을 산정한다. 그리고 증여 당시에 부담한 증여세는 필요 경비로 공제해준다.

결과적으로 정상적인 경우 양도가액 3억 원에서 취득가액 2억 원을 제외해 세액을 계산하며, 대략 2천만 원 정도의 양도소득세가 발생한다. 하지만 5년 이내에 양도할 경우에는 당초 부친이 취득한 5천만 원을 취득가액으로 보기 때문에 장기보유특별공제(부친이 취득한 시점부터 기산함)를 적용하더라도 5천만 원이 넘는 세금을 부담해야 한다.

그런데 증여를 받은 자녀가 1세대 1주택에 해당하는 경우 해석은 달라진다. 5년 이내에 양도하는 경우에는 자녀가 납세의무자가 되어 양도소득세를 판단한다. 이때 취득가액과 취득 시기만 부친의 취득가액과 취득 시기를 따른다. 따라서 자녀는 증여를 받자마자 보유 기간이 2년을 훨씬 넘게 된다.

주택에 대해서는 2년 이상 보유하고 양도 시점에 다른 집이 없는 1세대에 대해서는 비과세를 해주고 있다. 사례의 조세기 씨가 만약 부모와 세대 분리가 되어 있고, 다른 집이 없다면 비과세될 수 있는 것이다.

이러한 논리라면 2주택을 보유한 세대는 자녀에게 저가로 증여

하고 즉시 양도해 양도소득세를 비과세 받는 방법을 통해서 거액의
세금을 줄일 수 있다. 특히 단독주택의 경우 저가로 증여할 수 있어
효과가 극대화된다.

이를 막기 위해서 세법이 추가로 개정되었고, 부친이 자녀에게 증
여하고 양도시 자녀가 1세대 1주택 비과세 대상이 되는 경우 다음
과 같이 세금계산을 하게 된다.

- 자녀가 비과세 대상인 경우 부당행위 부인규정 적용
  ① 부친이 직접 1세대 2주택자로 양도했을 때의 양도소득세
  ② 자녀가 증여받을 때 부담한 증여세 + 자녀가 양도시 부담한
  양도소득세
  → 위의 ①과 ② 중 큰 세금으로 과세

그러나 증여한 재산이 자녀에게 귀속되지 않고 다시 부친에게 회
수될 때만 적용한다. 예를 들어 부친이 주택을 증여한 후 그 주택이
양도되었을 때 매각대금을 다시 회수하는 경우다. 즉 세금을 회피하
기 위한 증여로 보아 위와 같이 비교 과세하는 것이다.

따라서 자녀에게 실질적으로 증여된 경우라면 위의 내용처럼 판
단하지 않고, 실제 증여한 내용대로 인정한다. 즉 증여세만 내면 되
는 것이다.

10억 원짜리 아파트 1채와 시가 5억 원(공시가액 2억 원)짜리 단독
주택 1채로 총 2채를 오래전부터 보유하고, 이 중 단독주택을 무주

택 자녀에게 증여 후 2년 이후에 양도하는 경우를 살펴보자. 자녀에게 증여시 증여세는 증여공제 후 과세표준 1억 5천만 원에 대해서 20%의 세율을 적용하면 이때는 세금이 2천만 원으로 계산된다. 자녀는 이를 수증 후 2년 이상 보유하고 1세대 1주택으로 양도했기 때문에 5억 원으로 양도하더라도 매매차익 3억 원에 대해서는 비과세가 된다.

다만 위의 규정대로 비교 과세되는 경우라면 부친이 직접 양도시의 양도소득세 7천여만 원과 자녀의 증여세를 비교해 큰 금액으로 과세하겠지만, 자녀가 양도가액을 그대로 가져간다면 증여세 2천만 원으로 거액의 양도소득세를 줄이는 효과를 얻게 된다.

배우자에게 증여하고 5년 이내에 양도해 양도세 면제받기

배우자에게 증여하고 이를 다시 5년 이내에 양도하는 경우를 계산하는 이유는 간단하다. 증여공제와 증여세율을 적용하면 단순히 증여 없이 배우자에게 양도할 때보다 세금이 적어지는 경우가 발생하기 때문이다.

예를 들어 배우자 공제 6억 원을 활용하기 위해 6억 원짜리 주택을 배우자에게 증여한다고 하자. 증여 후 곧바로 6억 원에 양도할 경우에 양도차익은 발생하지 않아서 양도소득세는 없다. 또한 증여시 배우자에게는 10년간 6억 원까지 증여세 없이 증여할 수 있다. 결국 증여세와 양도소득세를 내지 않고도 6억 원짜리 주택을 양도할 수 있는 셈이다.

만약에 증여한 주택을 당초에 1억 원에 취득했고, 주택의 보유자가 여러채의 주택을 보유했다고 가정해보자. 배우자에게 증여 없이 당초 소유하던 사람이 양도할 경우에는 엄청난 양도소득세가 과세되겠지만, 배우자에게 증여한 후에 양도하면 세금이 부과되지 않을 것이다.

이러한 조세회피를 방지하기 위해 세법에서는 배우자나 부모 자식 간에 증여를 했다가 5년 이내에 양도할 경우 당초 증여자의 취득가액과 취득 시기를 기준으로 세금을 계산하도록 하고 있다.

따라서 장기간 보유할 부동산 중에서 매매차익이 큰 부동산의 경우에는 배 우자 간 공제를 이용해 미리 증여하고, 5년 후에 양도하면 양도소득세를 줄일 수 있다.

따라서 단독주택, 비사업용 토지 등 오래전에 취득해 매매차익이 많은 부동산의 경우 배우자에게 증여하고, 5년 경과 후 양도할 때 양도가액이 6억 원이 넘지 않으면 이때는 양도세를 한푼도 내지 않아도 된다.

배우자에 대한 6억 원 공제를 활용할 백미는 재건축·재개발 입주권의 증여 후 양도다. 입주권의 경우 권리이므로 부동산의 증여가 아니고, 결국 이월 과세가 아닌 부당행위 부인규정에 의한 비교 과세의 대상이 된다. 즉 배우자에게 취득가액 2억 원짜리 재건축 입주권을 6억 원에 증여해 증여세를 면제받고, 이를 5년 이내에 양도하는 경우에도 그 매매대금이 실제 수증자인 배우자에게 귀속된다면 6억 원에 취득해 양도하는 것으로 보아 양도소득세를 크게 절세할 수 있었다.

다만 2019년부터는 이 방법이 세법시행령개정을 통해 이월과세 대상으로 지정되었다. 즉 배우자에게 실제 재산이 귀속됨과는 무관하게 증여하고 5년 후에 매도해야 증여가액을 취득가액으로 인정해 준다.

며느리에게 증여하고 5년 이내에 양도해 증여세 면제받기

부모와 자식 사이나 배우자 간 증여가 아닌 기타 친족 간의 증여시에도 주의할 것이 있다. 배우자와 직계존비속 간 증여 후 양도를 제외한 나머지 친족 간에 증여하고 5년 내 양도시에는 부당행위계산 부인이라는 규정에 의해 세금을 비교해서 큰 세금을 내도록 되어 있다.

예를 들어 시아버지가 며느리에게 증여를 하고 양도하는 다음 사례를 검토해보자. 시아버지는 1억 원에 취득한 상가를 며느리에게 5억 원에 양도하려고 한다. 시세차익이 큰 부동산으로 거액의 양도소득세가 예상된다. 시아버지는 매각대금을 아들에게 전액 증여하려고 한다.

이 경우 예상되는 세액은 다음과 같다. 먼저 시아버지가 부담할 양도소득세는 매매차익 4억 원에 대해서 9,400만 원가량으로 산출된다.

세후 남은 현금 약 4억 원을 증여하면, 자녀공제 5천만 원 후 3억 5천만 원가량에 대해 6천만 원 정도의 증여세를 부담한다. 그래서 총 1억 5,400만 원의 세부담이 발생하게 된다.

시아버지가 며느리에게 증여 후 양도하는 것으로 순서를 바꿔보자. 5억 원에 대한 증여세는 8,800만 원이다. 이후 며느리가 5억 원에 양도하면 취득가액이 5억 원이므로 양도소득세가 없다. 이 경우 부당행위계산 부인규정으로 다음과 같이 세부담을 비교하게 된다.

- 부당행위계산 부인규정 적용
  ① 시아버지가 직접 상가를 양도할 때 양도세: 9,400만 원
  ② 며느리가 증여받을 때 부담한 증여세 + 상가를 양도시 부담한
     양도소득세 = 8,800만 원 + 0원
     → 위의 1번과 2번 중 큰 세금으로 과세: 1번 세금. 즉 시아버
        지의 양도세가 더 크기 때문에 증여세 8,800만 원은 돌려
        주고 9,400만 원으로 시아버지가 양도세 납부해 종결

결국 며느리는 5억 원에 상가를 매각하고, 5억 원 전체를 증여받게 되는 결과를 얻는다. 양도소득세는 시아버지가 별도의 돈으로 납

부하기 때문에 실질 증여액이 더 커지게 된다. 물론 며느리와 아들의 사이가 좋아야 적용할 수 있는 절세 방법이다.

1분 절세 칼럼 ●●● 부당행위 부인규정은 부모가 자녀의 배우자에게 증여하는 경우에도 적용된다. 부당행위는 증여한 재산을 다시 부모가 회수함을 전제로 하기 때문에 회수하지 않고 실질적 증여가 이루어진다면 거액의 절세도 가능하다. 예를 들어 부동산의 매각 직전에 며느리에게 증여했다가 다시 며느리의 명의로 양도하는 경우 양도소득세는 시아버지가 전체를 부담하고, 며느리는 증여세부담 없이 증여받는 결과가 도출된다. 논리적으로 매매차익이 큰 부동산의 경우 자녀 세대당 5억~10억 원가량의 증여가 세부담 없이 가능하게 된다.

상속·증여받을 때
이렇게 해야 양도세를 줄인다

상속이나 증여를 받은 부동산은 실제 양도한 금액을 양도가액으로 보고,
여기에서 세법상 평가액을 차감해 양도소득세를 계산한다.

조세기 씨의 아버지는 작년 1월에 갑작스럽게 돌아가셨다. 장례를 치르고 아버지의 유산을 정리했는데, 10억 원 남짓한 상가가 전부였다. 조세기 씨는 모친이 생존해 있기 때문에 10억 원까지는 세금을 안내도 될 것이라고 생각하고, 별도의 상속세 신고를 하지 않았다. 물론 모친 단독명의로 부동산에 대한 상속등기는 했다. 그로부터 5년이 경과했고, 형제 간에 상속재산을 처분해 분배하자는 의견이 나왔다. 조세기 씨는 상속받은 상가를 매물로 내놓았다. 부동산에서는 10억 원 정도 받을 수있다고 했고, 조세기 씨는 시세차익이 없었기 때문에 양도소득세 걱정은 추호도 하지 않았다. 그런데 잔금을 받고 세무사에게 양도소득세 신고를 의뢰했더니, 거액의 양도소득세를 내라고 한다. 상가를 팔고 나서 형제 8명이 나눠가질 재산도 얼마 안되는데, 거기에 거액의 세금까지 낸다고 하니, 하늘이 무너질 일이다. "세무사님, 방법 좀 찾아주세요!"

2005년 이후 모든 부동산의 거래가격은 등기부등본상에 표기되고, 해당 과세 자료는 국세청 전산에 지속적으로 축적되고 있다. 따라서 상가를 포함한 모든 부동산의 양도소득세는 실제 취득하고 양도한

차익에 대해서 과세되고 있다.

다만 상속을 받거나 증여를 받은 부동산은 그 무상으로 부동산을 받았기 때문에 실제 취득한 가격을 알 수가 없다. 그래서 상속세 및 증여세 신고시의 재산평가액을 실제 취득한 가격으로 간주한다.

비록 아파트는 거래사례가 빈번하고, 최근에는 인터넷을 통해서 실시간으로 거래내역을 확인할 수 있기 때문에 가격을 시가대로 산정할 수 있다. 하지만 상가, 토지, 단독주택, 상가주택, 오피스텔 등에 대해서는 그 개별적인 특성으로 거래 사례를 구하기가 어려워서 통상 각 부동산의 기준시가를 평가액으로 해서 상속세 등의 신고를 하게 된다.

상속받은 재산의 취득가격은
상속세 신고시의 가격이다

상속이나 증여의 경우 실제로 돈을 주고 거래한 것이 아니기 때문에 실제 취득한 금액을 알기 어렵다. 그래서 세법에서는 상속세나 증여세를 신고했을 때 그 부동산에 대해서 평가해 신고한 가격을 취득가액으로 본다.

따라서 시세가 아닌 기준시가로 평가된 부동산을 상속·증여받은 경우에는 양도소득세가 과중해지는 문제가 발생하게 된다. 왜냐하면 통상의 기준시가는 실제 시세의 30~70% 사이에서 결정되기 때문이다.

결국 토지나 상가 등을 상속 또는 증여받을 때 기준시가에 따라 상속세 등을 적게 내는 것이 반드시 유리하지만은 않다는 결론이다.

예를 들어 상속의 경우 사망한 사람의 배우자가 생존해있다면 10억 원까지 공제를 받는다. 즉 상속받은 재산이 10억 원이라면 전혀 상속세를 내지 않아도 된다. 그런데 만약 시가는 10억 원이고 기준시가는 6억 원인 상가를 상속받는다고 가정해보자.

다른 재산이 전혀 없을 때 10억 원의 공제를 받을 수 있기 때문에 상속세는 없다. 상속세가 없기 때문에 상속인이 상속세 신고를 하지 않거나 비전문가에게 의뢰해 기준시가로 상속세 신고를 했을 가능성이 크다.

그런데 이렇게 상속을 받고 1년 뒤 상가를 10억 원에 처분했다면 어떻게 될까? 이 경우 기준시가가 상속재산의 취득가액이 된다. 따라서 매매차익은 4억 원(10억 원-6억 원)이고, 1억 3천만 원가량의 양도소득세가 부과된다. 만약 상속세 신고시 기한 내에 상가가격을 10억 원으로 제대로 신고했다면 매매차익 0원에 대해서만 양도소득세를 내면 된다. 즉 전혀 양도세가 없는 것이다.

한편 상가 등의 경우 그 개별성이 강해서 시가를 확인하기 어렵다. 따라서 시가를 입증하기 위한 별도의 절차가 필요하다. 그것이 감정평가이다. 상속세의 경우 상속일 전후 6개월 이내의 감정평가가 필요하고, 증여의 경우 증여일 전후 3개월 이내의 감정평가가 필요하다. 2군데 이상의 감정평가기관(평가기준일 현재 기준시가 10억 원

이하인 경우 한 군데)이 평가한 평가액을 평균을 내서 신고할 경우 시가로 인정받을 수 있다.

상속세로 내는 것이 유리할까?
양도소득세로 내는 것이 유리할까?

먼저 상속세율과 양도소득세율의 차이를 검토할 필요가 있다. 상속세율은 10~50%의 누진세율로 구성되어 있다. 게다가 과세표준 구간도 상당히 넉넉한 편인데, 1억 원 이하는 10%, 5억 원 이하는 20%, 10억 원 이하는 30%, 30억 원 이하는 40%, 그 초과분에 대해서는 50%의 세율을 적용하고 있다.

예를 들어 12억 원의 재산을 상속받으면 상속공제 10억 원을 공제한 후의 잔액 2억 원이 과세표준이 되고, 여기에 세율을 적용하면 된다. 1억 원 이하일 때는 세율이 10%이고, 초과분 1억 원에 대해서는 20%를 적용하니까 세액은 3천만 원이 된다.

양도소득세율의 체계는 좀 다른데, 일반적인 양도에 대해서는 6~42%의 누진세율을 적용하고, 투기성이 엿보이는 양도에 대해서는 40~70%의 단일세율을 적용한다. 또한 다주택자에 대해서는 누진세율에 10% 또는 20%의 탄력세율을 추가로 과세한다. 이 경우 최대 62%까지의 세율이 적용될 수 있다. 한편 과세표준의 구간이 상속세보다는 협소한데, 1억 원 이하는 최대 35%가, 1억 원 초과분에 대해서는 최대 42%의 세율이 적용된다.

예를 들어 12억 원의 상가를 시세대로 상속받아서 양도하는 경우를 보자. 상속의 경우 이미 설명한 바와 같이 3천만 원 정도의 세부담이 발생한다. 양도시에는 매매차익에 대해 세금을 부과하기 때문에 매매차익이 전혀 없는 경우에는 낼 세금도 없다. 따라서 12억 원에 상속받은 부동산을 12억 원에 양도한다면 낼 세금이 전혀 없다. 결국 3천만 원의 상속세만 내면 된다.

반대로 6억 원의 기준시가로 상가를 상속받아서 12억 원에 양도하는 경우를 보자. 상속의 경우 배우자공제 범위 내의 금액이므로 0원의 상속세가 발생한다. 반면에 양도소득세는 과표구간이 5억 원이 초과해 42%의 세율이 적용되고, 2억 1천만 원가량의 양도소득세가 발생하게 된다.

결과적으로 시세대로 상속세를 신고할 때 발생하는 상속세를 줄이기 위해서 기준시가로 신고할 경우에는 무려 1억 8천만 원가량의 양도세부담을 더하게 된다. 사례의 경우 양도소득세율이 42%의 고율이 적용되고, 상속세의 실효세율은 10%에 미달하기 때문에 이러한 결과가 발생하게 된다.

반대로 상속세의 실효세율이 양도소득세율보다 높은 경우도 발생한다. 상속재산의 과세표준이 10억 원을 넘게 되면, 그 초과분에 대한 세율은 40%다. 이런 상황에서 기준시가로 신고할 수 있는 부동산을 시가로 평가할 경우, 그 증가분에 대해서는 40%의 상속세율이 적용된다. 이는 일반 양도소득세율의 최고치가 42%임을 감안할 때 무의미할 수 있다. 어차피 상속세로 40%를 내야 하는데, 굳이 나중에 비슷한 금액의 양도소득세를 줄이고자 평가 수수료를 들여가면서까지 상속세를 더 낼 필요는 없는 것이다.

정리하자면, 상속재산이 큰 경우에는 양도소득세와 상속세의 금액이 비슷할 수 있으므로 기준시가로 평가해서 상속세를 신고하는 것이 유리하고, 상속재산이 20억 원대 이하라면, 상속세의 실효세율이 20~30% 정도이므로 시세를 바탕으로 세금을 비교해볼 필요가 있다. 상속재산이 10억 원 이하라면 무조건 시가로 평가해서 상속세를 신고하는 것이 유리할 수 있다.

1분 절세 칼럼 ● ● ● 상속공제 범위 내에 있어 납부할 상속세가 없는 경우에도 반드시 적정시가를 반영한 상속세를 신고해야 향후 양도소득세 과세시 받는 불이익을 방지할 수 있다. 특히 단기간 보유 후 양도할 예정이라면 적정한 평가를 통해 상속재산의 가격을 제대로 산정해둘 필요가 있다. 평가의 방법으로는 거래 사례를 찾거나 감정평가를 하는 방법 등이 주로 활용된다. 한편 양도소득세를 비과세받게 되는 일정 농지나 1세대 1주택의 경우 별도의 판단기준을 가지고 결정해야 한다.

이혼할 때 집을 위자료로 주면
양도소득세를 내야 한다

재산분할의 경우 반드시 그 원인 서류에 가액 및 대상을 명기하고
재산분할을 원인으로 한 소유권이전등기를 해야 세무 처리상 문제가 없다.

나지율 씨는 2채의 집을 가지고 있다. 둘 다 고가의 주택이어서 먼저 양도하는 주택에는 거액의 양도소득세가 예상되었다. 이를 줄일 수 있는 방법이 없는지 고민하던 중, 우연히 양도소득세를 회피하기 위해 이혼이 늘고 있다는 기사를 읽었다. 한참을 고민하던 나지율 씨는 이혼 신청을 하고 2채 중 1채의 명의를 배우자에게 위자료조로 넘겨주고 부동산에 집을 내놓았다. 그 이후 집이 팔리고 나지율 씨는 배우자 소유주택에 대해서 당연히 1세대 1주택이라고 판단하고 양도소득세를 신고납부했다. 얼마 후 세무서에서 위자료 명목으로 지급한 부동산에 대해서도 양도소득세를 내야한다고 연락이 왔다. 양도소득세를 내지 않으려 이혼까지 했는데, 말짱 도루묵이라니 "세무사님, 도와주세요!"

이혼을 하면서 위자료 또는 자녀양육비 명목으로 현금을 받는 경우에는 무상으로 받는 것이 아니기 때문에 증여세가 과세되지 않는다. 대가 관계가 있다고 해도 현금은 양도소득세의 과세 대상이 아니기 때문에 역시 양도소득세도 과세되지 않는다.

그런데 위자료를 부동산으로 주는 경우는 다르다. 우선 증여세가 과세되지 않는다는 점은 동일하다. 그렇지만 위자료를 현금으로 지급하지 않고 대물인 부동산으로 지급했기 때문에 대가 관계가 있다고 본다. 즉 위자료를 지급할 채무를 부동산으로 변제한 것이므로 유상 양도되었다고 보아 양도소득세를 과세한다.

반면에 재산 분할 청구를 통해 부동산의 소유권을 가져온 경우에는 부부의 공동노력으로 취득한 재산을 당초의 소유자 명의로 회복시키는 개념으로 본다. 그렇기 때문에 부동산의 명의를 가져오더라도 증여세나 양도소득세상의 문제가 발생하지 않는다.

위자료는
양도소득세가 과세된다

이혼에는 협의에 의한 이혼과 재판상 이혼이 있다. 재판상 이혼 중 판결에 의한 경우에는 위자료, 양육비, 재산 분할에 대한 사항이 판결문에 있기 때문에 그 내용대로 세무 처리가 이루어진다. 즉 위자료나 양육비로 부동산이 대물변제되면 양도소득세가 과세되고, 재산 분할이라면 과세되지 않는다.

문제는 협의 이혼이나 재판상 이혼이라고 하더라도 화해나 조정에 의한 이혼을 할 때다. 이 경우에도 명확하게 위자료 등에 대해 금액을 합의해 정한다면 그에 따라서 처리하면 되겠지만, 그렇지 못할 경우 소유권 이전에 대해 어느 부분이 위자료이고 어느 부분이 재산 분할인지 논란이 될 수 있다. 이때는 과세관청의 사실 판단에 따라 불이익을 받을 수도 있기 때문에 반드시 가액 등을 명기해야 한다.

위자료 또는 재산 분할을 원인으로 소유권을 이전할 때 그 원인을 편의상 '증여'로 하는 경우가 있다. 이혼 이전이라면 배우자공제 6억 원이 적용되므로 6억 원까지는 별도의 증여세 문제가 발생하지 않는다. 그래서 적은 금액의 증여로 등기 이전하고 이혼 절차를 마무리하는 경우가 종종 있다. 그러나 이혼 이후 증여를 원인으로 위자료 등을 지급하는 경우에는 더이상 부부가 아니므로 배우자공제 6억 원은 적용되지 않는다. 타인으로서의 증여이므로 거액의 증여세 문제가 발생하게 된다. 따라서 부득이하게 증여로 이전시 이혼 전에 등기 이전을 하고 진행하도록 해야 한다.

재산 분할을 통한
양도소득세는 비과세된다

재산 분할은 혼인중 부부가 공동으로 협력해서 모은 재산으로 그 소유가 불분명한 공동재산을 대상으로 한다. 따라서 분할된 공동재산은 새로운 취득이 아니다. 원래 소유자의 명의를 회복하는 것에 불과하다. 그러므로 이혼을 하고 재산 분할을 통해 기존 한 명의 명의로 되어 있는 2채의 주택 중 1채를 다른 배우자의 명의로 바꾸었다면, 원래부터 배우자의 명의로 있었던 것처럼 취급받게 된다.

예를 들어 나지율 씨가 소유한 주택 2채의 가격이 각각 9억 원이고, 보유 기간은 5년(재산 분할 대상 주택)과 10년이라고 가정해보자. 취득한 금액은 각 3억 원이다. 이혼에 의한 재산 분할로 새로 주택을 취득한 배우자의 경우, 그 취득 시기는 재산 분할로 소유권을 이전해온 시점이 아닌 원래 명의자가 취득한 때가 된다. 즉 5년의 보유 기간을 인정받을 수 있다.

따라서 재산 분할로 소유권을 가져온 후에 바로 양도를 한다고 하더라도 1세대 1주택 비과세 혜택을 받을 수 있다. 나머지 1채도 이혼을 통해서 세대가 분리되어 1세대 1주택이므로 양도세가 비과세 된다.

그런데 만약 재산 분할이 아닌 위자료 성격이라면 나지율 씨는 9억 원과 3억 원의 매매차익에 대해서 장기보유공제 15%를 적용받아서 8천만 원가량의 양도소득세를 내야 한다. 또한 만약 조정 대상 지역에 소재한 주택이었다면, 2주택자로서 세부담은 더 크게 증가하게 된다.

위와 같이 커다란 세부담의 차이로 인해서 위장이혼을 검토하는 사례가 빈번하다. 최근의 다주택자에 대한 중과세로 그 고민은 많아지고 있다. 최근까지의 대법원은 1세대 1주택 비과세 규정 적용시 동일세대 여부를 판단할 때 부부 관계는 법률혼 관계를 따르고 있다. 즉 법률상 이혼했으면 동일세대가 아니라는 것이다.

이러한 대법원판례에 대응해 소득세법이 2019년 개정되었다. 법률상 이혼을 했으나, 생계를 같이하고 있는 등 사실상 이혼한 것으로 보기 어려운 경우라면 동일세대원으로 판단하고 1세대 1주택 비과세 요건을 검토하도록 1세대의 범위가 변경되었다.

따라서 나지율 씨의 경우처럼 양도소득세를 회피하기 위해 서류상으로만 이혼을 하고 동일주소지에서 생계를 유지하고 있다면, 위장이혼으로 보아 1세대 2주택 상태의 양도로 과세된다.

위 사례의 경우 배우자 상태에서 재산 분할된 것이므로 증여로 보게 되고, 이 경우 증여공제 6억 원을 초과하는 3억 원에 대해서는 증여세가 과세되며, 증여 후 5년 이내에 매매이므로 세법상 이월과세 적용 대상이 된다. 즉 9억 원과 증여자의 당초 취득가액 3억 원의 차액에서 증여세 납부액을 필요 비용으로 차감해 과세표준을 산정하게 되고, 여기에 세율을 적용해서 양도소득세를 추가로 내야 하는 것이다.

1분 절세 칼럼 ● ● ● 양도소득세를 비과세받기 위해 위장 이혼하는 것은 일종의 모험과도 같다. 걸리지 않는다면 2채 모두 비과세되지만, 반대로 걸린다면 다주택자로 양도세를 계산하게 되고, 무상으로 명의를 이전한 것이므로 추가로 증여세가 부과될 수 있다. 혹 떼려다가 혹 붙이는 격인 셈이다. 기간이 걸리더라도 배우자에 대한 증여공제 6억 원를 활용해 시가로 증여 후 5년이 경과한 뒤 양도하는 것이 안전하고 합법적이다.

취득 당시의 계약서가 없는 경우
이렇게 처리하자

양도차익은 실제 사고 판 금액을 기준으로 계산한다.
기준시가로 매매차익을 계산하는 것은 예외적으로 적용한다.

조세기 씨는 2003년 강남에 있는 상가 단지내 상가 1채를 취득했다. 다들 꼭지라고 말렸지만, 결국 가격이 올랐다. 조세기 씨는 이번에 시세차익을 실현하기 위해 상가를 처분하기로 했다. 그래서 양도소득세가 얼마나 나오는지 계산해보려고 서류를 뒤적이는데, 취득했을 때의 계약서가 없다는 사실을 발견했다. 장롱을 아무리 뒤져봐도 계약서라곤 그 당시 검인계약서만 있을 뿐이고, 계약서상의 금액도 실제 취득한 3억 원에 못 미치는 1억 2천만 원이어서 억울한 세금을 낼까봐 두려움에 빠져 있다. "세무사님, 방법이 없을까요?"

양도소득세는 양도차익을 구하고, 여기에 장기보유특별공제와 기본공제를 한 후 과세표준을 산정하고 여기에 세율을 적용해 산정하는 구조다.

이때 양도차익을 구하는 방법에는 2가지가 있다. 대원칙은 취득 당시의 실제 취득한 가액과 양도 시점의 실제 매매한 가격의 차액으로 구하는 방식이다. 그런데 취득 시기가 오래되고 취득시 계약서가 분실되어 취득 당시의 가액을 확인하기 어려운 경우 취득가액을 추정 계산해 양도차익을 계산한다.

한편 부담부 증여, 교환, 현물출자 등으로 양도 당시의 가액도 확인하기 어려운 경우에는 양도 시점의 기준시가와 취득 시점의 기준시가를 기준으로 양도차익을 산정하기도 한다.

2005년 이후 취득분은
대부분 실제 취득·양도금액을 적용한다

2005년 이후 부동산 실거래가 신고 제도가 정착된 이후 등기부등본을 보면, 실제 매매가액이 기록된 것을 확인할 수 있다. 이전에는 부동산을 취득할 때 취득세의 과세표준이 실제 취득가액과 일치하지 않는 경우가 빈번했다. 시가표준액 이상으로 신고가 되면, 매매가액의 적정성을 따지지 않았다.

그렇기 때문에 관행적으로 지방자치단체에 신고할 때는 시가표준액을 기준으로 계약서를 제출했고, 해당 계약서를 기준으로 등기가 진행되어 2004년 이전 부동산권리증의 계약서는 실제계약서가 아닌 다운계약서인 확률이 크다.

따라서 2004년 이전 취득한 부동산을 현재 시점에서 양도할 때, 취득 당시의 실제계약서를 분실한 경우 문제가 발생하게 된다. 현행 세법은 취득 당시의 실제 거래가액을 확인하기 어려운 경우 매매사례가액, 감정가액, 환산가액을 활용할 수 있다.

매매사례가액이란 당해 부동산의 취득 시점을 기준으로 전후 3개월 동안 동일·유사한 부동산의 거래 사례가 있는 경우의 그 거래가액을 말한다. 예를 들어 1995년 5월에 상가를 취득했는데, 1995년 2월부터 8월 사이에 동일 평형의 옆 상가가 매매가 되었고, 그 매매가액을 확인할 수 있다면 이를 토대로 부동산의 취득가액을 추정할 수 있다.

감정가액은 당해 부동산의 취득일을 전후로 해 3개월 이내에 2군데 이상의 감정평가법인이 평가한 감정액이 있는 경우 이를 취득가액으로 본다는 의미다.

환산가액은 매매사례가액과 감정가액을 확인할 수 없는 경우에 적용하는데, 양도가액을 기준으로 이를 취득한 시점의 기준시가 비율로 환산하는 방법이다. 양도가액을 확인하기는 어렵지 않기 때문에 이 금액을 기준으로 환산한다.

기준시가의 경우 어느 시점이든 산정이 가능하고, 이는 통상 그 당시의 시세를 어느 정도 반영한다. 즉 양도 시점의 기준시가는 양도 시점 당해 부동산의 시가를 어느 정도 반영하고 있고, 취득 시점의 기준시가는 취득 당시의 시가를 어느 정도 동일한 비율로 반영하고 있다고 가정하고 산식을 적용하는 것이다. 구체적인 계산식은 다음과 같다.

- 환산 취득가액 = 양도가액×(취득 당시의 기준시가)÷(양도 당시의 기준시가)

그러나 현실적으로 매매사례가액 및 감정평가액을 적용하는 것은 용이하지 않다. 상가나 일반 토지 등의 경우 동일한 면적이라도 위치, 층에 따라서 가격 차이가 크기 때문에 매매 사례라는 것이 있을 수 없고, 해당 취득 시점에 앞으로 취득매매계약서를 분실할 것을 예상하고 2군데 이상에서 감정평가를 받을 리 만무하기 때문이다. 결국 실무상 적용 여부를 검토하게 되면, 거래사례가액이나 감정평가가액보다는 환산가액이 우선적으로 검토된다.

무조건 환산가액을
적용하는 것은 아니다

부동산을 처분하고 양도소득세를 신고하면 세무서에서는 신고서 내용을 검토한다. 검토한 결과 신고한 거래 내역이 정당하다고 인정되는 경우에는 신고시인을 하고, 문제가 있다고 판단되는 경우에는 추가 조사를 한다.

추가 조사를 한 결과 신고된 내용상의 거래가액이 실제와 다른 것으로 확인된다면 조사·확인된 내용대로 세금을 다시 계산해 추가 고지를 한다.

예를 들어 조세기 씨가 취득 당시 계약서를 분실해서 환산 방식으로 양도소득세를 신고했다고 해보자. 과세관청은 조세기 씨의 환산 방식에 의한 취득가액이 실제보다 과하다고 판단했고, 추가 조사를 한 결과 조세기 씨의 전단계 소유자의 신고 내역을 전산에서 확인하게 되었다. 국세청 전산망에 기록된 전단계 소유자의 신고가액은 곧 조세기 씨의 취득가액이 된다. 전단계 소유자가 그당시 신고 기준인 기준시가가 아닌 실거래가로 신고했다면, 조세기 씨의 환산가액은 부인되고, 신고되었던 가액을 기준으로 세금을 재계산해 추가고지를 당하게 된다. 물론 조세기 씨의 환산가액이 전단계 소유자의 신고 가격보다 더 클 경우의 사례다.

또는 등기소에 보관된 검인계약서를 기준으로 과세하는 사례도 있다. 이미 언급한 바와 같이 2004년 이전 검인계약서는 실제 거래 금액을 반영하기 보다는 지방세 시가표준액을 기준으로 작성된 경우가 대부분이다. 그럼에도 해당 계약서를 기준으로 과세관청에서 과세한 경우, 해당 금액이 실제보다 다운되었다는 사실의 입증은 납세자가 해야 한다.

따라서 실무상 환산가액의 적용여부는 전단계 소유자의 신고 현황, 즉 기준시가로 신고했는지, 1세대 1주택 비과세를 적용받았는지, 실거래가를 기준으로 신고했는지 등을 확인한 후에 판단해야 한다. 그리고 실제 취득가액보다 현저히 낮게 환산가액이 계산된 경우라면, 추가적인 수단을 생각해봐야 한다.

매매계약서의
종류를 잘 알아두자

계약서의 경우 그동안의 관행상 여러 가지 계약서가 존재할 수 있다. 우선 거래 당시 실제로 작성한 실제 계약서가 있고, 소유권 이전 등기 접수시 작성하는 검인계약서, 매도인이 탈세의 목적으로 작성하는 다운계약서 또는 매수인이 작성하는 업계약서가 있다. 또한 재개발·재건축 조합원 지분 매매의 경우 토지에 대한 매매계약서와 입주권에 대한 매매계약서 같은 2가지 형식의 매매계약서가 동시에 작성된다.

실제 계약서의 경우 계약서 한 장만으로도 증빙서류로서의 충분한 가치가 있다. 다만 중개인이나 채무승계 등 특약사항이 누락되거나, 계약서 서식은 현재의 것인데 계약서 작성일자가 과거인 경우 등 계약서상에 하자가 있을 때 과세관청은 당해 계약서의 신뢰성에 의문을 가지게 된다.

이러한 경우에는 추가 증빙서류가 동원된다. 추가 증빙서류로 가장 확실한 것은 금융기관을 통한 거래 내역이다. 예를 들어 매수인이 매도인에게 무통장 입금한 내역이나 매도인의 통장에 거래 시기와 일치하게 매매대금이 입금된 내역 등은 거래가액을 입증하는 매우 중요한 증거자료가 될 수 있다.

환산해 계산한 취득가액이 실제 취득한 가격보다 현저히 적은 경우 추가적으로 확인할 부분이 위의 금융과 관련된 부분이다. 과세관청이 실제보다 낮게 취득했다고 신고한 부분을 적극적으로 구제해주지는 않는다. 따라서 실제 취득계약서를 분실하고, 환산 방식에 의해 산정된 취득가액이 실제보다 현저히 낮은 경우에는 등기부상의 취득 시점의 금융거래내역, 그 시점에 전세보증금을 빼서 부동산을 취득했다면 전세계약서 및 보증금 회수영수증 등 실제 취득한 매매가액을 확인해줄 근거를 찾아야 한다.

또한 종전매도인에게 거래사실 확인서를 요청하거나, 해당 매매를 중개했던 중개사 사무소를 찾아가서 확인을 받는 방법도 있다. 매도인이 탈세 목적으로 작성한 다운계약서는 실제 계약서가 아니므로 조사 과정에서 그 진위가 밝혀지면 실제 거래 내용대로 양도소득세가 과세되고, 엄중한 가산세가 추가로 과세된다. 이는 매수인의 업계약서도 마찬가지다. 종전 매도인이 업계약서의 작성에 협조한 경우 조세법처벌법에 따라 처벌 대상이 되고, 당초 종전 매도인의 양도가액 적정성까지 다시 조사받게 된다.

1분 절세 칼럼 ●●● 실제거래가액을 입증하는 증빙서류는 여러 가지가 있을 수 있지만, 가장 강력한 것은 실제 계약서와 이를 입증하는 금융 증빙이다. 따라서 가급적 대금의 지급은 계좌이체를 통해 하는 것이 안전하다. 조세기 씨의 경우라면 취득했을 때의 계좌내역을 조회해 당시 계약금, 중도금, 잔금의 인출내역을 확인해봐야 한다. 인출내역을 확인할 수 있다면 실제 취득가액을 주장할 수 있는 첫째 근거는 준비된 셈이고, 그 다음으로 당시 중개를 했던 중개사무소에 보관되어 있을 수 있는 계약서를 찾아봐야 한다. 모두 어렵다면 과세관청에 문의해 종전소유자의 신고내역을 체크하고, 그마저도 기록이 없다면, 환산가액으로 신고하는 방식을 검토한다.

8년 동안 직접 농사지으면
양도소득세를 깎아준다

농지 매매시 양도소득세를 감면받으려면 농지 소재지에서
최소한 8년 이상 거주해야 하지만, 연속해서 8년을 채울 필요는 없다.

조세기 씨는 경상도에서 15년째 농사를 지으며 살아가고 있다. 그런데 자녀만큼은 도시에서 공부시키고 싶다는 욕심에 어린 자녀들을 서울로 유학 보냈다. 하지만 아직 어린 자녀들만 서울의 친척집에 맡겨둔다는 사실이 마음에 걸리기 시작했다. 그래서 서울은 아니더라도 서울 근교로 이사 갈 것을 심각하게 고민하기 시작했고, 결국 고향의 농지를 팔기로 결심했다. 그런데 조세기 씨는 양도소득세가 많이 부과될까봐 또 다시 고민하기 시작했다.

농사를 짓는 사람이 농지를 양도할 경우 농지 역시 양도소득세 과세 대상이 되기 때문에 양도소득세를 부담해야 한다. 하지만 양도소득세부담이 과도하다면 농사를 전업으로 하는 사람은 농업에 안정적으로 종사할 수 없을 것이다. 따라서 주택의 경우 1세대가 1주택만 보유하면 실거주 목적으로 보아 비과세해주는 것처럼, 농지도 법에서 정한 요건을 충족할 경우 세금 부담을 경감해주고 있다.

농지 양도시
양도소득세 감면 기준

농지 양도시 양소소득세를 감면받으려면 농지 소재지에 거주해야 한다. 8년 이상 거주해야 하지만 연속해서 8년을 채울 필요는 없다. 전체 보유 기간이 8년 이상이면 된다. 이는 자경 기간을 계산할 때도 동일하게 적용된다. 물론 거주 기간중에 농사를 지어야 한다.

농지 소재지란 농지가 소재하는 시·군·구 또는 연접한 시·군·구를 말하며(구는 자치구를 말한다), 연접 지역은 아니더라도 농지에서 직선거리로 30km 이내인 지역은 농지 소재지로 본다. 이때 30km는 네이버 지도 등 인터넷 지도상의 직선거리로 판단하면 된다. 또 과거에는 농지 소재지에 해당되었으나 행정구역 개편으로 양도 시점에는 해당되지 않는 경우에도 농지 소재지로 인정해준다.

농지 소재지에서의 거주 여부는 실질 상황에 의한다. 일반적으로 주민등록초본을 통해서 거주 사실 및 거주 기간을 확인한다. 그런데 만일 주민등록이 되어 있지 않았다면 다른 증거 서류들을 통해 적극적으로 거주 사실을 증명해야 한다.

예를 들어 농지 소재지에 있는 교회 등의 교적 확인증이나 전화나 인터넷 등의 가입증명원, 농지 소재지에 있는 금융기관에서 대부분의 금융거래가 있었다면 금융거래사실확인증 등을 통해서도 농지 소재지에서의 거주 사실을 증명할 수 있다. 한편 주말체험용 농지의 경우 재촌 요건을 충족하지 않더라도 농지 취득이 가능하다.

그러나 자경농지의 감면을 받기 위해서는 재촌 요건을 갖추어야 감면이 된다. 즉 주말체험용으로 취득한 경우 감면을 받기 위해서는 거주지를 옮겨야 한다.

거주 요건과 더불어 가장 중요한 것 중 하나가 자경이다. 자경이란 농지 소유자가 농업을 전업으로 삼고 이에 종사하거나, 농작물의 1/2 이상을 자기의 노동력으로 재배하는 것을 말한다. 자경 요건을 충족하려면 본인이 직접 경작해야 하므로 농지 소유자는 직장을 다니고 생계를 같이하는 가족이 농사를 지은 경우에는 감면받을 수 없다. 2014년 7월 1일 이후부터는 농민이 농업 소득이나 부동산 임대소득 외에 근로소득·사업소득이 연간 3,700만 원 이상인 경우 그 연도는 자경하지 않았다고 간주한다.

자경농 여부는 기본적으로 농지원부로 입증한다. 농협의 조합원 증명원, 농약·비료 등을 구입하고 받은 영수증, 농지위원장이 확인한 경작사실확인서, 직불금신청서 등을 통해서도 증명이 가능하다.

양도 당시 반드시 농지여야 감면받는다

자경농지에 대한 감면은 보유 기간 중 8년 이상만 재촌·자경을 하면 받을 수 있기 때문에 예전에 8년 이상 재촌·자경했었다면 현재 농사를 짓지 않거나 다른 지역에 거주하더라도 감면받을 수 있다.

하지만 아무리 요건을 갖추어도 양도 당시 농지가 아니라면 감면받을 수 없다. 감면 여부를 판단할 때 농지인지 아닌지는 양도 시점을 기준으로 하기 때문이다.

따라서 수십 년을 농지로 재촌·자경했다 하더라도 양도 직전에 대지 또는 다른 지목으로 용도 변경을 했다면 감면 대상에서 제외된다. 하지만 지목은 대지 등으로 되어 있으나 사실상 농지로 이용되고 있다면 실질과세의 원칙에 따라 감면받을 수 있다. 다만 이 경우에도 용도지역상 농사를 지을 수 없는 지역 내에서는 감면 대상에서 제외된다.

직접 재촌·자경하지 않았어도 감면받는 경우

상속받은 농지의 경우 상속인이 상속을 받아 계속 농사를 짓는다면 피상속인이 생전에 보유하면서 재촌·자경을 한 기간은 상속인의 자경 기간에 합산된다. 하지만 상속인이 농사를 짓지 않는 경우에는 상속 개시일에서 3년 이내에 양도할 때에만 피상속인이 경작한 기간을 재촌·자경기간으로 인정한다.

주거·상업·공업 지역이면
혜택을 배제한다

도시 지역의 주거·상업·공업 지역 안에 있는 농지로서 이들 지역 에 편입된 날에서 3년이 지난 농지는 감면해주지 않는다. '도시 지역 중 주거·상업·공업 지역에 편입되었다'라는 의미는 토지를 주거용· 상업용·공업용으로 사용하라는 것인데, 계속 농지로 활용하는 경우 토지의 효율적 이용을 저해하는 셈이다. 따라서 3년이라는 유예 기 간을 주고 이 기간 내에 용도를 전환하라라며 강권하고 있는 것이다.

그런데 도시 지역 중 녹지 지역은 빠져 있다는 점에 유의하자. 녹 지 지역에서 농사는 오히려 권장할 사항이라, 비록 도시 지역이지만 편입 시점에 관계없이 감면받을 수 있다.

대규모 개발사업 지역은 농지에서 용도를 바꾸고 싶어도 일정한 도시계획 하에 개발이 이루어지므로 건축 행위 등의 제한을 받는다. 따라서 대규모 개발 사업 지역은 주거 지역 등으로 편입된 지 3년이 지나도 감면해준다. 대규모 개발사업 지역은 사업 지역 내의 토지 소유자가 1천 명 이상인 지역이거나 사업시행 면적이 100만m^2 이상 인 지역(택지개발사업 이나 대지조성사업은 10만m^2)을 의미한다.

그런데 환지예정지로 지정되면 감면받지 못한다. 환지예정지로 지정된 날에서 3년이 지난 농지는 감면받을 수 없다. 또한 농지가 주거·상업·공업 지역에 편입되거나 환지예정지로 지정되면 비록 3년 내에 양도하더라도 전체가 아닌 지정일 전까지의 양도소득에 대해서만 감면받는다. 즉 용도 전환으로 인해 편입일을 기준으로 지가가 상승하면서 이익도 급격히 상승하므로 편입일 이전까지의 양도차익을 농지로서의 양도차익으로 보고 감면해주는 것이다.

다른 곳에 농사를 짓기 위해 농지를 파는 경우

현재 농사짓고 있던 농지를 팔고 다른 곳에 농지를 취득하는 경우 다음의 3가지 요건을 모두 갖추면 양도소득세를 경감받는다.

첫째, 종전 농지를 판 날에서 1년 안에 다른 농지를 사야 한다. 만약 다른 농지를 먼저 샀을 때는 산 날로부터 1년 안에 종전 농지를 팔아야 한다. 이때 다른 농지는 종전 농지면적의 1/2 이상이거나 가격이 1/3 이상이어야 한다.

둘째, 취득한 농지는 3년 이상 경작해야 한다. 물론 재촌 요건도 충족해야 하기 때문에 그 농지 소재지에 거주하면서 자경해야 한다. 이때 3년 동안 계속해서 농사를 지어야 한다. 중간에 다른 일을 하면서 전제적으로 3년의 기간을 채우는 것은 인정받지 못한다.

셋째, 처분한 종전 농지도 3년 이상 재촌·자경한 농지여야 한다. 감면 혜택은 농민에게만 주어져야 하기 때문에 당연하다.

요건을 갖추면
최대 2억 원까지 감면 가능

감면 요건을 갖추면 연간 최대 1억 원을 감면해준다. 그렇다고 매년 1억 원씩 무한정 적용하지는 않고, 5년이라는 기간에 2억 원 한도 내에서 감면을 적용한다. 올해 2억 5천만 원의 세금이 나왔고, 4년 후 2억 원의 세금을 내야 한다고 가정해보자. 올해 2억 5천만 원 중에서 1억 원을 감면받고 1억 5천만 원을 낸다. 5년간 감면 한도가 2억 원이므로 4년 후에 낼 세액 중에서는 이미 감면받은 1억 원을 제외한 1억 원만 감면받는다. 즉 2억 원에서 1억 원을 차감한 1억 원을 추가로 내면 된다.

　대토(代土)로 인한 감면의 경우는 5년 동안 최대 1억 원까지 감면받을 수 있다. 만약 8년이 지난 자경농지와 대토농지의 감면이 동일 연도에 있는 경우 합해 최대 1억 원까지, 5년이라는 동일 감면 기간 내에 있는 경우 합해 최대 2억 원까지 감면받을 수 있다.

농지를 교환하면
양도소득세 전액 비과세

경작을 위해 농지를 교환할 때 일정 요건을 충족하면 양도소득세를 내지 않아도 된다. 교환이라고 하면 '대금의 수수 없이 소유권이 넘어갈 수 있기 때문에 양도가 아니다'라고 생각할 수 있지만 교환도 엄연한 양도다. 대금 수수도 없이 과중한 양도소득세부담을 질까봐 비과세 혜택을 주는 것이다.

8년 자경이나 대토 감면시 세금이 많을 경우 한도를 초과하기 때문에 양도소득세를 납부해야 하지만, 교환은 한도 규정이 없기 때문에 세금을 전혀 내지 않는다. 이때는 요건이 있다. 교환하는 쌍방 토지가액의 차액이 토지 가격이 큰 편의 1/4 이하여야 한다. 예를 들어 평택에 소재한 6억 원짜리 농지와 용인에 소재한 10억 원짜리 농지를 교환한다고 해보자. 토지 가격이 큰 편의 1/4을 계산하면 2억 5천만 원이 된다. 즉 요건을 충족시키려면 최소 7억 5천만 원 이상의 평택 소재의 농지와 교환해야 한다. 6억 원짜리는 너무 적은 가액이라 요건을 만족하지 못한다.

또한 교환으로 취득한 농지를 그 농지 소재지에 거주하면서 3년 이상 경작해야 한다. 이 요건은 대토농지와 동일하다.

┃ 1분 절세 칼럼 ●●● 8년 이상 자경농지에 대한 양도소득세 감면은 직업으로 농사를 짓는 사람에게 주는 혜택이다. 전업이 아니라면 최소한 농사의 절반 이상을 본인의 노동력으로 지어야 한다. 부업으로 농사를 짓는 경우 농업소득 외의 다른 소득이 3,700만 원 이상이 되지 않아야 하고, 농업소득이 있다는 것을 입증하지 않으면, 자경으로 인정받기 어렵다. 농업소득의 입증은 농협을 통한 출하, 가락동 농수산물시장에 납품 등의 증빙을 통해서 확인가능하다. 따라서 가족끼리 수확물을 나누어 먹었다고 주장하는 것은 농지의 규모에 따라서 인정되기도 하고, 부인되기도 한다.

비사업용 토지가
중과세되는 경우를 파악하자

비사업용 토지에는 10% 포인트씩 높은 탄력세율이 적용된다.
비사업용 토지 여부는 여러 기준을 통해 판단한다.

IMF 외환위기를 힘겹게 이겨낸 조세기 씨는 2000년대 들어 사업이 안정기에 접어들자 약간의 여유자금을 확보할 수 있었다. 그러다 2002년과 2003년을 거치면서 부동산 시장이 회복될 기미가 보이자 평소에 관심이 있었던 부동산투자를 감행하기로 하고, 지인들의 도움을 받아 투자 가치가 있다는 지방의 토지 1필지를 취득했다. 어느 정도 가격도 올랐고, 요즘 들어 부동산의 투자 매력이 많이 떨어졌다고 판단해 매각을 고려 중인데, 토지 자칫하다간 투자로 얻은 이익을 세금으로 다 날릴 수도 있다는 이야기를 들어 걱정스럽다.

투기 성향이 보여지는 토지 보유에 대해서는 해당 토지를 비사업용 토지로 분류해 기본세율에 10%의 추가 세율을 가산한 중과세율을 적용한다. 과거에는 장기보유특별공제도 배제했으나, 현재는 허용해주고 있다.

비사업용 토지 여부는
여러 기준을 통해 판단한다

일반적으로 양도소득세는 양도 당시 사실상의 현황이 중요한 판단 기준이 되는 경우가 많다. 하지만 비사업용 토지 여부를 판단할 때는 양도 당시만이 아니라 '전체 보유 기간에 토지가 어떻게 이용되었느냐'가 더 중요한 기준이 된다.

비사업용 토지는 토지의 지목에 따라 판단 기준이 조금씩 달라질 수 있다. 토지의 종류별로 보유 기간에 토지가 어떻게 사용되고 있었는지, 그 토지의 소재지가 어떤 지역인지에 따라 비사업용 토지 여부를 판단한다. 또한 사용 목적이나 소재 지역이 사업용으로 인정받을 수 있는 기준을 만족하더라도 면적 기준에 따라 일정 면적을 초과한 토지는 사업용으로 인정받지 못해 중과세 대상인 비사업용 토지로 분류될 수 있다.

비사업용 토지 관련 세법 규정의
특징 6가지

현행 비사업용 토지와 관련된 세법 규정들의 특징을 정리해보면 다음과 같다.

첫째, 명칭에도 나와 있듯이 이는 토지에 관한 규정이다. 따라서 주택 이나 일반 건축물 등에 대해서는 비사업용 토지인지를 따질 필요가 없다.

둘째, 양도소득세를 중과세한다. 비사업용 토지에 해당하면 일반 세율에 10% 추가세율로 중과세한다. 또한 장기보유특별공제를 제한적으로 적용해준다. 2015년 말 이전에 취득한 경우 2016년부터 보유 기간을 기산해서 양도일까지의 기간에 대해서 공제율을 적용해준다. 예를 들어 2010년에 취득해서 2020년에 양도할 경우 10년 보유이지만, 장기보유특별공제 대상 보유 기간은 4년에 대해서만 적용된다.

셋째, 보유 기간중 사업용으로 사용한 기간이 일정 기간을 넘지 않으면 비사업용으로 본다.

넷째, 비사업용 토지의 판단은 지목별로 한다. 따라서 농지의 사업용 요건과 임야의 사업용 요건은 서로 다르며, 다른 토지도 마찬가지다.

다섯째, 비사업용 토지인지 판단할 때 지역 기준을 별도로 두고 있다. 따라서 사업용으로 인정받을 수 있는 모든 요건을 갖추었더라도 법에서 정하는 지역에 소재하고 있으면 사업용으로 인정받지 못할 수 있다.

여섯째, 비사업용 토지인지를 판단할 때는 별도의 면적 기준을 두고 있다. 따라서 사업용에 해당하더라도 세법에서 정하는 일정한 면적을 초과하면, 그 초과하는 면적에 대해서는 사업용으로 인정받을 수 없다.

이처럼 비사업용 토지를 판단하는 것은 매우 복잡하고 어려운 일이다. 또 비사업용이라는 용어 자체가 주는 의미가 어떤 사업, 예를 들어 공장을 돌리는 제조업이나 서비스업 같은 부류를 떠올리게 해 착각을 불러일으킬 수도 있다.

여기서 비사업용이라는 의미는 토지를 주어진 용도, 즉 대지·농지·목장용지·임야 등 원래의 목적대로 사용하지 않는 것을 의미한다. 예를 들어 대지에는 건물을 짓거나 업무용으로 활용해야 하는데, 이를 빈 땅으로 놀리고 있거나 토지상태로 임대하고 있다면 이 역시 비사업용으로 본다.

1분 절세 칼럼 ●●● 금융위기 직후 부동산 경기 활성화 대책의 일환으로 비사업용 토지에 대해서도 혜택을 부여했다. 2009년 3월 16일에서 2012년 12월 31일 사이에 취득한 비사업용 토지에 대해서는 중과세율을 적용하지 않고, 일반 세율로 과세한다. 즉 10% 추가 과세를 면한다. 그러므로 등기부상 취득 시기를 꼭 확인해보자.

비사업용 토지의
판단 기준을 명쾌하게 파악하자

미묘한 차이로 비사업용 토지인지에 대한 판정이 달라진다.
법에서 정하는 요건을 상세히 검토하는 것이 절세의 지름길이다.

10년 이상 농지를 보유한 조세기 씨는 농지를 소유했기 때문에 세금에 대해서 큰 걱정을 하지 않았다. 인근 지주들이 농지를 팔면서 세금을 낸 것을 거의 본 적이 없었기 때문이다. "비사업용 토지에 중과세를 과세한다"라는 말이 언론에서 나올 때도 남의 일로 생각했다. 농지를 10년이나 보유한 자신과 투기꾼을 함께 싸잡아 취급하는 말에 기분이 나쁘기까지 했다. 그래도 내심 마음 한 편에서는 불안감이 싹트기 시작했고, 결국 조세기 씨는 세법을 찾아보았다. 역시 예상한 대로 전혀 이해할 수 없는 말들만 잔뜩 적혀 있었다. 조세기 씨는 자신이 중과세 대상이 될까봐 막막해졌다.

비사업용 토지라고 해서 사업에 사용하지 않는 토지를 의미하지는 않는다. 이보다는 토지의 소유자가 토지의 용도별로 일정 기간을 사용하지 않고 양도하는 토지라고 생각하는 것이 더 이해하기 편하다.

최소한 양도 직전 2년 이상은
사용해야 한다

비사업용 토지는 일정 기간에 원래의 용도대로 사용하지 않은 토지를 말한다. 여기서 '일정 기간'이란 다음의 3가지 기간을 뜻한다.

첫째, 양도일 직전 3년 중 2년 이상을 직접 사업에 사용해야 한다. 즉 양도일이 2016년 12월 31일이라고 한다면, 2013년 12월 31일부터 2016년 12월 31일까지의 기간중 2년 이상을 사업용으로 이용하면 된다.

둘째, 3년 중 2년이 안 된다면 양도일 직전 5년 중 3년 이상을 직접 사업에 사용해도 된다.

셋째, 보유 기간 중 60% 이상을 직접 사업에 사용해도 요건을 충족할 수 있다. 예를 들어 보유 기간이 20년인데 취득일부터 양도일 직전 4년까지만 사업용으로 사용했다고 가정해보자. '3년 중 2년' 기준이나 '5년 중 3년' 기준을 적용할 경우 비사업용 토지가 된다. 하지만 60% 기준을 적용하면 20년 중에서 16년, 즉 80%를 사업용으로 사용했기 때문에 사업용으로 인정받을 수 있다. 다만 보유 기간이 2년 미만인 경우에는 60% 규정만 적용해 판단한다.

이 3가지의 해당 기간 중 어느 한 가지도 만족하지 못할 경우에는 비사업용 토지에 해당한다.

용도별 요건을 충족해야
사업용 토지다

토지의 용도별로 정해진 요건을 정해진 기간 동안 충족해야 사업용 토지로 본다.

첫째, 농지(전·답·과수원)의 경우를 살펴보자. 농지는 농사를 짓는 토지이므로 농사를 지어야 하고, 경작하기 좋은 위치에 소재해야 한다. 예를 들어 강남 테헤란로 한복판에 있는 상업용지에 소재한 농지라고 한다면 토지를 효율적으로 이용하지 못하는 것이고, 따라서 적합한 용도로 사용한다고 보기 어렵다. 따라서 농지는 그 소재지가 주거·상업·공업 지역 외의 지역에 소재해야 한다.

또한 그 농지 소재지에 주소를 두고 농지 소유자가 직접 농사를 지어야 한다. 다만 농지법에 의한 주말·체험 영농 소유의 농지(세대당 1천㎡ 미만)는 법 취지상 부재지주에게도 농지를 취득할 기회를 준 것이기 때문에 지주가 농지 소재지에 주소를 두거나 자경할 필요가 없다.

이러한 요건은 이미 언급한 3년 중 2년, 5년 중 3년과 같이 60% 기준에 적합하게 유지되어야 사업용 토지로서 인정 받을 수 있다. 이러한 기간은 다음의 내용에도 동일하게 적용된다.

둘째, 임야의 경우를 살펴보자. 농지와 달리 임야에서는 어떤 행위가 필요하지 않고, 또한 도시 지역 내에 있어도 유익하다. 따라서 요건이 다른 지목보다 단순하다. 단지 임야 소재지에 주소를 두고 거주하면 된다. 다만 산림유전자원 보호림·보안림·채종림·시험림 등은 공익상 필요성으로 지주가 주소를 두지 않아도 사업용으로 인정된다.

셋째, 목장용지의 경우를 살펴보자. 목장 주위를 돌아보면 축사 주변의 악취가 심해 쉽사리 가까이하기 어렵다. 만약 이러한 축사가 도심 한가운데에 있다면 미관뿐만 아니라 그곳에서 생활하는 많은 사람에게 커다란 고통을 줄 것이다. 따라서 목장용지는 주거·상업·공업 지역 외의 지역에 소재해야 한다.

한편 중과세를 면하기 위해 엄청나게 커다란 목장에 말 한 마리만 키운다면 이 역시 불합리하게 사용한다고 볼 수 있다. 따라서 가축 한 마리당 적정 면적을 법으로 정해놓고 해당 기준 면적까지만 사업용 토지로 인정한다. 지주는 목장 소재지에 거주할 필요는 없지만 목장을 직접 운영해야 사업용으로 인정받는다.

넷째, 주택 부수토지의 경우를 살펴보자. 주택이란 상시 주거용으로 활용되는 건축물이다. 따라서 건축물에 대해서는 사업용이냐 비사업용이냐를 따질 필요 없이 당연히 사업용으로 본다. 다만 그 부수토지에 대해서는 한도를 두고, 그 면적을 초과하는 토지는 비사업용토지로 본다. 현재 주택의 바닥 면적 대비 5배(도시 지역 외곽은 10배까지)를 부수토지로 보고 있다.

다섯째, 별장 및 별장 부수토지의 경우를 살펴보자. 별장이란 외관상 주택과 동일하다. 다만 상시 주거용이 아니고 주로 휴양·피서·위락 등의 목적(다만 펜션은 사업 목적이므로 사업용)으로 사용된다는 점에서 차이가 있다. 이러한 별장은 부수토지 전체가 비사업용에 해당하며, 건물 부분도 비사업용으로 보아 중과세한다. 건물 부분이 비사업용으로 취급되는 것은 별장이 유일하다.

한편 부수토지의 경계가 불분명할 경우에는 건물 부분의 바닥 면적의 10배까지를 별장의 부수토지로 보아 비사업용 토지로 분류한다. 그 초과 부분은 별도의 비사업용 토지 판단 기준에 따라 판단한다. 하지만 다음의 요건을 모두 갖춘 시골주택은 비록 휴양 등의 목적으로 사용하더라도 별장으로 보지 않는다.

- 수도권과 광역시가 아닌 읍이나 면 지역에 소재할 것(단, 읍·면 지역이라도 도시 지역, 토지거래 허가구역, 투기 지역, 관광단지는 제외)
- 대지면적이 $660\,m^2$, 건물의 연면적이 $150\,m^2$ 이하일 것
- 건물과 부속토지의 기준시가가 1억 원 이하일 것

여섯째, 나대지의 경우를 살펴보자. 토지에 대한 재산세 과세 대상 중 종합합산과세 대상 토지가 대상이 된다. 종합합산토지란 주택을 제외한 일반 건축물 부속토지인 별도합산토지와 특정 목적으로 활용되어 저율 또는 고율의 분리과세 대상이 되는 토지를 제외한 토지로, 일반적으로 나대지나 잡종지 등이 그 범위에 해당된다.

대지와 잡종지의 경우 주로 건축물을 짓거나, 주차장 또는 물류시설 등 특정 목적에 맞게 활용해야 한다. 분류된 토지의 목적대로 사용하지 않을 경우 비사업용으로 본다. 따라서 나대지라고 해도 사업

에 적극적으로 사용하고 있는 토지는 사업용으로 인정해준다. 운동장 및 경기장 등 체육시설용 토지, 주차전용 토지, 개발사업시행자가 조성한 토지, 청소년 수련시설용 토지, 휴양시설업용 토지, 예비군 훈련장용 토지, 기타 자동차 정비 교습학원용 토지처럼 관련법에 의해 해당 목적에 적합하게 활용되는 나대지 등에 대해서는 사업용으로 사용한 것으로 인정한다.

무조건 사업용으로 보는 토지도 있다

지금까지 살펴본 바와 같이 비사업용 토지의 범위는 상당히 광범위하다. 특히 농지 등의 경우 그 보유 현황으로 볼 때 실질적으로 취득할 때부터 재촌하는 지주는 크게 많지 않다. 즉 대다수 비사업용에 해당한다. 하지만 종중(宗中)농지나 상속을 받은 농지, 아주 오래전부터 보유하고 있고 처분되지 않는 농지 등까지 비사업용으로 보아 중과세하면 심각한 조세 저항이 있을 수 있다. 따라서 일정한 사유가 있는 토지는 무조건 사업용으로 인정해준다. 즉 중과세 규정을 적용하지 않는다.

첫째, 2005년 12월 31까지 취득한 종중 소유의 농지·임야·목장용지도 무조건 사업용으로 인정받는다.

둘째, 상속으로 취득한 농지·임야·목장용지로 상속일에서 5년 이

| 표 5-1 | 무조건 사업용으로 인정되는 토지

구분	무조건 사업용 요건
농지·임야· 목장용지	① 2006년 12월 31일 이전에 상속받아서 2009년 12월 31일까지 양도 ② 8년간 사업용으로 사용하고 직계존속 또는 배우자에게 상속·증여받은 　 토지 ③ 사업인정 고시 2년 전에 취득한 토지 ④ 1986년 12월 31일 이전에 취득해서 2009년 12월 31일까지 양도
도시 지역 내의 농지	① 2005년 12월 31일 이전 취득한 종중농지 ② 상속 개시일로부터 5년 내 매도하는 농지
나대지 등	① 사업인정 고시 2년 전에 취득한 토지 ② 공장 부속토지의 인접 토지 ③ 회생경제 수행을 위해 양도하는 토지

내 양도하는 토지도 무조건 사업용 토지로 본다. 농지·임야·목장 용지만 해당되므로 나대지를 상속받는 경우에는 해당 사항이 없다.

셋째, 수용되는 토지로서 사업인정 고시일부터 최소 2년 전에 취득한 경우 사업용 토지로 본다. 상속받은 토지라면 피상속인을 기준으로 하고, 배우자와 부모 자식 간에 증여받은 토지라면 증여자를 기준으로 취득 시기를 판단한다. 즉 부친의 토지를 상속받았는데, 그 토지를 부친이 사업인정 고시일 2년 이전에 취득했다면 무조건 사업용으로 본다. 지목에 상관없이 적용된다는 점이 장점이다. 통상 택지개발예정지 구내에서 개발이 제한되기 때문에 잡종지 등으로 사용되는 토지가 많다. 이 규정이 없다면 상당수가 중과세를 면하지 못했을 것이다.

넷째, 농지·임야·목장용지를 상속 또는 증여받은 경우도 무조건 사업용으로 본다. 다만 직계존속이나 배우자가 이미 8년 이상 재촌 자경한 농지 등을 상속 또는 증여받을 때만 해당된다.

　다섯째, 오염 피해가 발생되는 지역 안의 토지로 소유자 요구에 따라 취득한 공장 인접 토지도 무조건 사업용으로 본다. 공장을 운영하면 심각한 소음이나 오폐수로 인한 악취 등이 발생할 수 있다. 이때 인접 토지의 소유자가 공장주에게 토지를 사라고 요구해 이 토지를 취득하면, 공장 확장의 계획이 없는 한 노는 땅이 된다. 그 부득이함을 인정해서 이런 경우에는 사업용으로 보는 것이다.

1분 절세 칼럼 ●●● 통상 재산세고지서상에 종합합산 대상 토지로 분류된 경우 비사업용 토지와 범위가 유사하다. 따라서 해당 토지를 매각하기 전에 현상태로 양도하는 것이 유리한지, 주택신축 판매업처럼 이를 개발해 양도하는 것이 유리한지 따져봐야 한다. 특히 배우자공제를 활용해 배우자에게 시가대로 증여하고, 5년 후에 양도하는 방안도 선택해 볼만한 옵션 중의 하나다.

증여할 때 대출을
함께 승계하면 절세할 수 있다

부동산을 증여할 때 해당 부동산에 담보된 채무를 같이 승계시키면
증여가액에서 채무를 차감해 증여세 과세가액을 계산한다.

3년 전 정년퇴직을 한 조세기 씨는 큰아들의 결혼을 앞두고 있다. 처음 아들을 장가 보내는 것이라 많이 해주고 싶지만, 경제 사정이 아주 넉넉하지 못해 항상 아들에게 미안한 마음이 든다. 그래도 마음 편하게 결혼생활을 시작할 수 있도록 집 1채는 마련 해주고 싶다는 생각에 구로구의 아파트를 아들에게 증여해주려고 한다.

아파트 등의 부동산을 증여할 때 증여 대상 아파트에 담보대출이 있거나, 소유자가 해당 아파트에 거주하지 않고 전세를 준 상태에서 증여하는 경우가 얼마든지 있을 수 있다. 담보대출이나 전세보증금 은 소유자 입장에서는 채무에 해당한다.

그런데 순전히 아파트만 증여하는 경우도 있겠지만, 일반적으로 아파트를 증여할 때는 기존 담보 대출이나 전세보증금을 함께 승계 시키게 된다.

그런데 채무승계는 사실상 대금을 받고 양도한 것과 다름없다. 증

여한 사람의 입장에서는 미리 대출을 받아서 사용했기 때문에 매매 대금을 미리 받은 것이다.

부채를 승계하면
증여세 대신 양도세가 과세된다

아파트를 증여할 때 대출 유무와 상관없이 증여는 증여다. 그럼에도 세액을 계산하는 방식은 크게 차이가 난다. 단순 증여시에는 아파트 시세를 증여재산가액으로 보고 증여세를 과세하지만, 대출끼고 증여시 아파트 시세에서 채무를 차감한 잔액을 순수한 증여가액으로 보아 증여세를 과세한다.

대신 채무승계분에 대해서는 수증자가 나중에 본인의 자금으로 변제해야 하므로 유상양도로 보고, 이에 대해서 증여자에게 양도소득세를 과세한다. 예를 들어 2억 원의 주택을 아버지가 아들에게 증여한다고 가정해보자. 이때 1억 2천만 원의 대출이 있고, 수증자가 이 대출을 승계한다면, 증여세 과세 대상이 되는 가액은 2억 원에서 대출 1억 2천만 원을 제외한 8천만 원이 된다.

반면에 대출금 1억 2천만 원은 수증자가 향후 갚아야 할 돈이므로, 이는 수증자가 증여자에게서 유상으로 취득한 것이라고 할 수 있다. 따라서 2억 원 중 8천만 원에 대해서는 수증자인 아들이 증여세를 내야 하고, 1억 2천만 원에 대해서는 아버지가 양도소득세를 내야 한다.

그런데 아버지가 해당 주택을 2년 이상 보유하고 다른 주택은 보유하지 않았다고 가정해보자. 이러한 경우에는 양도소득세가 과세되더라도 비과세 요건을 충족했기 때문에 납부할 세금은 없다. 즉 8천만 원에 대한 증여세만 납부하면 된다. 이때 증여공제 3천만 원을 적용하면 과세표준은 5천만 원이 되고, 여기에 세율과 추가 할인 10%를 계산하면 납부해야 할 세금은 450만 원이 된다. 만약 1억 5천만 원짜리 주택에 전세보증금 1억 2천만 원이 있는 주택을 이와 동일한 조건으로 증여한다고 가정하면, 증여세와 양도소득세 둘 다 과세되지 않는다.

단순 증여와 부담부 증여는
반드시 세금을 비교해야 한다

부담부 증여를 할 경우 증여세는 감소하지만, 대신 양도소득세가 과세된다. 일반적으로는 양도소득세가 증여세보다 세부담이 적다고 본다. 양도소득세는 시세차익에 과세하는 반면, 증여세는 증여가액 전체에 과세하기 때문이다. 하지만 증여가액의 크기 및 해당 자산의 보유 기간, 시세차익의 크기 등에 따라 오히려 양도소득세가 훨씬 더 커지기도 한다. 따라서 단순 증여와의 세부담 크기를 반드시 비교할 필요가 있다.

또한 부담부 증여를 통해 수증자가 채무를 승계하면 그 승계된 채무에서 발생하는 이자비용 등을 실제로 채무를 승계한 수증자가 지급하고 있는지와 향후 원금 상환시 실제로 수증자가 상환을 이행했는지를 국세청에서 관리한다. 따라서 경제적 능력이 없는 미성년자 등에게 부담부 증여시 이자 상당액을 함께 증여하든지, 전세보증금만 승계하는 방식을 택해 사후관리에 대비해야 한다.

부담부증여가 되려면 증여일 이전에 증여자가 대출을 받았거나 전세금을 수령한 상태여야 한다. 특히 대출의 경우 수증자의 신용에 따라서 승계가 어려운 경우도 발생할 수 있다.

따라서 부담부증여를 실행하기 전에 대출은행과 미리 협의해야 한다. 특히 증여자가 다주택자인 경우에는 대출승계가 오히려 전체 세부담을 늘릴 수 있다. 중과세율의 적용과 장기보유특별공제의 배제를 통해서 증여만 하는 것이 오히려 세부담이 적을 수 있다. 이런 경우에는 대출 승계없이 수증자를 여러 명으로 분산시켜 증여세율 공제를 최대한 적용받는 것이 유리해진다.

1분 절세 칼럼 ●●● 1세대 1주택에 해당하는 주택을 부담부 증여할 경우 세부담 없는 증여도 가능하다. 예를 들어 시세 5억 원인데 전세보증금이 4억 5천만 원인 아파트를 자녀에게 증여시, 전세보증금 승계 부분에 대해서는 양도소득세가 과세되는데, 1세대 1주택이므로 비과세된다. 증여재산은 보증금을 제외한 5천만 원이므로 역시 증여세는 발생하지 않는다. 이 경우처럼 부담부 증여는 양도소득세가 비과세되는 부동산, 양도차익이 별로 없는 부동산 등에 적합한 증여 방식이다.

등기 접수를 미리 해서
양도세를 줄이기

잔금을 받기 전이라도 소유권이전등기를 먼저 하면 양도일을 앞당길 수 있다.
안전장치에 들어가는 비용과 절세액을 비교해서 판단해야 한다.

조세기 씨는 내년 4월까지 집을 모두 팔기로 했다. 2채 모두 3년 이상 보유했고, 거주도 했었기 때문에 나중에 파는 1채는 당연히 양도세 비과세를 받을 것이라고 생각했다. 그래서 매매차익이 적은 아파트를 먼저 팔고, 차익이 큰 것은 나중에 팔기로 하고 부동산에 매물을 내놓았다. 다행히 2채 모두 거의 한 달의 차이를 두고 처분할 수 있었고, 먼저 양도한 집에 대해 양도소득세 신고를 했지만, 나중에 양도한 집은 비과세 된다는 생각에 신경도 쓰지 않았다. 그런데 세무서에서 나중에 판 집에 대해 세금을 신고하라고 안내문이 날아왔다. "먼저 처분한 집이 아직 등기부상 조세기 씨 소유로 되어 있어 2주택에 해당된다"라는 이해할 수 없는 내용과 함께 말이다.

부동산의 경우 양도일은 매우 중요하다. 주택에 대한 비과세나 감면 등에 대한 판단뿐만 아니라 보유 주택수를 계산할 때도 양도일을 기준으로 판단한다.

예를 들어 양도일 현재 주택이 2채라면 1주택이 아니므로 일시적 2주택 여부 또는 다주택으로서의 중과세 여부를 판단해야 한다. 집이 100채 있던 사람도, 양도일 전날까지 집을 모두 처분하고 현재 주택이 1채라면 1세대 1주택자가 된다.

잔금을 다 받아야
소유권이 넘어간다

그렇다면 양도일은 어떻게 판단할까? 가장 원칙이 되는 시점은 잔금청산일이다. 즉 잔금을 다 받은 날이 양도일이 된다. 조세기 씨의 경우도 먼저 판 주택의 잔금을 나중에 계약한 주택의 잔금보다 먼저 받았다면, 잔금이 이미 청산되었으므로 등기부상 소유권이 남아 있어도 세법상 소유자가 아니다. 결국 남아 있는 1주택에 대해 비과세 혜택을 받게 된다. 다만 잔금청산일보다 실질적인 소유권 이전일을 양도일로 판단하는 사례도 적지 않다.

첫째, 아파트 분양권을 보유하고 있다가, 실제 입주하지 않고 분양 잔금전에 전매하는 경우다. 이때 분양 잔금을 치루고 매매하는 경우와 그렇지 않은 경우의 세금 차이가 크게 발생한다.

우선 양도세의 경우 분양잔금 전에 매도시 그 분양 계약 후 보유기간이 2년 이상이며, 중과세율이 아닌 일반세율의 적용을 받게 된다. 그런데 분양잔금을 내고 주택 상태로 양도할 경우 40%의 단일세율이 적용되어, 상대적으로 거액의 양도세를 내야 한다.

또한 취득세도 적지 않다. 아파트가 완공되어 분양잔금을 치룬 경우 취득세의 납세의무가 성립되어 분양대금의 1~3%를 취득세로 내야 한다. 따라서 매도인의 입장에서는 분양잔금을 치루지 않고 매각하는 것이 세금 측면에서 유리하다.

분양 잔금은 통상 입주지정일까지 납부해야 하는데, 이를 연체시에는 연체료가 붙어간다. 따라서 분양잔금(통상 분양대금의 20%)중 일부만 미납한 상태로 유지시키고 전매하는 사례가 있을 수 있다. 이에 대해 국세청은 매매대금의 대부분이 지불된 상태라면 주택을 취득한 것이고, 주택으로서 단기보유에 대한 양도세를 중과세했다.

법원은 "총 분양대금 중 5.4%의 잔금이 청산되지 않은 상태라면 잔금청산되지 않은 것이다"라는 판례를 내놓았다. 판단컨대, 적어도 분양가의 10%가량은 남겨놓은 상태에서 분양권을 전매해야 과세관청과의 다툼소지가 없어지지 않을까 한다.

둘째, 매수인이 매도인의 양도세를 대신 부담하기로 한 계약도 골치다. 매수인이 내기로 한 양도세를 실질적인 잔금으로 보게 되면, 양도시기가 무한정 길어질 수가 있어 법적 안정성을 해치게 된다. 법령 개정에 의해 현재는 양도세를 제외한 매매계약서상의 잔금을 기준으로 판단한다.

셋째, 융자금의 승계로 매매대금 중 일부를 지급하는 경우다. 예를 들어 아파트에 3억 원의 융자가 있다고 가정해보자. 융자를 제외한 나머지 잔금은 12월에 청산하고, 융자는 다음해 1월에 승계했다. 이러한 경우 융자를 승계한 날을 잔금일로 볼 것인지, 아니면 융자를 제외한 잔금을 받았을 때를 잔금일로 볼 것인지가 문제다. 융자를 제외한 나머지 잔금을 모두 지급했지만, 잔금조로 남은 융자금을 승계해야 소유권이 넘어가게 되므로 융자승계일인 1월을 양도일로 보아야 할 것이다.

한편 토지거래 허가구역 안의 토지의 경우에는 토지거래 허가를 받아야 매매계약이 효력을 발휘하기 때문에 양도일을 잔금일이 아닌 토지거래 허가일로 본다.

대금청산일이 불분명하면
등기접수일을 양도일로 한다

부동산을 매매할 때 일반적으로 다른 부동산을 처분하고 새로운 부동산을 취득하는 경우가 많다. 이 경우 종전 부동산을 처분하면서 받은 현금 또는 수표를 통장에 입금하지 않고, 새로운 부동산 취득 자금으로 직불하는 경우가 종종 발생한다. 은행을 거치지 않게 되는 경우 사실상 대금청산일을 입증하기는 쉬운 일이 아니게 된다.

잔금을 받은 날짜를 입증할만한 객관적 자료(일반적으로는 금융자료)가 미흡하거나 불가능할 경우 소유권 이전 등기접수일을 양도일로 봐서 세법을 적용한다. 이전등기에 필요한 서류는 통상 잔금을 받아야 넘겨주고, 매수인의 입장에서도 권리 보호를 위해 잔금 치루는 날 이전등기 접수를 하므로 그날을 잔금청산일로 본다.

등기접수일이
대금청산일보다 앞설 경우

세법은 연말에 개정되어 그 다음해 1월 1일부터 적용되는 경우가 많다. 매매계약이 10월경이라고 하면, 잔금일을 내년과 올해 중 언제로 결정할 것인지 선택의 기회가 주어진다. 개정세법으로 인해서 내년이 유리해지는 경우라면 잔금 시기를 내년으로 미뤄야 하고, 불리해진다면 올해 잔금을 청산하는 것이 좋다.

예를 들어 비사업용 토지의 경우 2016년 말까지 장기보유특별공제 혜택을 전혀 받지 못했다. 2017년 1월 이후 양도분부터 장기보유특별공제 혜택을 부여했는데, 기존 보유 기간을 소급해 적용해주었으므로 장기보유자들의 경우 양도소득세를 크게 줄일 수 있는 세법 개정이었다. 이러한 개정 내용을 알고 잔금을 늦춘 사람과 그렇지 않은 사람의 세금 차이는 굳이 말로 설명할 필요가 없을 것이다.

개정세법에 의한 경우 외에도 잔금수령 시기를 조정해서 절세할 수 있는 사례를 소개한다.

우선, 올해 2개 이상의 부동산을 양도하는 경우다. 양도소득세는 1월부터 12월까지 양도한 과세 대상 물건을 합산해 세금을 매기게 된다. 따라서 2개의 물건 모두 양도차익이 발생한 경우라면, 양도 연도를 분산시켜 낮은 세율을 적용받을 수 있다.

반면에 물건 하나에서 손해가 발생한 경우라면 이익이 발생한 물건은 동일 연도에 양도해서 매매차익을 통산시킬 수 있다. 부동산이

하나인 경우에도 지분양도 또는 토지와 건물을 별도로 잔금 시기를 조정시키는 방법으로 누진세율을 피해 갈 수 있다.

부동산 계약이 된 상태에서 잔금 시기를 조정하기는 쉽지 않다. 매수인이 잔금을 지불할 현금유동성이 풍부한 경우라고 한다면 문제가 없다. 하지만 대부분 잔금 약정일에 맞춰 돈을 준비하므로 절세를 위해 잔금을 앞당기면 서로 난감해지는 것이다.

이런 경우 택할 수 있는 방법이 잔금 전에 소유권이전등기를 먼저 해주는 것이다. 잔금을 청산한 날이 명확한 경우에도 등기를 먼저 접수한 경우 그날을 양도일로 본다. 물론 잔금을 받지 못할 경우를 대비해서 근저당 설정, 전세권 설정, 전세계약서 확정일자, 민사신탁 등의 안전장치를 통해 보완해야 한다.

1분 절세 칼럼 ●●● 양도일은 비과세 여부를 판단하는 데 큰 영향을 미친다. 양도일에 따라 세금이 크게 달라지는 경우라면, 잔금일을 입증할 자료를 미리 준비해두는 것이 좋다. 가장 좋은 것은 잔금을 계좌를 통해서 받는 것이다. 잔금입금액과 입금일이 계약서상의 잔금약정액 및 날짜가 동일하다면, 100% 확실한 증빙이 된다.

골프회원권·주식 매매시
이전에 양도한 집이 없는지 확인하자

분양권 같은 부동산에 대한 권리, 콘도회원권, 피트니스회원권 등은
양도소득을 합산해 신고해야 할 과세 대상이다.

조세기 씨는 작년 초에 상가를 팔았다. 흡족할 만한 가격은 아니었지만, 사업이 어려워지다보니 가지고 있는 자산을 처분할 수밖에 없었다. 일단 양도소득세 신고를 하고 납부를 했다. 그래도 사업자금이 부족해 이번엔 골프회원권을 처분했다. 이제는 골프도 끝이구나 하는 생각에 한숨이 절로 나왔다. 그럼에도 양도세 신고는 해야 하기 때문에 역시 세금을 신고·납부했다. 그 이후 절치 부심 사업을 정상화시키기 위해서 전력을 다하고 있는데, 세무서에서 "작년에 양도한 것에 대한 세금을 더 내야 한다"라는 내용의 우편물이 도착했다.

양도소득세 신고에는 예정 신고와 확정 신고가 있다. 원래는 예정 신고를 하면 확정 신고를 하지 않아도 된다. 왜냐하면 일반적으로 예정 신고를 했을 때의 세금이 그대로 확정되기 때문이다.

하지만 양도소득세의 경우 누진세율이기 때문에 한 해에 2번 이상 양도하는 경우 세금에 변동이 있을 수 있다. 또한 자산별로 세율

이 다르다 보니 양도소득 기본공제가 적용되는 순서에 따라서도 세금이 달라질 수 있다.

예를 들어 매매차익이 1천만 원인 상가를 먼저 양도하고, 매매차익 역시 동일하게 1천만 원인 골프회원권을 그해에 양도했다고 해보자. 현재 과세표준이 1천 200만 원 이하일 때는 양도소득세율이 6%로 적용된다. 만약 각각에 대해 6%의 세율을 적용하면 상가 매매로 60만 원의 세금이, 골프회원권 매매로도 60만 원의 세금이 부과된다.

양도소득세는 1월부터 12월까지 발생하는 양도차익을 합산해 과세하도록 되어 있고, 또 자산 종류별로 합산하기 때문에 골프회원권과 부동산은 그 매매차익을 하나의 단위로 합산해 과세표준을 산정한다. 결국 두 매매차익의 합계인 2천만 원이 과세표준이 되고, 이때 적용되는 기본세율은 15%이므로 200만 원 정도의 세금이 산정된다. 세율을 각각 적용했을 때 내야 하는 세금 120만 원과 비교하면 80만 원의 차액이 발생하므로 이 차액을 추가로 내야 한다.

자산의 종류별로
합산과세한다

양도소득은 자산의 종류별로 1월 1일부터 12월 31일 사이에 발생한 양도차손익을 합산해 과세한다.

과세 대상 자산의 종류는 크게 2가지 유형으로 구분한다. 우선, 부동산과 부동산을 취득할 수 있는 권리(분양권·입주권 등), 부동산과 동일하게 취급되는 주식·골프회원권·콘도회원권·헬스회원권 등 기타 자산(이하 '부동산 등')이 있다. 여기에 해당되는 자산을 매매할 경우 1년 단위로 합산해서 양도세를 계산한다.

주식의 경우, 주식보다는 부동산으로 보는 것이 합리적인 주식들이 있다. 예를 들어 법인이 보유한 자산의 대부분이 부동산 등인 경우다. 또한 골프장·스키장·콘도미니엄 등의 휴양시설을 직접 운영하거나, 분양 또는 임대하는 것을 주업으로 하는 법인 등이 대표적이다. 이 경우 주식을 거래하지만 그 효과는 부동산을 거래하는 것과 다르지 않아서 주식이 아닌 부동산 등으로 분류해 과세한다.

그 다음으로는 일반 주식이다. 주식은 상장, 코스닥등록법인 주식, 비상장 주식 등으로 구성된다. 이러한 주식 등의 거래를 연 단위로 합산해 과세하게 된다.

그렇다면 이렇게 합산하는 까닭은 무엇일까? 그 이유는 바로 양도소득세의 기본세율이 누진구조로 이루어져 있기 때문이다. 과표가 커질수록 높은 세율의 적용을 받기 때문에 국가 입장에서는 당연히 합산해 과세하려고 할 것이다. 단, 합산기간을 매년 1월 1일부터 12월 31일까지로 못박아놓고 있기 때문에 합산으로 인한 누진율을 피하기 위해서는 양도시기를 다음해로 이전시키면 된다.

이렇게 종류별로 합산된 양도차익에 대해서 연간 각 250만 원씩의 기본공제를 적용해 과세표준을 구하게 된다. 자산별이 아닌 종류별 250만 원임을 유의해야 한다. 예를 들어 부동산을 2016년 12월에 2회, 주식을 1회 양도하고, 2017년 1월에는 주식을 1회 양도했다고 해보자. 이 경우 기본공제는 2016년 부동산과 주식에 각 250만 원의 공제를 적용해 총 500만 원이 한도가 된다.

그뿐만 아니라 부동산이 2회이므로 각각 250만 원씩 해서 500만 원이 아니라는 사실에 유의해야 한다. 또 주식의 경우 2016년 12월과 2017년 1월로 2개월 이내에 양도되었지만, 연도가 변경되었기 때문에 2017년에 새로운 250만 원이 공제된다.

자산의 종류별, 보유 기간별로 세율이 다르다

부동산 등에 대해서는 기본적으로 6~42%의 기본세율이 적용된다. 1년 미만의 단기 보유자에 대해서는 50%가 적용되고, 2년 미만의 단기 보유에 대해서는 40%가 적용된다. 단, 주택과 조합원 입주권에 대해서는 별도의 단기세율을 적용한다. 1년 미만 보유시에만 40%의 세율을 적용하며, 1년 이상 보유시 기본세율이 적용된다. 미등기 전매 행위에 대해서는 엄중하게 과세한다. 70%의 세율을 적용하며, 장기보유특별공제도 적용하지 않는다.

한편 비사업용 토지와 2주택 이상 보유자에 대해서는 특례세율을 적용한다. 우선 비사업용 토지의 경우 기본세율에 10%를 가산한 세율을 적용한다. 단, 단기 보유에 대한 세율과 비교해 둘 중에 더 큰 세금을 부과한다. 2주택 이상 보유자가 조정 대상 지역에 소재한 주택을 양도할 때 2주택자는 10%, 3주택 이상자는 20%의 특례세율을 일반세율에 추가해서 내야 한다.

이 경우에도 1년 미만의 단기 보유 후 양도시 단기 세율과 비교해 높은 세금을 매기게 된다. 예를 들어 매매차익이 1천만 원인 경우 단기 보유세율인 40%와 기본세율에 10%를 가산한 16%를 비교해 그 중 높은 40%를 가산하는 형식이다.

주식은 기본적으로 누진세율이 아니고 단일세율이다. 즉 매매차익의 크기에 상관없이 세율이 일정하다. 다만 상장 주식 등의 매매차익에 대해서는 원칙적으로 양도소득세를 과세하지 않는다. 그래서 소위 개미라고 불리는 투자자들이 주식 거래 사이트 등을 활용해 매매할 때 별도의 양도소득세를 신고·납부하지 않는 것이다.

그럼에도 개미들의 장외 거래, 대주주로 분류되는 슈퍼개미의 거래에 대해서는 10%에서 30%의 세율이 적용되므로 신고·납부해야 한다. 한편 상장되지 않는 일반비상장법인의 주식 거래에 대해서는 원칙적으로 과세된다. 우리나라에 존재하는 대부분의 법인 주식이 여기에 해당되며, 주식을 매매로 명의 변경시 반드시 양도소득세와 증권거래세를 신고해야 한다. 2015년까지 매매차익의 10%만 세부담을 했지만, 불행히도 2016년부터는 10%의 세율이 20%로 2배 상승했다.

| 표 5-2 | 부동산, 부동산에 관한 권리, 기타자산(소법§104①1,2,3,4,8,10,④3,4,⑤,⑦)

자산	구분		'04.1.1.~'08.12.31.	'09.1.1.~'09.3.15.	'09.3.16.~'13.12.31.	'14.1.1.~'17.12.31.	'18.1.1.~'3.31.	'18.4.1.~
토지·건물, 부동산에 관한 권리	보유기간	1년 미만	50%				50%	
		2년 미만	40%		40%		40%	
		2년 이상	기본세율					
	분양권		기본세율				50%	
	1세대 2주택 이상 (1주택+1조합원 입주권 포함)인 경우의 주택		기본세율 ('07년부터 50%)	기본세율 (2년 미만 단기 양도시 해당 단기양도세율 적용)				보유 기간별 세율 (단, 조정 대상 지역내⇒기본세율+10%p)
	1세대 3주택 이상 (주택+조합원 입주권 합이 3이상 포함)인 경우의 주택		60% (입주권 포함 3 이상인 경우 '06년부터 60%)	45% (1년 미만 보유시 50%)	기본세율 (단, 지정지역⇒기본세율+10%p)	보유 기간별세율 (단, 지정지역⇒기본세율+10%p)		보유 기간별 세율 (단, 조정 대상 지역내⇒기본세율+20%p)
	비사업용 토지		'07년부터 60%			보유 기간별세율 (단, 지정지역⇒기본세율+10%p)		
	미등기양도자산		70%					
	기타자산		보유 기간에 관계없이 기본세율					

* 출처 : 국세청

| 표 5-3 | 주식(소법§104①11)

구분			'15.12.31.	'16.1.1.~17.12.31.	'18.1.1.~		
대주주	중소기업	상장·비상장	10%	20%	과세표준	세율	누진공제
					3억 이하	20%	–
	중소기업 외	상장·비상장	20%		3억 초과	25%	1,500만 원
		1년 미만 보유	30%				
대주주외	중소기업	상장&장외거래 비상장	10%				
	중소기업 외	상장&장외거래 비상장	20%				

* 출처 : 국세청

| 표 5-4 | 2018년 4월 1일 이후 양도분 다주택자 중과 및 비사업용 토지 세율적용 상세내용

구분			보유 기간	세율	비고
주택 (입주권 포함)	2주택	조정 대상 지역	1년 미만	40%	中 세액 큰 것
				기본세율+10%p	
		일반지역	1년 미만	40%	(경합없음)
			2년 미만	기본세율	
	3주택	조정 대상 지역	1년 미만	40%	中 세액 큰 것
				기본세율+20%p	
		지정지역	1년 미만	40%	中 세액 큰 것
				기본세율+10%p	
			2년 미만	기본세율+10%p	(경합없음)
		일반지역	1년 미만	40%	(경합없음)
			2년 미만	기본세율	
비사업용 토지		지정지역 (2018년 1월 1일 이후 모든 지역)	1년 미만	50%	中 세액 큰 것
				비사업용토지세율 +10%p	
			2년 미만	40%	中 세액 큰 것
				비사업용토지세율 +10%p	
		일반지역	1년 미만	50%	(경합없음)
			2년 미만	40%	

* 출처 : 국세청

> **1분 절세 칼럼** ●●● 1년에 2번 이상 양도할 때는 합산과세되어 높은 세율이 적용된다. 합산되는 기간이 1월부터 12월이기 때문에 연말 양도분은 그 다음해로 양도 시기를 넘기면 합산과세를 피할 수 있다. 예를 들어 2016년 5월에 토지를 양도하고 2016년 11월경에 농지를 추가로 양도하는 경우, 잔금 지급을 2017년 1월 이후로 변경할 수 있다면 따로 따로 세금을 계산할 수 있다. 즉 누진공제 혜택을 각각에 대해서 적용할 수 있기 때문에 최대 2,100만 원가량의 세부담을 줄일 수 있다.

세금은 두 달 안에
주소지 관할 세무서에 내야 한다

계약서를 조작하다 발각되면 40%의 신고불성실가산세를 내야 하고,
단순히 신고를 하지 않은 경우에는 20%의 신고불성실가산세를 내야 한다.

조세기 씨는 세계경제 침체가 우리나라와 무슨 상관이 있는지도 잘 모르겠지만, 현실의 상황을 생각하면 한숨만 나올 뿐 대책이 없었다. 주변에서는 기다리면 상황이 나아질 거라고 하는데 기다릴 여력도 없었다. 그러던 차에 헐값으로라도 주택을 양도할 생각이 없느냐고 묻는 중개사의 전화는 위안을 주었다. 주택을 팔던 날 그나마 약간의 이익이 있었기에 양도소득세를 신고하려고 했다. 중개사의 말이 두 달 내에 신고하면 된다고 해 '천천히 해야지'라고 생각했는데, 깜박하고 두 달을 넘겨 버렸다. 조세기 씨는 가산세를 내야 하는지 조급해졌다.

부동산을 양도하면 항상 양도소득세에 대한 준비를 해야 한다. 양도소득세는 세무서에서 세금을 고지하지 않고, 부동산을 판 사람이 직접 세금을 계산해 신고·납부한다. 비록 일반인이 세금을 계산할 능력이 없더라도 일단 신고할 의무가 있다.

여기서 '일정 기한'은 부동산의 양도일이 속하는 달의 말일부터

2개월간을 의미한다. 예를 들어 아파트 잔금을 치른 날이 5월 1일이라면 잔금을 치른 날이 속한 달의 말일, 즉 5월 31일부터 2개월 후인 7월 31일까지가 신고 기한이 된다. 이를 '예정신고 기한'이라고 한다. 과거에는 예정신고기한까지 신고할 때 세액공제 혜택을 주었는데, 지금은 혜택을 주고 있지 않다.

다음해 5월 말까지
확정신고를 하면 된다

예정신고 기한이 경과하면 가산세를 내야 한다. 가산세는 2가지 종류가 있다. 계약서를 조작하는 등 적극적으로 탈세를 도모한 경우에는 40%의 신고불성실가산세를 내야 하고, 단순히 신고를 하지 않는 경우에는 20%의 가산세를 내야 한다. 납부하지 않았을 때는 연체료 성격의 가산세가 부과되며, 하루에 0.03%(연간 10.95%)의 이자를 추가로 내야 한다.

1년에 2회 이상 부동산을 매각한 경우에는 각각 예정신고를 하고, 다음 연도 5월에 2건을 합산해 확정신고를 해야 한다. 다만 두 번째 예정신고시 첫 번째 매매차익을 합산해 신고한 경우 확정신고의무는 면제된다.

양도소득세도
무이자로 나누어낸다

만약 납부해야 할 양도소득세가 1천만 원이 넘는다면 일시에 납부하기는 어려울 수 있다. 그래서 무이자로 나누어낼 수 있는 규정을 두고 있다. 세법에서는 이를 분납이라고 하는데, 2개월을 분납 기간으로 두고 있다.

이때 납부할 세금이 2천만 원이 되지 않으면 1천만 원 초과분에 대해서 분납이 가능하고, 2천만 원을 초과하는 경우에는 절반을 분납할 수 있다.

예를 들어 예정신고할 산출세액이 1,500만 원이고, 양도일이 3월이라고 하면 1천만 원은 5월 말까지 내고, 나머지 500만 원은 2개월 후인 7월 말까지 내면 된다. 또한 예정신고할 산출세액이 5천만 원일 경우에 2,500만 원은 5월 말에 내고, 나머지 절반은 7월 말까지 내면 된다.

이때 주의할 점은 분납할 수 있는 세금은 양도소득세이지, 지방소득세는 아니라는 것이다. 양도소득세에는 10%의 지방소득세가 붙는다. 이 세금은 관할 구청에서 걷는데, 분납이 되지 않고 일시에 납부해야 한다. 따라서 이 경우 5월 말까지 5천만 원의 10%인 지방소득세 500만 원을 납부해야 한다.

실거래가로 신고하기 때문에
계약서는 필수다

양도소득세를 신고할 때 기본이 되는 서류는 곧 세금을 계산하기 위한 자료이다. 가장 기본적인 것이 계약서다. 실거래가 신고가 모든 부동산의 양도에 대해 적용되기 때문에 취득 당시 계약서와 양도 시점의 계약서는 필수다.

　계약서를 통해 취득금액과 양도금액을 확인했으면 부수적으로 그 부동산을 취득하기 위해 들어간 비용이 없는지를 확인해보아야 한다. 가장 기본적으로 취득세, 등록세, 채권 할인액, 법무사 수수료 영수증 등을 확인한다. 경매로 부동산을 취득했다면 경매 컨설팅에 대한 보수도 취득 관련 비용으로 인정받을 수 있다. 또한 중개사에게 지불한 중개 수수료도 비용으로 인정받는다.

　취득한 뒤에는 부동산의 가치를 증가시키는 비용이 없었는지 검토해야 한다. 보일러가 낡아서 보일러를 교체하거나, 베란다를 확장하거나, 건물 외벽을 대리석으로 바꾸거나, 건물의 가치를 증가시키기 위해 기타 비용을 지출했다면 이를 자본적 지출로 보아서 양도소득에서 공제할 수 있다.

　마지막으로 양도에 들어간 비용도 검토한다. 중개사에 위임했다면 중개사 수수료 영수증, 부동산을 높은 가격으로 판매하기 위해 의뢰한 종합 컨설팅 비용 등이 양도를 위한 비용에 포함된다. 그렇다면 이들 비용을 입증할 수 있는 서류로는 무엇이 있을까?

가장 대표적인 것이 세금계산서다. 이것이 없다면 입금증, 현금영수증, 기타 수령한 사람의 주민등록번호, 사업자등록번호 등과 대금을 지급한 날짜 및 어떤 명목으로 지급되었는지를 확인할 수 있는 서류라면 모두 입증서류가 될 수 있다. 그래도 가장 중요한 것은 무통장 입금증이다. 세금계산서 등이 없더라도 누구에게 돈을 지급했고, 그 돈이 어떤 명목으로 지급되었는지 서류로 증명할 수 있다면 가장 확실한 입증서류가 될 것이다.

다만 2016년부터 부동산의 가치를 증가시킨 자본적 지출에 대해서는 신용카드 영수증, 현금 영수증, 세금계산서 같은 정규 증빙이 없는 경우 비용으로 인정하지 않는다.

1분 절세 칼럼 ●●● 분납하는 경우 별도의 이자 부담 없이 두 달이라는 기간 동안 자금을 활용할 수 있다. 다만 이를 신고시 별도로 표기해서 신고해야 가산세 없이 시간을 벌 수 있다. 특히 거액의 양도소득세를 납부해야 할 경우에 자금의 압박을 받는다면, 실제 두 달 이후에 납부하지 못하더라도 분납 신청은 무조건 해놓는 것이 유리하다.

증여는 일종의 부동산 처분이다. 다만 대가를 별도로 받지 않는 소유권의 이전으로, 유상으로 소유권이 이전되는 양도와는 다르다. 그렇지만 증여 역시 양도 및 상속 등 해당 부동산에 향후 발생할 수 있는 과세 행위와 직간접적으로 묶여 있다. 결국 증여를 할지 말지는 단순히 증여세 규모만으로 판단할 것이 아니다. 향후 수증자가 그 자산을 양도하거나 재증여·상속 등의 예정된 행위를 할 때의 세금도 검토해야 한다. 또한 증여자가 증여한 재산으로 인해 향후 얻는 상속세의 절세, 증여한 재산을 증여하지 않고 양도할 때 또는 증여한 재산을 회수할 때 등의 세금까지 비교·검토해 향후 10년 이상을 내다보는 계획을 짠 후 접근해야 한다.

6장

부동산을 증여할 때
꼭 알아야 할
절세 비법

증여세의 과세 대상 재산가액은
이렇게 계산한다

증여세는 증여받는 사람이 얻는 이익에 대해 과세하는데,
증여가액 전체가 수증자의 이익이 되기 때문에 모두 과세 대상이 된다.

올해로 직장생활 3년차인 조세기 씨는 여자친구와 결혼하기로 했다. 하지만 직장생
활 3년 동안 성실히 모은 월급만으로는 서울 시내에 전세 아파트 1채도 마련하기 어
려운 현실이 서글펐다. 결국 어쩔 수 없이 부모님의 도움을 받기로 했고, 부모님은 조
세기 씨 명의로 서울 노원구에 있는 시가 3억 원 상당의 아파트 1채를 구입했다. 직
장생활을 한 후로 재테크와 세금에 관심이 생겨 관련 서적을 많이 읽었던 조세기 씨
는 부모님이 자녀명의로 주택을 구입하는 경우 증여세 문제가 발생할 수도 있겠다고
생각했다.

양도소득세는 매매차익에 과세하는 세금이다. 따라서 아무리 큰 금
액을 받고 부동산 등을 양도했더라도 구입할 때보다 높은 금액으로
팔지 않았다면 매매차익이 발생하지 않았으므로 양도소득세는 내
지 않아도 된다.

하지만 증여는 무상으로 재산을 받는 것이므로 증여받는 재산가

액 전체를 증여받는 사람(수증자)의 이익으로 본다. 따라서 증여받는 재산 전체가 증여세 과세 대상이 된다.

떠안은 빚은 제외하고 증여재산을 계산한다

부채를 승계하는 조건부의 증여계약에 의해서 증여를 받게 될 때, 부채를 떠안는 부분은 무상이 아니다. 이 경우 증여받는 재산의 가액에서 채무를 차감해 순수하게 증여받은 금액이 얼마인지를 계산한다. 여기서 채무는 증여받은 재산에 담보된 채무를 말하는데, 대표적인 사례가 아파트 담보대출이다.

　이러한 아파트를 증여받으면 아파트의 가액이 증여받은 가액이 되지만, 담보대출 승계분은 증여받은 사람이 나중에 갚아야 할 빚이다. 실제 무상으로 이전되는 재산은 아파트가액에서 담보대출을 차감한 금액으로 보아야 한다. 담보대출 외에 전세보증금 역시 나중에 증여받은 사람이 세입자에게 돌려주어야 하는 채무에 속하므로 증여재산가액에서 차감이 가능하다. 따라서 빚을 넘기는 조건으로 증여계약을 체결할 경우 증여세는 줄일 수 있다. 조세기 씨처럼 본인 명의로 주택을 구입하는 경우 대출은 최고의 자금출처 입증자료에 해당된다.

10년 이내에 또 증여받으면
합산과세

증여세는 수증자를 기준으로 과세된다. 따라서 세금은 누구한테 받았는지에 따라서 증여건별로 계산하게 된다. 다만 10년 동안 동일인에게서 증여받은 금액은 합산해서 과세표준을 산정한다. 예를 들어 증여일 직전 10년 이내에 동일인에게서 증여받은 재산이 있다면, 현재 증여받은 재산에 과거 10년 이내에 증여받은 재산을 합산해 증여세를 신고해야 한다.

만약 부친에게 1억 원을 증여받고 같은 날 삼촌에게 1억 원을 증여받은 경우에는 부친과 삼촌이 동일인이 아니므로 이를 합산하지 않고 건별로 신고한다. 다만 10년 이내에 부친에게 또다시 2억 원을 받았다면, 이를 기존에 부친에게 증여받은 1억 원과 합산과세한다. 부친은 아니지만, 모친에게 받은 재산은 부친에게 받은 재산과 합산해 과세한다. 부모에게 각각 증여받음으로써 누진공제 혜택을 보려는 것을 막기 위함이다.

결국 사례의 경우에 추가로 모친에게서 5천만 원을 증여받았다면, 부친에게서 받은 총 3억 원의 현금과 모친에게서 받은 5천만 원을 합한 3억 5천만 원이 증여재산이 되고 이를 기준으로 증여공제 등을 적용하게 된다.

다만 현재 증여받은 재산가액과 과거 10년 이내에 동일인한테 증여받은 재산가액의 합계액이 1천만 원을 넘지 않으면, 과거에 증여받은 재산은 합산하지 않고 현재 증여받은 재산에 대해서만 증여세를 신고·납부하면 된다.

생활비로 받은 돈은 증여세가 비과세된다

재산을 무상으로 얻으면 증여세가 과세되어야 하나 예외도 있다. 대표적인 것이 생활비다. 거액의 금전이더라도 생활비로 사용된 경우에는 증여세를 비과세한다.

예를 들어 매월 1천만 원씩 배우자에게 받아서 그 돈을 생활비로 모두 지출했다고 해보자. 1년으로 따지면 1억 2천만 원이나 되는 큰 돈이다. 이 경우에도 배우자가 피부양자에 해당하고 생활비로 지출된 경우라면 과세되지 않는다.

문제는 배우자가 그 돈을 미래를 위해서 저축하는 경우다. 이때는 생활비로 지출되지 않고 별도의 재산으로 형성되고 있는 상태이므로 증여에 해당한다. 즉 증여세를 면하려면 생활비든, 소비재의 지출이든 남는 돈 없이 전액 지출해야 한다. 남은 돈을 저축을 하거나 부동산 등을 취득하려면 수증자의 명의가 아닌 증여자의 명의로 해야 한다.

한편 국가나 지방자치단체한테서 증여받은 재산에 대해서도 증여세를 과세하지 않는다. 또한 사회통념상 인정되는 이재민 구호금

품이나 치료비도 마찬가지다. 자녀가 부모님에게서 학자금·기념품·
축의금·부의금 등을 받는 경우에도 증여세를 과세하지 않는다.

수증자가 장애인인 경우 5억 원까지는 증여세를 과세하지 않는
다. 다만 실질적인 장애인에게 귀속되는 것을 보장하기 위해서 신탁
제도를 활용해야 한다. 증여인은 장애인을 수익자로 지정해 증여일
부터 약 3개월 이내에 신탁업자에게 신탁계약하고, 신탁 기간은 장
애인의 사망시까지로 지정되어야 한다.

이 외에도 장애인 자녀를 수익자로 하는 보험 상품도 증여세를
면제받으면서 안정적인 소득원을 마련해줄 수 있는 좋은 방법이다.
이때 연간 4천만 원까지 자녀가 받는 보험금에 대해 증여세가 비과
세된다.

1분 절세 칼럼 ●●● 최근의 증여는 단순히 재산을 물려주는 차원보다는 가족
전체의 세부담 경감을 위해 진행되는 경우가 많다. 즉 미래의 상속세 절세 또는
미래의 양도소득세 절세 등을 목표로 해서 지금 당장 큰돈을 증여세로 내고 진행하는
것이다. 결국 증여도 일종의 미래를 위한 투자 성격이 강하며, 투자수익율이 시장수익
율보다 크다면 진행을 검토해볼 만하다.

배우자에게는 6억 원까지
세금 없이 준다

10년 이내에 동일인으로부터 증여받은 재산이 있다면 이를 합산하는 것처럼
증여공제 역시 과거 10년 이내의 공제 내역을 합산해 한도를 판단한다.

조세기 씨는 직장생활을 그만두고 사업을 준비하고 있다. 직장생활을 하는 동안 모
아 놓은 자금과 퇴직금을 합해 사업자금을 마련했는데, 계획보다 사업 규모가 커져서
추가로 자금이 필요하다. 마침 배우자인 세무순 씨가 뜻밖의 선물을 준비했다. "여보,
당신 몰래 파출부 알바를 10년동안 해서 10억 원을 모았어요. 이 돈은 당신이 필요할
때 가져다 써요"

　동일인에게서 10년 이내에 증여받은 재산가액과 현재 증여 재산
을 합산하고 여기서 승계1채무를 차감하면 증여세 과세가액이 된
다. 이 금액에서 증여공제를 차감하면 증여세 과세표준이 된다. 그
런데 증여공제는 누구에게서 증여받는가에 따라 공제액이 다르다
는 점을 유의해야 한다.

증여세 과세표준,
이렇게 계산한다

부동산 등의 재산을 배우자에게서 증여받는 경우에는 6억 원의 증여공제가 차감된다. 그렇기 때문에 배우자한테서 6억 원이 넘지 않는 재산을 증여받을 경우에는 증여세가 없다.

그런데 증여공제는 매번 증여를 받을 때마다 다시 새롭게 공제를 적용하지 않는다. 즉 6억 원은 10년간 공제받을 수 있는 총액이라고 보면 된다.

예를 들어 1년 전에 배우자에게서 5억 원을 증여받고 현재 3억 원을 추가로 증여받는 경우, 1년 전에 증여받은 5억 원의 재산에 대해서는 증여공제 범위 내에 있기 때문에 증여세가 과세되지 않는다. 하지만 추가 증여분인 3억 원에 대해서는 증여세가 과세된다. 왜냐하면 10년간 배우자에게서 받은 재산은 합산되어 공제 범위를 초과하기 때문이다.

따라서 새롭게 받은 3억 원과 기존에 받은 5억 원을 합한 8억 원을 증여재산으로 보고 여기에 배우자 간 공제 6억 원을 적용하면, 그 초과액이 2억 원이 되는데 바로 이 금액이 증여세 과세표준이 되는 것이다.

가까운 사람에게 받을수록
증여공제가 유리하다

직계존속이나 직계비속에게서 재산을 증여받으면 5천만 원의 증여
공제가 적용된다. 이 역시 10년간 누적해서 증여세 없이 줄 수 있는
재산이 5천만 원이라는 의미다. 한편 미성년자가 직계존비속에게서
증여받을 경우에는 2천만 원까지만 증여공제를 받을 수 있다.

배우자나 직계존비속도 아닌 기타의 친족에게서 증여를 받으면
10년간 증여공제를 적용받을 수 있는 금액이 1천만 원으로 줄어든
다. 또한 기타 친족이 아닌 타인에게서 증여받는 경우 증여공제액은
0원이다. 특히 비거주자가 수증자인 경우 비록 배우자인 경우에도
증여공제를 전혀 받지 못하므로 시민권자, 재외국민 등에게 증여시
유의해야 한다.

증여세는
3개월 이내에 신고해야 한다

증여세 과세표준은 증여재산가액에서 증여공제를 차감해 계산하는
데, 여기에 세율을 곱하면 증여세가 계산된다. 증여세는 수증자가
납부·신고해야 하는 세금이다.

증여세를 신고하지 않으면 국세청에서 세무조사를 통해 고지한

다. 신고는 증여받은 달의 말일부터 3개월 이내에 해야 한다. 이렇게 자진신고하면 산출된 증여세의 3%를 할인받는다. 세금 할인 혜택을 받기 위해서는 신고만으로 족하기 때문에 세금 납부는 하지 않았어도 신고를 했다면 할인이 적용된다.

1분 절세 칼럼 ●●● 증여세는 수증자와 증여자별로 계산한다. 따라서 여러 명 한테서 나누어 증여를 받을 경우 절세가 가능하다. 예를 들어 형에게 2억 원을 증여받은 경우와 형에게 1억 원, 삼촌에게 1억 원을 각각 증여받은 경우에는 각각 세금을 얼마나 부담해야 하는지 살펴보자. 한 명의 형에게 증여받은 경우 증여공제 후 20%의 세율을 적용하면 증여세가 2,900만 원 정도 산정된다. 반면에 형과 삼촌에게 각각 받은 경우에는 증여세를 각각 계산하고, 과세표준은 1억 원 이하이기 때문에 10%의 세율이 적용되어 산출세액은 1,950만 원이 된다. 무려 1천만 원가량의 세금이 차이가 난다.

아버지와 아들, 할아버지와 손자는 각각 5천만 원씩 비과세된다

증여공제 5천만 원! 적을 수도 있는 공제액이지만,
그 활용도에 따라서 집 한채는 사줄 수 있는 돈이 된다.

조세기 씨 부부가 신혼 살림을 차렸을 때의 일이다. 그 당시 조세기 씨의 부모는 상
당한 재력가였기 때문에 조세기에게 강남에 있는 아파트를 1채 사주었다. 그때 조세
기 씨의 나이가 29살이었는데, 증여세 조사로 상당히 많은 증여세를 냈다. 그날의 기
억을 항상 머릿속에 기억하고 있었던 조세기 씨는 어떻게 하면 내 자식에게 증여세
없이 아파트를 사줄수 있을지 고민을 시작했다.

과거에는 부모가 자녀에게 세금 없이 줄 수 있는 돈의 한도는 3천
만 원이었다. 그나마 배우자에게 줄 수 있는 한도는 6억 원까지 늘
어났지만, 자녀에 대해서는 사회적 분위기 때문에 수십 년 동안 증
액된 적이 없다. 최근 정부는 그동안의 물가상승률 등을 감안해 공
제수준을 현실화한다는 취지로 2014년부터 공제한도를 3천만 원에
서 5천만 원으로 증액했다.

비율로 따지면 1.6배정도 올라간 것이다. 직계비속이 직계존속

| 표 6-1 | 2014년에 개정된 증여재산 공제

종전			2016년 이후		
□ 증여재산 공제금액			□ 증여재산 공제금액 인상		
증여자	수증자		공제액	증여자	수증자		공제액
직계	직계	성년	3천만 원	직계	직계	성년	5천만 원
존속	비속	미성년	1,500만 원	존속	비속	미성년	2천만 원
직계	직계존속		3천만 원	직계	직계존속		5천만 원
비속				비속			

에게 증여할 수 있는 공제한도도 늘어났다. 그 적용 시기는 2016년 1월 이후 증여분부터다. 미성년자에 대한 증여공제액도 종전 1,500만 원에서 2천만 원으로 증액되었다.

국세청의 PCI 시스템(재산 증가 소비지출액 대비 신고소득 분석 시스템) 및 STR 또는 CTR 같은 의심 거래 또는 현금 거래 보고제도의 활성화로 인해서 자녀에 대한 증여는 장기간 동안 계획적이고 체계적으로 이루어져야 한다. 무턱대고 자녀에게 한꺼번에 증여한 후 과세 당국의 눈을 피하기를 바라는 것은 점차 요원한 일이 될 것이다. 그런 차원에서 자녀에 대한 증여공제액은 가장 기본적으로 챙겨야 할 아이템이라고 볼 수 있다.

또한 정부의 부동산대책에서 가장 커다란 타격을 입게 되는 다주택자의 경우 자녀공제를 활용한 주택 증여도 숙고할 사안이다. 다주택자에 대한 중과세 제도로 인해 양도소득세율이 인상된다. 따라서 주택의 양도시에는 해당 주택을 증여할 때의 증여세와 비교해볼 필요성이 생기게 된다. 다주택자의 양도소득세율은 최고 62%(과표구간 5억 원 초과로서 3주택 이상인 경우)를 예정하고 있다. 여기에 주민세 10%를 추가하게 되면, 무려 68.2%가 된다. 이에 반해 증여세율은 과세표준이 30억 원을 초과할 때 50%의 최고세율이 적용된다. 물론 주민세도 없다.

예를 들어 3주택자가 2억 원에 취득한 아파트를 10년 보유 후 5억 원에 양도한다고 가정해보자. 3주택 중과세 이전이라면 주민세 포함 6,500만 원가량의 양도소득세가 산정된다. 개정되는 소득세율 및 탄력세율이 적용되고, 장기보유특별공제가 배제된 이후의 세금은 아마도 충격적일 것이다. 주민세 포함 1억 7천만 원가량으로 2.6배 정도나 세부담이 증가하기 때문이다.

만약 해당 주택을 양도하지 않고 증여할 경우에는 7,400만 원의 증여세가 발생한다. 따라서 해당 양도소득세를 내고 현금을 자녀에게 증여해 자녀로 하여금 동일한 주택을 구입하게 하느니, 차라리 증여세를 자녀에게 부담시키고 주택을 증여하는 것이 실익이 크다.

자녀는 해당 주택에 2년 이상 거주하면 양도소득세 비과세도 가능하기 때문에 굳이 비싸게 증여할 필요도 없다. 시가 중 최저가로 증여해 증여세를 절세하는 것도 가능하다. 이러한 증여시 증여공제 5천만 원은 적지 않은 혜택이 된다.

또한 자녀와 그들의 배우자에게 공동으로 증여해 저율의 세율을 적용받게 하는 것도 또 다른 절세 방안이 된다. 증여세의 세율은 누진세율이고, 자녀와 그 배우자에게 나누어 증여하면 과세표준이 둘로 쪼개져 낮은 세율이 적용되기 때문이다. 손자녀의 경우에는 증여 공제의 범위 내에서 공동명의로 넣어주는 것도 효과적인 방안이다.

1분 절세 칼럼 ●●● 극단적인 예로 일단 자녀의 출생시점부터 증여를 개시해야 한다. 이 경우 성년이 될 때까지 20년동안 총 4천만 원을 증여할 수 있고, 이후 30세가 될 때까지 9천만 원을 증여하게 된다. 따라서 통상적인 자녀의 혼인시점까지는 1억 4천만 원 정도를 현금 증여할 수 있게 된다. 게다가 원금을 장기적으로 복리 운용했다면, 실제 자녀가 해당 자금을 활용하게 되는 시점, 예를 들어 전세자금을 지불해야 하는 시점에는 3억 원(이자율 5%가정)가량의 합법적인 자금이 마련된다.

부모 부동산을 공짜로 쓰면
증여세를 내야 한다

특수 관계자 간에는 경제적 이해에 관계없이 무상임대가 이루어지곤 한다.
하지만 이에 대해서는 증여가 이루어진 것으로 보아 증여세를 과세한다.

의사인 조세기 씨는 수년간 근무한 대학 병원을 퇴직하고 개인 병원을 개원하려고 한다. 병원을 개원할 자리를 여러 군데 알아보고 다녔지만 마음에 와닿는 곳을 찾기가 쉽지 않았다. 그러던 중 아버지가 소유한 상가의 세입자가 폐업하는 상황이 벌어졌다. 어디서 개원할지 고민하던 조세기 씨는 만만치 않은 월세부담을 없앨 겸 아버지의 상가에서 개원하는 것이 어떨지 생각해보았다. 결국 아버지에게 개원자금을 보조받는 대신 아버지 소유의 상가에서 개원하기로 결정하고, 아버지의 동의를 얻어 진료를 시작했다.

조세기 씨는 원래 수억 원에 해당하는 개원자금의 일부를 아버지에게서 보조받기로 했으나, 그 대신 월세를 내지 않고 아버지 소유의 상가에서 병원을 운영하는 것으로 아버지와 합의했다. 금액 차이를 정확하게 계산하기는 힘들지만 어쨌든 개원자금을 보조받는 경우나, 월세를 면제받는 경우나 아버지에게서 금전적 이익을 증여받는다는 점은 동일할 것이다.

아버지 부동산을
공짜로 사용하면 증여다

개원자금을 목돈으로 한번에 받으면 증여세가 과세된다는 점은 쉽게 알 수 있다. 목돈을 받아 보증금을 내고 월세를 납부할 것을 생각하면, 해당 월세를 내지 않아도 된다는 것도 증여와 다름없다고 본다.

이처럼 거래의 형식 등에도 불구하고 경제적 가치를 계산할 수 있는 유·무형의 재산을 무상으로 이전받은 경우 증여로 보아 과세된다. 조세기 씨의 경우 실제로 금전을 받지는 않았지만 아버지에게서 부동산을 무상으로 사용할 수 있는 이익을 얻었기 때문에 세법 규정에 따라 증여세가 과세된다.

무상으로 사용시
세법에 따라 증여가액을 계산한다

다른 사람이 소유한 부동산을 공짜로 사용할 경우라도 부동산 소유자가 본인의 가족과 같은 특수 관계자가 아니라면 증여로 보지 않는다. 아무 관계도 없는 사람이 부동산을 사용하는 경우에는 무언가 다른 경제적인 이해 관계가 있기 때문이다. 하지만 둘 사이가 특수 관계자라면 증여로 본다.

이때 얼마를 증여받은 것으로 볼 것인지는 다음과 같이 계산한다.

먼저 부동산을 무상으로 사용해서 매년 얻는 이익은 '부동산가액×일정률(연 2%)'로 계산한다. 부동산가액은 상속세 및 증여세법에 따른 평가 방법으로 계산하는데 상가의 경우 통상 기준시가로 평가되며, 고가 오피스텔의 경우 국세청에서 고시한 기준시가가 부동산가액이 된다.

결국 일반적인 경우 '기준시가×2%'가 1년간의 부동산 무상 사용에 대한 이익이라고 할 수 있다. 통상 상가임대차 기간이 5년인 것을 감안해, 5년간의 부동산 무상 사용 이익을 현재가치(이자율10%)로 환산해 계산된 이익을 증여받은 것으로 보고 증여세를 과세한다.

다만 이렇게 해서 계산된 금액이 1억 원 이상인 경우에만 증여세를 과세한다. 또한 실제 무상으로 사용한 기간이 5년보다 줄어든 경우에는 이미 납부한 증여세를 일수로 계산해서 돌려달라고 청구할 수도 있다.

5년간의 무상이익이 1억 원이 넘으려면 연간 2천만 원 이상의 임대료가 계산되어야 한다. 이를 기준시가로 환산하면 10억 원가량의 부동산이 해당된다. 상업용 부동산의 경우 기준시가가 시가의 50% 수준에서 결정된다. 결론적으로 부친이 보유한 시가 약 20억 원 정도 이하의 상가에서 월세 없이 무상으로 지내더라도 증여세는 과세되지 않는다.

다만 이 경우에도 부친에게는 연간 기준시가의 1.6%의 임대료가 발생한 것으로 보고 부가가치세와 소득세가 과세된다. 어차피 부친에게 소득세가 과세된다고 하면, 부친과 세법상 적정임대료를 적용해 세금계산서를 수수하는 것이 가족 전체의 세금에는 유리할 수 있다. 기준시가가 10억 원이면 연간 적정임대료가 1,600만 원에 불과하고, 이를 아들이 병원에서 비용 처리할 수 있으므로 오히려 이익이 된다.

부모에게 돈을 빌릴 때 무이자가 오히려 편하다

원칙적으로 부모와 자식 간의 금전 거래에 대해서는 증여로 추정한다. 즉 부모가 자녀에게 돈을 빌려줄 때는 자녀에 대한 증여로 이것을 반환할 때는 부모에 대한 증여로 추정한다는 것이다.

하지만 실질적인 금전 대차 관계, 즉 대출약정의 내용과 이자 수수 및 원금의 반환이 계좌거래 내역을 통해서 객관적으로 나타나는 경우 부모 자식 간에도 돈을 빌려주는 것을 인정받을 수 있다. 따라서 증여가 아닌 대차거래의 경우 금융계좌를 통한 거래가 거의 필수적인 요건이라고 생각해야 한다.

이자에 대해서도 고민이 필요한 부분이다. 이자를 받기로 했다면 얼마나 받을지 검토해야 한다. 부모 자식 간에 돈을 빌려줄 때 세법상 정해진 이자율은 4.6%다. 그러나 현실적으로 이자를 수취하기로 약정한 순간, 배보다 배꼽이 커지는 상황이 발생하게 된다. 이자를 받게 되면 이자의 27.5%를 소득세로 내야 한다. 이 경우 실질적으로 국가에 내는 세금은 원금의 1,265%(= 4.6%×27.5%)가 된다.

만약 무이자로 빌려준 경우에는 다음의 금액을 과세가액으로 계산해 증여세가 부과된다.

- 증여재산 = 대출원금×4.6%
- 증여세 산출세액 = 증여재산 – 증여공제

단, 계산된 증여재산이 연간 1천만 원 이상인 경우만 과세된다. 4.6%를 적용해 연간 1천만 원이 되려면 원금이 2억 1천만 원가량 된다. 즉 연간 2억 원까지는 무상으로 빌려주어도 별도의 증여세 가 부과되지 않는다. 특히 10년간 증여한 적이 없다면 부모 자식 간 의 증여공제 5천만 원을 활용할 수 있다. 증여재산이 5천만 원이 되 기 위한 원금은 무려 10억 원이다. 10억 원을 1년간 무상으로 빌려 주어도 증여공제의 범위이기 때문에 증여세가 과세되지 않는다.

다만 1년을 초과할 경우에는 공제 범위를 벗어나므로 위의 산식에 따라서 증여세가 과세된다. 즉 이자를 받는 경우보다 받지 않는 것이 차라리 세부담이 적다.

▌**1분 절세 칼럼** ●●● 특수 관계자의 부동산을 무상으로 사용하거나, 금전을 무이자 또는 낮은 이자로 빌려 쓰면 증여세가 과세될 수 있다. 부동산을 무상으로 임대차하는 경우라면, 차라리 세법상 적정임대료를 수수하고 임대하는 것이 유리하고, 돈을 빌리는 경우라고 한다면 차라리 무이자로 빌려주는 것이 유리하다.

현금으로 증여하기,
이제는 빠져나갈 틈이 없다

자녀에게 증여할 때 기존에 가장 흔하게 사용하는 비법이 현금증여다.
과세관청이 이를 알지 못하기 때문에 활용한다는데, 과연 그럴까?

한남동에 사는 조세기 씨는 2년 전에 거액의 토지 보상을 받았다. 그에게는 자녀가
3명 있었는데, 이미 주택을 1채씩 가지고 있었다. 다만 대출을 받아서 구매한 상태라
서 매월 이자와 원금을 내는 것이 부담스러운 상황이었다. 조세기 씨는 증여세를 피
하기 위해 은행에서 거액의 현금을 분할해서 찾아놓았다가 자녀에게 현금으로 주었
고, 자녀는 해당 현금을 받아서 대출을 상환했다.

국세청은 2013년 11월 14일부터 FIU(Korea Financial Intelligence Unit,
KoFIU, 금융정보분석원)가 STR과 CTR에 의해서 축적한 정보를 탈세
혐의 확인을 위한 세무조사와 체납자에 대한 징수업무에 사용하기
시작했다.

STR이란 금융 회사가 불법재산·자금세탁 등 의심이 있는 경우
에 이를 FIU에 의무적으로 보고하는 제도다. 종전에는 원화 1천만
원, 미화 5천 달러 이상인 경우가 STR의 보고 대상이었다. 그러나

2016년부터 금액 제한이 없어졌다. 즉 1천만 원 미만의 소액을 분할 입금한 경우에도 자금 세탁 등의 의심 거래로 보고될 수 있다. 금융 회사 창구 직원의 주관적이고 전문적인 판단에 기초한 형태의 보고이며, 현금 거래뿐만 아니라 모든 형태의 의심스러운 금융 거래가 보고 대상이다.

CTR은 금융 회사가 하루 동안 입금하거나 인출한 현금 거래액 합계가 2천만 원 이상인 고객이 있다면 그 사실을 FIU에 보고하는 제도다. 현금 거래만 대상이 되며, 현금으로 인출 또는 입금하는 사유를 확인하고 보고한다.

그동안 과세당국은 이렇게 축적된 정보들을 조세범칙 사건의 조사와 관련된 혐의를 확인하기 위한 세무조사에만 제한적으로 사용할 수 있었다. 그러나 현재는 탈세혐의자에 대한 사전 세무조사와 고의적으로 거액의 세금을 체납하는 조세 체납자에 대한 징수업무 등에 해당 정보를 활용할 수 있게 되었다. 또한 국세청은 PCI시스템, 성실 신고제도 기준 금액 인하 등 과세 인프라를 넓고 정밀하게 확충하고 있다.

조세기 씨의 사례처럼 현금으로 자녀의 부채를 대신 상환해주는 경우는 증여에 해당한다. 과거에는 과세관청이 이를 확인하려면 조세기 씨에 대한 상속세 조사를 실시해 확인하거나, 이마저도 현금증여 시점이 10년이 경과된 상태라면 확인하기 어려웠다. 조세기 씨도 이러한 기억 때문에 현금을 자녀에게 주려고 했을 수도 있다. 그러나 이제는 국세청이 FIU로부터 조세기 씨 및 자녀의 현금 거래자료를 받아서 조세기 씨 가족의 증여 혐의를 손쉽게 입증할 수 있다. 또한 자녀에 대한 재산 증가 방식 분석을 통해서 출처 소명을 요청할 수도 있다.

증여했다가 다시 돌려받으면
증여세를 2번 낸다

증여세 신고기한이 지난 후에 증여재산을 반환하는 경우
반환에 대해서는 증여세를 과세하지 않지만, 원래 증여에 대해서는 과세한다.

조세기 씨는 십 수년간 직장생활을 하며 받은 급여를 잘 모아 주택 2채를 소유하고
있다. 그런데 최근 종합부동산세 과세 대상이 인별 합산으로 바뀌었다는 소식에 1채
를 부인 명의로 해 보유세를 줄여야겠다고 생각했다. 곧바로 1채를 부인 명의로 명의
이전을 하고 취득세와 함께 증여세를 신고·납부하려 했다. 그런데 명의 이전에 따른
세금이 종합부동산세 추가부담액보다 훨씬 더 크다는 사실을 발견하고 증여를 취소
하기로 마음먹었다. 조세기 씨는 증여 취소로 증여가 처음부터 없었던 것이나 다름없
어졌으니 증여세부담은 전혀 고려하고 있지 않았다.

증여세의 신고 기한은 증여일이 속한 달의 말일부터 3개월까지다.
하지만 사정상 증여 후 증여재산을 다시 회수하는 경우도 있다. 증
여한 부동산을 다시 반환받았다면 애초부터 주지 않은 것이나 다름
없지만, 그 회수 시점에 따라서 증여세가 과세될 수 있다.

증여한 재산을
다시 돌려받으면 과세될까?

당초의 증여가 무효화될 수 있는지 여부에 대해 세법에서는 특별히 기한을 정해 사례별로 규정하고 있다. 따라서 민법상 증여재산 반환과는 그 효력에 대해 해석을 달리하고 있다.

우선 증여받은 재산을 증여세 신고 기한 내에 다시 반환하는 경우다. 이때는 반환하는 행위 및 원래의 증여에 대해서도 본래부터 없었던 것으로 보아 증여세를 전혀 과세하지 않는다. 단, 반환 전에 증여세를 조사 결정받은 경우에는 당초 증여에 대해 증여세가 과세된다. 또한 이미 납부한 취득세에 대해서도 재산 반환과는 무관하게 돌려주지 않는다.

다음으로 증여세 신고 기한이 지난 후 3개월 이내에 증여재산을 반환하는 경우다. 이때 증여재산의 반환에 대해서는 증여세를 과세하지 않지만, 최초 증여에 대해서는 증여세를 과세한다.

마지막으로 증여일이 속하는 달의 말일부터 6개월이 넘어서 반환하는 경우다. 즉 증여세 신고 기한으로부터 3개월이 경과해 재산을 반환하는 사례다. 증여세는 납세자가 증여일이 속한 달의 말일로부터 3개월 이내에 자진신고를 하면 그 신고 기한으로부터 3개월 이내에 세무서에서 세액을 결정하게 되어 있다.

증여 후 증여세 결정 기한을 경과해 증여재산을 반환할 경우에는 최초의 증여는 물론 반환에 대해서도 증여로 보아 증여세를 과세한다. 결국 증여받은 날로부터 대략 6개월 남짓의 기간이 지난 후 증여받은 재산을 반환하면 당초 증여한 것과 돌려주는 것에 대해 각각 증여세를 내야 한다.

증여재산이 금전일 경우에는 무조건 과세된다

한편 신고 기한 또는 결정 기한 내에 반환했을 경우 반환 행위 또는 최초 증여 행위에 대해 증여세 과세를 하지 않는 것은 그 증여재산이 금전일 때는 적용되지 않는다. 즉 금전을 증여한 후 동일한 금액을 신고 기한 내에 반환했다 하더라도 별도의 금전거래가 아니라면, 최초 증여와 반환에 대해 각각 증여세가 과세된다. 부동산의 경우 동일성이 유지되어 반환을 인정하지만, 금전의 경우 이전 시점에 즉시 소비되기 때문에 반환되는 것은 새로운 금전으로 본다.

| 표 6-2 | 증여 후 반환하는 시기에 따른 증여세 과세 여부

반환 시기		당초 증여한 경우	반환한 경우
증여세 신고 기한 이내에 반환한 경우		증여세 없음	증여세 없음
증여세 신고 기한 경과 후에 반환한 경우	신고 기한으로부터 3개월 이내에 반환한 경우	증여세 있음	증여세 없음
	신고 기한으로부터 3개월 이후에 반환한 경우	증여세 있음	증여세 있음

부동산 수요 억제 대책에 따른
양도세중과 회피를 위한 증여

다주택자에 대한 양도소득세 중과세 시행으로 인해 증여의 필요성이 대두되고 있다. 특히 배우자 상호 간 각각 6억 원씩에 대해서는 증여세가 과세되지 않고, 취득세를 5% 정도만 부담하면 명의 이전이 가능하다. 따라서 5년 이상 장기투자주택의 경우 배우자공제를 활용해서 양도가액에 대응하는 증여취득가액을 올려놓을 필요가 있다.

임대주택 중 양도소득세 감면 대상이 되는 것은 과거 2000년대 초반에 분양받은 신규 임대주택, 공공 임대주택 등이 있다. 인위적으로 현재 시점에 택할 수 있는 대안은 아니다. 부부간 증여는 취득세만으로 5년 이후 양도시 거액의 양도차익을 소멸시킬 수 있는 효율적인 대안이 된다.

1분 절세 칼럼 ●●● 부동산 등의 자산을 증여했다가 그 행위를 일정 기한 내에 취소하는 경우 당초의 증여에 대해서는 증여세 문제가 발생하지 않는다. 하지만 현금의 경우 주었다가 다시 되돌려 받아도 그 각각을 증여로 본다. 현금은 그 사용과 소비가 시간의 소요를 필요로 하지 않기 때문이다. 따라서 금전을 주고받을 때 증여세 과세대상이 되지 않기 위해서는 반드시 차용증에 대금과 이자의 수반에 대한 약정이 필요하고, 이를 뒷받침할 금융자료를 준비해두어야 한다.

할아버지가 손자에게
종중 땅을 증여하면 좋아할까?

지방에 소재한 농지등을 활용 수익을 얻는 것은 상당히 요원하다. 특히 종중 땅은
대규모 개발사업이 진행되는 경우를 제외하고, 평생 본인 명의의 땅으로 소유해야 한다.

조세기 씨는 경남에 거주하고 있다. 조씨 집안의 가장 큰 어른이다. 종중 소유의 위토
와 임야는 조세기 씨의 명의로 되어 있고, 적장손인 아들에게 물려주어야 한다. 물려
주어야 할 땅은 많은데, 미리 줬다가 변변치 못한 아들이 사업 실패라도 하면 큰 낭
패라, 문중 땅을 넘겨주지 못하고 있다. 그나마 다행인 것은 이제 고등학교 3학년인
장손이 전교 1등을 하고 있다는 것이다. 아들보다는 차라리 손자에게 증여를 할까 고
민하다가 배우자에게 고민을 털어놓았다. 아내는 강남의 아파트에 투자한 주변 친구
들의 돈자랑에 배가 아프던 참이었다. "여보, 차라리 강남에 있는 아파트를 장손에게
줍시다. 요즘 강남 아파트가 최고라던데." 강남에 있는 아파트라면, 1채에 20억 원이
훌쩍 넘는 부동산이다. 아내의 조언에 실망한 조세기 씨는 절친인 세무사를 찾아가
고민을 털어놓았다.

손자녀에게 증여할 경우 가장 흔한 방식이 현금 증여다. 10년에 한
번씩 증여해서 20살이 될 때까지 4천만 원을 증여하고, 20살 이후에
추가로 3천만 원을 증여하고, 30살이 될 때 5천만 원을 증여해서 결

혼 자금으로 1억 2천만 원의 종자돈이 되는 것이 이론상 증여공제를 최대한 활용한 방식이다.

하지만 실제 현금을 증여하는 것은 가장 가성비가 떨어지는 행위다. 오죽하면 금전으로 상속받을 때 해당 금액의 20%를 상속공제해주겠는가.

현금이 아니라면 부동산을 증여할 수도 있다

부동산도 종류가 다양하다. 가장 친숙한 아파트부터 땅, 상가 건물, 오피스텔 등이 있다. 이중에서 어떤 것이 손자녀에게 유리할까?

아파트를 보자

아파트는 주택이다. 아파트를 증여하는 순간, 손자녀의 부모가 보유한 주택수와 합산되어 다주택자가 된다. 즉 다주택자로서의 양도소득세 중과세, 종부세 중과세를 적용받게 된다.

가장 안 좋은 점은 아파트의 경우 시세로 증여해야 한다는 것이다. 이는 현금을 증여하는 것과 다를 바 없다. 그나마 현금은 상속공제 혜택이라도 있지만 아파트는 전혀 없다.

현금보다 좋은 점은 향후 미래가치의 상승률이다. 과거 수십년간의 시세 상승 추이를 볼 때 전국 중에서는 서울, 그 중에서도 투기지역 내의 아파트들이 의미있는 숫자를 보여주고 있다. 하지만 최근의 가격 폭등은 과연 수십년 후에도 유사한 가격 상승을 기대할 수 있을지에 대한 의문을 가지게 한다.

이처럼 향후 불확실한 미래가치를 위해서 아파트를 증여할 경우 거액의 증여세부담을 져야 한다. 특히 조부에게 증여받는 경우 증여세 할증 과세(1.3배)도 문제다. 그나마 이를 납부하기 위한 대출을 받을 수 있으면 그나마 다행이다. 하지만 최근의 대출 규제로 소득 없는 자의 주택담보대출은 불가능하다. 결국 증여세를 납부하기 위한 추가적인 증여가 필요하다. 전세 낀 증여의 경우도 장래에 손자녀의 실입주시 자금출처를 위한 추가 증여가 필요하다는 점에서 비슷한 문제를 가지게 된다.

결국 소득이 없는 상태에서 아파트를 증여받는 것은 다주택 중과세, 보유세의 중과, 각종 공과금 등에 대한 증여 이후의 추가적 문제를 유발하기 때문에 예상치 못한 갈등의 원인이 될 수도 있다.

임야나 농지 등의 땅은 어떨까?

서두에서 언급한 바와 같이 지방의 인구 감소와 수도권 인구 집중 현상에 의해 지방의 경우 대규모 개발사업은 기대하기 어렵다. 즉 수도권 외곽지역의 땅을 증여할 경우 손자가 다시 그들의 손자에게 물려주는 부동산이 될 수 있다. 살아 생전에 그 땅을 활용해 수익을 창출할 수 없다면, 굳이 증여세를 내면서까지 증여하는 행위는 실익이 없다.

차라리 상속을 통해서 부모 세대의 8년 자경 기간을 가져오고, 비사업용 토지로부터 제외될 수 있는 예외 규정 등을 활용하는 것이 더 유리하다.

상가건물은 어떨까?

상가건물은 그나마 증여로 인한 가성비가 존재하는 부동산이다. 일단 월세 수익이 발생한다. 또한 시가를 반영하지 못하는 기준시가로 증여할 수 있는 여지가 아직까지 있다. 현 정부들어서 기준시가를 시가에 맞게 현실화시킨다고 하지만 한계는 존재할 수밖에 없다.

월세 수익이 발생하기 때문에 상가건물의 소유에 따른 소득세와 부가가치세, 재산세 등을 감당할 수 있고, 대출을 추가로 받아서 증여세를 납부할 재원을 마련할 수도 있다. 또한 일시적으로 부족한 자금의 출처로도 활용할 수 있다. 게다가 이자 등 유지비를 내고 남는 돈을 저축해서 미래의 자금의 출처로 활용할 수도 있다.

어린 손자녀에게 건물의 수익금을 귀속시키는 것이 마음에 걸린다고 증여자의 명의로 통장 관리를 할 경우 추가적인 증여세 문제가 발생한다. 그렇기 때문에 손자녀의 명의로 금융재산을 관리해야 한다. 민사신탁을 활용해 수익자는 손자녀이지만 운영 및 처분에 대한 권한을 조부에 유보시키는 것도 가능하다. 즉 명의는 손자녀로 되어 있지만 손자녀가 의사 결정을 할 수 있는 나이가 될 때까지 상가건물의 운영과 처분에 대한 권한을 증여자의 의사에 따라 본인 또는 제3자에게 위임할 수 있다.

상가건물의 증여시 가장 커다란 세금상의 이익은 매각시 발생하는 시세차익을 증여세 없이 가져갈 수 있다는 점이다. 비록 매각의 경우 양도세가 발생하지만, 양도하지 않으면 양도세는 없다. 상가건물을 수십 년 후에 상속한다고 생각해보자. 매각에도 불구하고 그동안의 보유 이익 또는 개발 이익의 50%를 상속세로 부담해야 한다.

이처럼 상가건물은 단점보다는 장점이 많은 증여 대상이다. 문제는 가성비 좋은 상가건물은 운좋은 소수만이 보유하고 있다는 것이다. 손자녀에게 증여하기 위해 거액의 상가건물을 새롭게 취득하기는 사실상 어렵다.

오피스텔은 어떨까?

오피스텔은 주거와 업무가 동시에 가능한 부동산이다. 최근의 오피스텔은 업무보다는 주거에 치중해 설계 및 시공된다. 따라서 거의 주거용으로 보고 판단해야 한다.

오피스텔이 아파트와 다른 점은 투자용이 아닌 수익용이라는 점이다. 즉 당초 투자한 원금은 보전 가능하지만, 아파트와 같은 가격 상승을 바라기에는 무리가 있다. 물론 최상의 입지를 갖춘 오피스텔이라면 가격 상승을 기대할 수도 있지만, 투자용보다는 수익용으로 접근하는 것이 마음 편하다. 또한 오피스텔은 아파트보다 저렴하다.

주거용 오피스텔이 아파트와 집단 상가보다 유리한 장점은 다음과 같다. 첫째, 아파트보다 저렴하고 대출 규제가 덜하다는 점이다. 그래서 상대적으로 소액으로 구입하는 것이 가능하다. 둘째, 월세

수입을 통해서 향후 손자녀의 자금출처 대비 및 학자금지원이 가능하다. 셋째, 집단 상가보다 공실의 위험이 덜하다. 또한 별도의 관리사무소가 있어서 세입자들의 주거 민원으로부터 자유롭다. 넷째, 아파트는 시가로 증여하지만, 오피스텔은 시가가 아닌 기준시가로 증여가 가능하다.

물론 단점도 존재한다. 주거용 오피스텔의 단점은 다음과 같다. 첫째, 입지가 뒷받침이 되지 않는 한 투자수익을 기대하기가 어렵다. 둘째, 주택임대사업자 등록 등 신경써야 하는 부분들이 있다. 특히 주거용인 경우 주택수에 들어간다. 이미 주택이 있는 경우 해당 오피스텔을 주택임대사업자로 등록하지 않는 한 거주주택을 양도할 때 주택수에 산입되고, 당해 오피스텔의 양도시에도 중과세율이 적용된다. 또한 조정 대상 지역에서 2018년 9월 14일 이후에 추가로 오피스텔을 취득하는 경우에 비록 임대주택으로 등록한다고 하더라도 양도세가 중과되고, 종부세 산정시에도 주택수에 포함되어 과세된다.

오피스텔과 유사한 생활형 숙박시설은 어떨까?

이는 레지던스라는 명칭으로 분양되고 있는데, 오피스텔과는 다음과 같은 차이점이 있다.

첫째, 업무용 시설로 재산세가 과세된다. 오피스텔은 준주택으로 장기임대주택 등으로 등록할 수 있지만, 레지던스는 장기임대주택 등으로 구청에 등록할 수 없다. 즉 업무시설로 분류되고 별도 합산과세 대상이 되어 재산세를 납부하게 된다. 따라서 주택으로서의 종부세 합산 문제 등이 발생하지 않는다.

둘째, 주거용 오피스텔의 경우 주거전용으로 사용할 경우 신규 분양자들은 취득세가 85% 감면된다. 레지던스는 감면 규정이 없다. 다만 분양 계약시 부담한 부가가치세를 환급받을 수 있다.

셋째, 개인이 주거용으로 레지던스를 장기로 임대할 경우 주택이 된다. 따라서 숙박시설로 위탁운영할 수 있는 운영사업자에게 운영을 맡겨야만 주택이 아닌 업무시설로 인정받게 되고, 부가가치세 환급도 유지할 수 있다.

1분 절세 칼럼 ●●● 다주택의 중과세가 유지되는 상황에서 증여에 최적화된 부동산은 주택수에 포함되지 않는 수익용 부동산이라고 볼 수 있다. 수익용 부동산 취득시 소득이 없는 자녀 또는 배우자를 활용해 종합소득세를 절세하면, 향후 수증자의 확실한 자금출처를 만들어줄 수 있다.

아파트 증여시에는 시가로,
토지 증여시에는 기준시가로 한다

아파트는 시가로 증여재산을 평가한다.
토지 등 기타 부동산은 기준시가로 증여재산을 평가한다.

이번에 거액의 토지 보상금을 수령한 조세기 씨는 토지 보상금을 자녀들에게 증여해주고 싶었다. 수령한 보상금을 현금으로 증여할 수도 있지만 "부동산으로 증여하면 세금을 더 줄일 수 있다"라는 이야기를 주변에서 들은 적이 있어, 일단 아파트나 토지 등 자녀들이 원하는 부동산을 구입한 후에 자녀들에게 그 부동산을 증여하기로 했다. 그런데 왜 현금이 아닌 부동산으로 증여하면 유리하다는 건지 솔직히 잘 모르겠고, 납득할 수도 없었다.

동일 가치의 부동산이어도 부동산의 종류에 따라서 증여세가 달라진다는 것은 우리나라의 시가 과세 시스템이 부동산에 대해서는 아직 완벽하게 작동하지 않는다는 반증이다. 역설적으로 생각해보면 아직까지는 합법적인 테두리 안에서 재산 평가 방식을 활용해 증여세를 절세할 수 있다는 뜻이 된다.

시가를 대체할 수 있는
평가 방식이 있다

해당 재산이 거래되는 시장에서 시가를 쉽게 확인할 수 있지만 시세가 정확한 시장 가치를 반영한다고 보기 어렵다. 주변에서 '호가만 있을 뿐 거래는 일어나지 않는다'라는 표현을 접하고는 하는데 대부분의 시세는 거래를 원하는 사람들의 희망 가격일 뿐이다. 실제 그 가액으로 거래가 발생할지는 도장을 찍기 전까지 알 수 없다.

최근 부동산의 경우 부동산 실거래가 신고 등을 통해서 국가 기관이 시세 자료를 관리하고 있으며, 단독주택 등에 대한 거래 사례가 축적되고 있다. 하지만 개별성 때문에 아직까지 단독주택의 시세를 정확히 파악하는 것은 쉽지 않다.

현재 증여세를 매기기 위한 재산평가 방식은 다음과 같다. 우선 시가다. 증여일 전 6개월부터 증여일 후 3개월까지(상속은 상속일 전후 6개월) 기간 내에 그 재산 또는 유사재산을 매매한 사실이 있거나, 2개 이상의 감정평가 기관이 감정한 감정가액이 있는 경우, 수용·공매 사실이 있는 경우에는 그 매매가액이나 감정가액의 평균과 수용·공매가액을 시가로 본다. 또한 증여일 후 9개월(상속은 15개월) 이내에 위와 같은 매매사례가액 등이 있는 경우에도 이를 시가로 본다. 이러한 시가가 확인되지 않는 경우에 한해 기준시가 등 보충적인 평가법을 적용해 가격을 매긴다.

평가 기준은
달라질 수 있다

토지의 경우에는 개별공시지가, 아파트·연립 등의 공동주택은 공동주택 공시가격, 단독·다가구주택은 개별주택 공시가격을 기준시가로 정한다. 상가나 오피스텔의 경우도 국세청에서 가액이 공시된 경우에는 공시된 가격을 기준시가로 본다. 공시되지 않은 건축물은 신축년도·구조·용도 등을 고려해 세법에서 정한 방법에 따라 기준시가를 계산한다.

기준시가는 과거의 자료를 근거해 산정하기 때문에 시세보다 저평가된 경우가 대부분이다. 따라서 수증자의 입장에서 볼 때 기준시가로 재산을 평가해서 증여세를 낼 수 있다면, 시세보다 낮은 금액을 기준으로 세금을 낼 수 있으므로 절세에 유리하다. 현재까지의 실거래가 누적 현황 등을 비추어 볼 때, 아파트와 같이 거래 사례가 빈번하고, 비교할 수 있는 매물이 많은 경우에는 실제 거래시세로 평가를 해야 한다.

농지·임야·상가·오피스텔·나대지 등과 같은 부동산은 기준시가로 증여재산을 평가할 수 있다. 물론 시가로 인정되는 기간의 범위 내에서 비교할 만한 사례가 발생한 경우는 기준시가를 적용하기 곤란하다.

같은 아파트 단지의 동일한 평수라도 조망권·일조권·층수 등에 따라 가치가 모두 다르기 때문에 시가의 인정 범위에 대해서는 여러 가지 논란이 많다. 그럼에도 동일평형 중 최저가를 기준으로 의사 결정을 해야 그나마 문제의 소지가 적어진다.

다만 임대용 부동산은 한 가지 더 고려해야 한다. 다음과 같은 월세 환산액으로 평가한 부동산의 가치가 시세 또는 기준시가보다 더 클 경우 그 월세 환산액을 평가액으로 본다.

월세 환산평가액 = 임대보증금 + (연간 월세 합계÷12%)

근저당 등이 설정된 재산은 증여 기준일 또는 상속 기준일부터 평가 대상 기간 내에 감정평가된 사례가 있는지 확인하고, 평가액이 있다면 감정평가액을 시가로 검토해야 한다. 또한 담보로 빌린 차입금이 재산의 시가 또는 기준시가보다 더 큰 경우에는 해당 차입금액을 평가액으로 본다. 다만 담보차입금보다 설정된 채권 최고액이 더 적은 경우에는 채권 최고액을 평가 기준금액으로 해 시가 등과 비교한다.

증여를 고려할 때 아파트는 시가로 평가하고, 토지 등 기타 부동산은 시가 또는 기준시가로 평가할 수 있다. 증여의 목적에 따라서 시가로 신고해야 유리할 수도 있고, 기준시가로 신고하는 것이 유리할 수도 있다.

특히 부동산을 취득 후 2년 이내 증여할 때는 각별한 주의를 요한다. 비록 증여일 3개월 이전의 거래이지만, 취득 후 2년 동안 특별히 시세 변동의 사유가 발생하지 않는 경우 2년 전의 시가를 기준시가 대신 평가액으로 보아 과세할 수 있기 때문이다. 따라서 임야·농지 등의 증여시 취득 후 2년은 경과한 후에 증여해야 낮은 기준시가로 증여할 수 있다.

1분 절세 칼럼 ●●● 아파트의 거래 사례는 인터넷을 통해 조회할 수 있다. 문제는 증여하려는 부동산과 비슷한 사례인지, 또는 그 발표 시기가 증여 시점에서 전후 3개월 이내에 있어 증여세 신고시 활용할 수 있는지가 불분명하다는 것이다. 이때 활용할 수 있는 방법은 증여 시점에 감정평가를 하는 것이다. 당해 물건에 대한 감정가액이기 때문에 누구도 부인할 수 없는 시가가 된다.

자녀에게 빌딩을
증여하는 비법

부모가 자신의 부동산을 자녀에게 증여하는 경우에는
자녀의 자금출처, 종합소득세, 상속세 등을 종합적으로 검토해야 한다.

조세기 씨는 친구인 조성우 씨가 빌라를 신축해 큰돈을 버는 것을 보니 배가 아파졌다. 당장 부친에게 달려가 부친이 보유한 빌딩 중에 1채를 달라고 조르기 시작했다. 부친은 강남과 용산에 빌딩이 10채가 있었는데, 그 중에 1채만 요구했기 때문에 세금에 대한 걱정은 없다고 생각했다. 꼬마빌딩 열풍 시대에 조세기 씨는 부친한테서 빌딩을 세부담 없이 증여받을 수 있을까?

자녀에게 부동산을 증여할 때 가장 걱정되는 부분은 증여받고 나서 변할지에 대한 우려다. 그 문제는 이 책에서 다룰 부분은 아니므로 생략하기로 한다. 여기에서는 증여에서 그 다음으로 걱정되는 부분인 세금 문제를 본격적으로 다루어보려고 한다. 하지만 역설적이게도 세금 때문에 증여를 해야 한다.

자녀에게 증여하면
양도소득세가 절세된다

자녀에게 시골에 보유한 토지를 증여한다고 가정하자. 토지의 취득은 20년 전이고, 토지의 현재 가치는 2억 원이다. 이 경우의 증여와 양도의 세금을 각각 살펴보자.

우선 증여하지 않고, 아버지가 직접 2억 원에 토지를 양도하는 경우다. 20년 전이면 실제 취득가액은 거의 없을 것이고, 게다가 시골에 보유한 토지의 경우 비사업용 토지인 경우가 대부분이다. 이 경우 일반세율에 10%의 탄력세율이 추가되므로 장기보유특별공제 적용 후 과세표준에 45%의 세율이 적용되어 약 5천만 원 정도의 양도소득세가 발생하게 된다.

하지만 자녀에게 증여하고 양도할 경우 2억 원에 대한 증여세 20%(약 2,200만 원)와 증여 이후 가치 상승분에 대한 양도소득세를 부담하게 된다. 결국 부친이 보유한 기간에 대한 시세차익을 자녀의 증여세로 충당하는 셈이다.

단, 이러한 효과는 자녀가 수증한 후 5년이 경과한 뒤 양도할 때 성립된다. 자녀가 5년 이내에 양도시 양도가액 2억 원에서 부친의 취득원가와 자녀가 납부한 증여세를 차감한 잔액을 양도차익으로 양도소득세를 계산해 납부해야 한다. 즉 2억 원에 대한 증여세를 내고 토지를 취득했지만 취득가액을 2억 원으로 인정받지 못하게 되는 것이다.

또 하나의 사례를 보자. 2채의 주택을 가지고 있고, 이 중 대형주택을 양도하려고 한다. 이때 소형주택을 양도시 양도소득세가 1억 원이고, 소형주택을 먼저 팔게 되면 대형주택은 1세대 1주택으로서 비과세가 된다. 만약 비과세 요건을 갖추지 못한 상태에서 대형주택을 양도시 거액의 양도소득세가 발생한다.

이때 소형주택을 세대분리가 가능한 자녀에게 증여해보자. 시세 5억 원가량의 주택이라면, 자녀에게 증여시 거의 1억 원의 증여세가 나오게 되는데 해당 소형주택의 양도소득세가 이보다 더 크다면 증여를 하는 것이 유리해진다.

비록 증여세가 좀더 많다고 하더라도 전체적인 세부담은 줄어든다. 대형주택의 양도세 절세를 위해서 급매로 손해보고 소형주택을 부랴부랴 파느니, 저가로 자녀에게 증여하고 1세대 1주택 비과세 요건을 충족해 대형주택을 양도하는 것이 전체적인 세부담을 줄여준다는 차원에서 유리하다.

자녀에게 증여하면 상속세와 종합소득세를 줄인다

이 사례에서 중요한 것은 부동산의 가치 상승분이 증여 시점 이후부터는 자녀에게 귀속된다는 점이다. 이로 인해 부친의 상속재산의 평가액을 줄이게 된다. 만약 부친이 계속 보유하고 있었다면 매년의 지가상승분, 또는 아파트가격 상승분이 모두 아버지에게 귀속되어 거액의 상속재산을 형성하게 된다.

미리 증여한 뒤 10년이 경과된다면 미리 증여한 부동산은 상속재산에서 제외된다. 10년 이내에 상속이 이루어진 경우라도 증여 시점에 신고한 가격으로 합산되므로 증여 이후의 시세차익은 상속재산에서 제외되는 효과가 발생한다.

한편 증여재산이 부친의 임대용 부동산이라면 자녀에게 증여하여 부친의 임대소득세를 줄이게 된다. 임대소득의 경우 근로소득 또는 사업소득 등과 합산하게 된다. 따라서 부친이 고액 연봉자 또는 중소기업의 대표라면 이미 높은 종합소득세율의 적용을 받고 있을 것이다.

만약 이때 사회초년생인 자녀에게 임대소득을 귀속시키면 연간 최대 2천만 원가량의 세금을 줄일 수 있게 된다. 물론 증여 시점에는 비록 취득세와 증여세가 투입되지만 멀리 봐야 한다. 향후 발생하는 절세 효과를 현재가치로 환산한다면 이는 결코 손해 보는 장사가 아니다.

자녀에게 증여하면
자금출처를 마련해줄 수 있다

수증 받은 이후에 부동산은 자녀의 명의다. 즉 부동산의 가치 상승분을 자녀가 합법적으로 소유할 수 있다. 이후 부동산을 처분할 경우 그 처분가액에서 양도소득세 등을 차감하면 자녀가 세무서에 떳떳하게 내세울 수 있는 자금출처가 된다.

다만 여기서 꼭 주의해야 할 사항이 있다. 만약 증여한 부동산의 매각자금을 부친이 관리하기 위해 부친의 명의로 통장에 입금한 경우 그동안의 수고가 물거품이 될 수 있다. 거액의 증여세를 내고 자녀에게 부동산을 증여했지만 부친의 통장에 매각자금이 입금되는 순간, 자녀가 매각대금을 부친에게 증여한 것으로 볼 수 있기 때문이다.

따라서 매각대금은 자녀 명의의 통장에서 관리되어야 한다. 자녀가 마음대로 처분하지 못하게 하기 위해서는 연금 보험 등 제3자의 동의가 필요한 금융상품 등으로 이를 제한하면 된다. 민사신탁을 활용하는 것도 가능하다.

합법적인 자금출처가 있는 경우 2차 증여가 가능하다. 부모와 자식 간에는 매매가 불가능하지만, 자녀의 자금출처가 있을 때는 매매로 인정받을 수 있다. 따라서 현재 시세보다 세법상 평가액이 저가인 상가나, 토지, 오피스텔 등을 부모와 자식 간의 매매로 소유권이전을 가능하게 할 수 있다.

예를 들어 10억 원짜리 상가를 기준시가인 6억 원에 매매할 수 있다면 부친은 양도소득세를 절세할 수 있어서 좋고, 자녀는 고가의 부동산을 저렴하게 매입할 수 있어서 좋다.

특히 상가에 담보대출과 임대보증금이 있는 경우 자녀가 이를 승계하고 매매가격과의 차액에 대해서만 부친에게 지급하면 된다. 합법적인 자금출처가 소액이어도 접근할 수 있는 방법이다.

아파트처럼 시세가 확인되는 부동산은 시세와 현저히 차이 나게 거래할 경우 추가적인 증여세가 발생하지만, 상가 등은 시세를 확인하기 어려워 기준시가가 시세로 인정된다.

자녀에게 빌딩은
이렇게 증여하면 된다

부친이 자녀에게 빌딩을 증여하는 방법은 다음과 같이 크게 3가지로 구분된다.

첫째, 부친의 토지 위에 자녀가 건물을 신축하는 방법이다. 즉 건물의 소유는 자녀가 되고, 토지의 소유는 부친이 되는 것이다. 이때 자녀는 부친에게 토지에 대한 임대료를 지급해야 하고, 건물의 임대료는 자녀에게 귀속된다. 절세의 포인트는 토지임대료보다 건물의 임대료가 현저히 클 수 있다는 데 있다. 토지임대료는 세법에서 정한 임대료이고, 건물의 임대료는 시가이다. 그렇기 때문에 차이로 인해 여러 가지 절세 효과가 발생한다. 자녀는 임대료로 형성된 자금출처로 향후 부친에게서 토지를 매입해 궁극적으로 빌딩을 증여받는다.

둘째, 부친과 자녀가 공동으로 빌딩을 구매하는 방법이다. 역시 부친은 토지를 취득하고 자녀는 건물을 취득해 임대소득을 실질적으로 자녀에게 귀속시킨다. 이후는 동일하다.

셋째, 이미 부친이 빌딩을 보유한 경우다. 이때 건물만 자녀에게 먼저 증여한다. 건물의 가치는 기준시가로 산정되기 때문에 저가로 증여할 수 있다. 이후 부친과 토지임대차 계약을 체결하고, 건물분 임대차 계약을 자녀명의로 갱신한다. 자녀는 축적된 소득원으로 부친의 토지를 매입한다.

1분 절세 칼럼 ●●● 자녀에게 증여하는 3가지 방법 모두 임대소득을 분산해 종합소득세를 절세하고, 자녀의 자금출처를 확보해 부친의 토지를 매매 방식으로 인수하는 것이 주요 포인트다. 그러나 가장 큰 절세 포인트는 부친의 향후 상속재산의 규모를 줄이게 된다는 것이다. 거액 자산가에게 상속재산 1억 원은 세금으로 환산시 5천만 원에 해당한다.

소규모 수익용 부동산,
누구 명의로 투자할 것인가?

명의를 누구로 할 것인지에 따라서
월세에 대한 소득세의 크기가 달라지게 된다.

조세기 씨는 잘아는 세무사의 조언대로, 부산에 레지던스를 10개 사기로 했다. 한 개당 1억 5천만 원이라고 하니, 대출을 1억 원씩 받고 취득하면, 5억 원이라는 현금이 들어가게 된다. 대출이자가 3.5%이고, 월세가 개당 60만 원이 나오니까 이자를 제하면, 월 31만 원씩 수익이 발생하게 된다. 10개를 전부 장손한테 몰아주면 월 300만 원가량의 순수한 현금이 발생하게 되고, 이 돈을 어린 장손에게 주면 사람을 망칠 수 있으니 조세기 씨가 본인 통장에 저축해서 보관했다가 나중에 결혼할 때 줄 생각이다. 그런데 문뜩 '손자명의로 직접 분양받으면 왜 안될까' 하는 의문이 들었다. 조세기 씨가 분양받았다가 손자에게 증여하면, 취득세도 한 번 더 내야 하고, 환급받은 부가가치세도 다시 내야 하는 건 아닌가 하는 우려가 들었다.

증여를 할 때 현금은 그 자체가 증여재산으로서 평가액이 된다. 부동산의 경우 증여 전 3개월, 증여 후 9개월간의 거래사례가액, 감정가액이 있는 경우 그 거래사례가액 등을 평가액으로 본다. 또한 당해 부동산 취득 후 2년 이내에 증여할 경우 취득가액이 최소한의 평가액이 된다.

이러한 평가액이 없는 시점에 증여를 할 경우 시세가 아닌 기준 시가등으로 평가해 증여할 기회가 주어진다. 부담부 증여 방식으로 진행할 경우 간혹 증여세가 전혀 없이 증여하는 것도 가능해진다.

조세기 씨의 경우도 본인의 명의로 취득해 사업자 등록을 하고 2년 후에 장손에게 증여할 때는 시가가 없는 경우에 해당한다.

따라서 동일 건물의 연접한 물건의 거래 사례만 없다면, 기준시가로 증여할 수 있다. 통상 수익용 부동산의 경우 거래 사례를 찾기가 어려우므로 기준시가와 임대료를 기준으로 계산한 세법상의 시가 중 큰 금액으로 평가한다.

만약 레지던스의 대출을 승계하는 방식으로 증여한다고 해보자. 채무를 낀 증여로서 부담부 증여 방식이다. 이때 채무승계 부분은 양도소득세가 과세된다. 레지던스의 기준시가가 1억 원이라고 하면, 채무승계액 1억 원에 대해서는 양도세가 과세되고, 채무승계액을 초과하는 증여재산 평가액에 대해서는 증여세가 과세된다.

그러나 채무를 초과하는 평가액이 없으므로 증여세는 과세되지 않는다. 다만 양도소득세는 과세되는데, 수익용 부동산의 경우 2년 간의 기준시가 상승률이 그리 크지는 않을 것이라 발생할 세법상 양도차익도 미비할 것으로 추정된다. 따라서 양도세는 거의 발생하지 않을 것이다. 즉 이론적으로는 10개의 레지던스를 취득세만 부담하고 장손한테 증여할 수 있는 것이다.

월세 규모에 따라
세부담이 달라진다

소규모 수익용 부동산에 있어서 가장 큰 부담은 담보 대출로 인한 이자비용이다. 만약 자금 여력이 있어 대출이 없는 경우라면 종합소득세만 부담하면 된다. 똑같이 월세를 60만 원 받아도 누가 받느냐에 따라서 세후 수익률이 크게 달라진다.

예를 들어 고액 연봉자가 월세를 받는 경우 해당 월세에 대해서는 근로소득과 합산 과세된다. 따라서 높은 종합소득세율이 적용되어 실질적인 세후 수익이 크게 떨어진다.

조세기 씨의 사례와 같이 한 개당 월 60만 원의 월세 수입을 얻는다고 가정해보자. 연간으로 환산하면, 월세는 7,200만 원이 된다. 장부를 하지 않는 경우 해당 금액의 14.3%를 비용으로 인정받게 되고 6,100만 원이 소득으로 합산된다. 고액 연봉자에게 최고세율이 적용된다고 할 때 약 46%(주민세 포함)가 적용되고 여기에 무기장 가산세 20%를 적용하게 되면, 약 3,400만 원가량의 소득세(주민세 포함)를 내야 한다.

결과적으로 세금을 내고 나서 발생하는 수입은 한 개당 월 31만 원으로 줄어들게 된다. 여기에 실제 이자비용(한 건물당 약 29만 원)을 차감하면 남는 돈은 거의 없게 된다.

소득이 없는 배우자나 미성년인 손자녀에게 월세가 귀속된다고 가정해보자. 총 월세는 동일하게 7,200만 원일 경우 누진공제의 적용으로 인해 장부를 하지 않을 경우 1,300만 원가량의 소득세를 내야 한다. 고액 연봉자보다는 2천만 원가량 줄어든 세금이다. 세금을 낸 후 한 개당 월세 수입은 49만 5천 원이다. 여기에 실제 이자비용(한 개당 약 29만 원)을 차감하면 한 개당 월 20만 원가량이 남게 된다. 일정 월세 규모 이하인 경우 세무 간섭도 적게 받고, 기장비용도 줄이면서, 최적의 세후 수익율을 올릴 수 있게 된다.

기준금액은 연간 월세 수입이 2,400만 원에 미달해야 한다. 이 경우 장부를 하지 않아도 월세의 약 42%를 비용으로 인정받는다. 여기에 누진공제 등을 적용하면, 한 개당 연간 29만 8천 원 정도의 세금을 부담하게 된다. 이 경우 세후 월세 수입은 약 57만 5천 원이 된다. 여기에 실제 이자비용(한 개당 약 29만 원)을 차감하면 한 개당 월 37만 5천 원가량이 남게 된다.

그런데 이러한 소규모 월세 수입자에 대한 세금 계산 구조는 실

| 표 6-3 | 월세 규모별 세부담 비교 (단위: 원)

구분	고액연봉자	소득 없는 배우자 등 10채 임대	소득 없는 손자녀 등 3채 임대시
연간 월세	72,000,000	72,000,000	21,600,000
소득금액	61,704,000	61,704,000	12,636,000
종합소득세	25,915,680	9,588,960	815,400
무기장가산세	5,183,136	1,917,792	–
주민세포함세부담	34,208,698	12,657,427	896,940
세후 연간 월세	37,791,302	59,342,573	20,703,060
채당 세후 월세	314,928	494,521	575,085

제 부담하게 될 이자의 크기와 상관없이 적용된다. 따라서 조세기 씨가 차입금을 일부 상환한 후에 손자녀에게 증여 또는 매매방식으로 소유권을 이전할 경우 실질적인 임대수익율이 상승하게 된다.

1분 절세 칼럼 ●●● 소득세는 총매출액의 규모에 따라서 필요경비로 인정해주는 비율에 차등을 두고 있다. 기준금액 이하인 경우 실제 비용 지출에 무관하게 높은 필요경비를 인정해주고 있어. 임대 진행시 연간 2,400만 원 이하로 임대료가 발생할 수 있도록 명의자를 분산하는 것이 포인트다. 연간 2,400만 원의 월세를 받으려면, 월 200만 원 이하로 월세 수입이 들어와야 한다. 따라서 조세기 씨는 손자녀당 3개씩 취득 후 증여할 때 최선의 결과를 얻게 된다.

증여세는 나누어내거나
증여받은 재산으로 낼 수 있다

증여세는 세금 납부시 상대적으로 다양한 방법을 선택할 수 있어
현금으로 일시에 납부해야 한다는 부담을 가질 필요가 없다.

조세기 씨는 2채의 주택을 가지고 있는데 '소유한 주택들의 소유권을 분리해놓으면 세금을 절약할 수 있다'라는 내용의 칼럼을 읽은 기억이 있었다. 그래서 1채는 대학생인 자녀의 명의로 돌려놓기로 하고, 법무사 사무실에 의뢰해 소유권 이전 등기를 했다. 하지만 이러한 증여에 대해 증여세를 내야 한다는 사실은 전혀 생각하지 못했고, 대부분의 자산을 부동산투자에 사용한 터라 세금을 낼 만한 충분한 현금도 없었다. 증여세를 자진신고한 후 납부하고는 싶은데, 혹시라도 세금 납부에도 할부 같은 제도는 없는지 세무서에 문의해보았다.

세금은 원칙적으로 금전으로 납부해야 한다. 하지만 상속세와 증여세는 상대적으로 납부금액이 거액일 경우가 많다. 또한 소득 발생 여부와 상관없이 재산의 이전이라는 행위에 대해 과세하기 때문에 세금을 낼 돈이 없는 경우도 있다. 그런데 국가 입장에서 징수의 편의만을 주장해 금전으로 일시에 납부하라고 강요한다면 납세자는

납세를 위해 재산을 침해당해 불합리한 상황에 처할 수 있다. 이러한 이유로 상속세와 증여세는 다른 세목들보다 다양하게 세금 납부 방법을 선택할 수 있다.

세금 납부 방법에는 우선 분납 제도가 있는데, 세금을 2차례에 걸쳐 나누어내는 것을 말한다. 분납은 종합소득세·양도소득세 등 여러 가지 다른 세금을 낼 때도 선택할 수 있는 방법이다. 또한 연부연납이라는 제도도 있다. 이는 일종의 할부와 같은 제도로, 세금을 몇 년간에 걸쳐 수차례로 나누어낼 수 있다. 마지막으로 물납이라는 제도가 있는데 이것은 세금을 금전이 아닌 부동산이나 유가증권 같은 재산으로 대신 내는 방법이다.

분납, 연부연납, 물납은 이럴 때 각각 사용한다

분납은 세금을 2차례로 나누어 납부하는 제도다. 세금이 1천만 원을 넘으면 1천만 원까지는 원칙적인 신고 기한 내에 납부하고, 1천만 원을 넘는 금액에 대해서는 2개월 이내에 따로 납부할 수 있다.

예를 들어 3월 10일 증여해 증여세 납부세액이 1,500만 원인 경우 분납을 선택하면 1천만 원까지는 원칙적인 증여세 납부 기한인 6월 30일까지 납부하고, 나머지 500만 원에 대해서는 그로부터 2개월 이후인 8월 31일까지 납부하면 된다. 만약 납부할 세금이 2천만 원을 넘는다면 최소한 그 세금의 절반 이상은 원칙적인 신고 기한까지 납부하고, 나머지 금액은 2개월 이내에 별도로 납부할 수 있다. 앞의 경우와 동일한 예로 세금만 3천만 원이라면 6월 30일까지 최소한 1,500만 원 이상 납부해야 하고, 나머지 금액은 8월 31일까지 납부하면 된다.

연부연납은 상속세와 증여세의 경우에만 선택할 수 있는 납부 방법이다. 앞서 설명한 대로 상속 또는 증여가 이루어지면 납세 의무가 생긴다. 하지만 상속·증여세는 재산이 현금화되지 않은 상태에서 과세되는 경우가 많다. 따라서 그런 상태에서 상속세를 내려면 부동산을 급하게 팔거나, 세금을 내기 위해 돈을 빌려야 하는 상황이 발생할 수 있다.

이런 상황에 처했을 때 세금을 수년간 나누어 낼 수 있는 제도를 연부연납이라 한다. 납부해야 할 세금이 2천만 원이 넘는 경우 연부연납 신청을 할 수 있으며, 신청과 함께 세무서에 담보를 제공하고 세무서장의 허가를 얻으면 연부연납이 가능하다. 담보제공시 근저당설정비는 공짜다.

연부연납 기간은 연부연납 허가를 받은 날에서 5년 이내로 정할 수 있으며, 가업을 상속받아 상속세를 납부하는 경우에는 2년 거치 후 5년에서 12년까지 연부연납 기간을 정할 수 있다. 한편 연부연납의 기간 선택시 매년 납부하는 세금이 최소 1천만 원을 초과하도록 그 기간을 정해야 한다. 연부연납은 소득없는 자녀 등이 증여를 받을 때 유리하다. 증여의 경우 증여세를 낼 자금도 증여받아서 증여세를 내야 하는데, 수익용 부동산의 경우 월세를 모아서 증여세를 나누어 상환하면 되기 때문에 증여세에 대한 증여문제는 발생하지 않는다.

분납은 세금을 단 2회에 나누어 내고, 그 기간도 2개월로 비교적 짧기 때문에 그에 대한 이자를 내지 않는 일종의 무이자 할부다. 하지만 연부연납은 할부 기간이 긴 대신에 어느 정도의 이자를 내야 하는데, 2019년 현재 연 1.8%의 이자율로 연부연납 가산금을 추가로 납부해야 한다.

물납은 현금이 아닌 부동산 등으로 세금을 대신 납부하는 제도다. 요건은 까다롭다. 우선 납부세액이 2천만 원을 넘고, 상속·증여받은 재산의 절반 이상이 부동산이나 유가증권이어야 한다. 또 상속받은 금융재산이 상속세 납부세액에 미달할 경우에만 신청이 된다.

물납 신청 후 세무서장이 허가하면 물납이 가능하다. 물납은 상속 또는 증여받은 재산으로만 납부할 수 있다. 비상장 주식으로는 물납이 불가능하나 비상장 주식 이외에 상속·증여받은 재산이 없는 등 불가피한 경우에 한해서는 제한적으로 물납할 수 있다.

1분 절세 칼럼 ••• 물납은 상속재산 중에 금전이 없으면 예외적으로 허용된다. 상속세는 부동산과 유가증권의 가액이 해당 상속재산가액의 1/2을 초과해야 물납을 신청할 수 있다. 또한 2016년 이후부터는 일부라도 금전이 상속재산에 포함된 경우 해당 금전으로 전체 상속세를 내지 못할 때만 물납이 가능하다. 따라서 물납을 위해서는 상속 개시 전에 자산을 재구성할 필요가 있다.

상속이 좋을지, 증여가 좋을지
미리 계획을 짜야 한다

상속 개시일부터 10년 이내에 사전증여된 재산은 상속재산에 합산되므로
사전증여는 10년 이상의 장기 계획에 따라 이루어져야 한다.

조세기 씨는 이름난 효자라 아버지에 대한 정성이 극진하다. 하지만 아버지가 많은 재산을 소유하고 있어서, 향후 아버지가 돌아가시면 어느 정도의 상속세를 내야 하는지 벌써부터 걱정이다. 그렇다고 아직 아버지가 살아계신데 상속 이야기를 꺼내는 것도 왠지 커다란 불효를 저지르는 것 같아 알아보지도 못했다. 다른 사람들은 재산을 미리 증여하기도 한다는데, 상속과 증여 중에서 무엇이 더 이익일지 조세기 씨는 내심 궁금하기만 하다.

상속세는 피상속인(돌아가신 분)의 명의로 되어 있는 재산 전체에 대해 세금을 매긴다. 사전에 증여한 재산도 피상속인의 명의는 아니지만, 사망 직전 10년치는 상속재산에 합산된다. 그렇다고 증여가 의미 없는 것은 아니다. 재산평가 방식 및 누진세율 적용 등 활용 방식에 따라서 커다란 절세가 가능하다.

상속세를 절세하려면
누진세율 구조를 활용하자

대부분의 세금이 그렇지만 상속세 역시 10~50%의 초과 누진세율에 의해 과세된다. 초과 누진세율이란 과세표준이 커질수록 높은 세율을 적용하는 제도를 말하는데, 현재 상속세의 세율은 과세표준에 따라 [표 6-3]과 같이 적용한다.

여기에서 나타난 바와 같이 현황 세법의 초과 누진세율 구조에서는 과세표준이 커질수록, 즉 상속재산이 많아질수록 높은 세부담을 지게 된다.

만약 상속재산의 총액이 50억 원인 사람이 사망해서 상속세를 납부해야 하는데, 상속공제는 12억 원만 적용받는다면 과세표준은 38억 원이 된다. 이 경우 과세표준 30억 원을 초과하는 8억 원에 대해서는 50%의 가장 높은 상속세율이 적용되므로 이 8억 원에 해당하는 상속세가 무려 4억 원이나 되는 것이다.

| 표 6-4 | 상속·증여세율

과세표준	세율
1억 원 이하	과세표준의 10%
1억 원 초과 5억 원 이하	1천만 원 + 1억 원 초과 금액의 20%
5억 원 초과 10억 원 이하	9천만 원 + 5억 원 초과 금액의 30%
10억 원 초과 30억 원 이하	2억 4천만 원 + 10억 원 초과 금액의 40%
30억 원 초과	10억 4천만 원 + 30억 원 초과 금액의 50%

다시 말해 상속재산 8억 원을 줄일 수 있다면 상속세 4억 원을 줄일 수 있다는 결론이 나온다. 그렇다면 상속재산은 어떻게 줄여야 할까?

이 경우 합법적으로 이용할 수 있는 가장 좋은 방법이 사전증여다. 증여를 해도 역시 증여세를 내야 하지만 상속세를 줄이기 위해 부담해야 하는 증여세가 상속세 감소액보다 더 작다면 충분히 활용할 만하기 때문이다.

증여세의 세율도 상속세의 세율과 같다. 따라서 상속세율과 동일한 구간에 대해 10~50%의 초과 누진세율로 과세된다. 세율이 같으므로 '상속세나 증여세나 똑같지 않을까'라는 의문이 들 수 있으나, 여기서 활용하는 방법은 '소득의 분산'이다.

똑같이 10억 원의 소득이 있을 때 한 명이 10억 원의 소득을 다 취하는 경우보다 2명이 5억 원씩 소득을 취하면 부담세액 합계가 줄어든다는 절세의 기본 원리에 따른 것이다. 이 사례에서 상속재산 중 8억 원을 자녀에게 사전증여했을 경우 부담해야 하는 증여세는 대략 1억 5천만 원 남짓이다. 하지만 1억 5천여만 원의 증여세를 부담하는 대신 상속재산가액이 38억 원에서 30억 원으로 낮아지면 상속세 4억 원의 절세 효과가 있다.

그렇기 때문에 증여세부담액을 고려하더라도 사전증여를 통해 수억 원의 상속세를 절세하는 기회를 잡을 수 있다. 다만 명심해야 할 사항이 있다. 사전증여 재산의 경우 상속 개시일에서 10년 이내의 것이라면 상속재산에 합산된다는 점이다. 비록 과거의 평가액으로 합산된다는 장점은 있지만 10년 이상의 장기 계획에 따라 진행해야 그 절세 효과가 극대화된다.

1분 절세 칼럼 ●●● 향후의 상속세를 줄이기 위해 사전증여를 고려할 때는 미래에 발생할 상속세액이 대략적으로 어느 정도인지 반드시 먼저 확인해봐야 한다. 상속세는 공제액이 크기 때문에 일정 수준(피상속인의 배우자가 생존하고 있다면 상속재산가액은 최소 10억 원)까지는 세금이 나오지 않는데, 괜히 사전증여를 해서 내지 않아도 될 증여세를 부담할 수도 있기 때문이다.

미리 증여한다고 해서
반드시 유리한 것은 아니다

사전증여를 통해 누진공제 효과와 과표 인하 효과를 누릴 수 있다.
이러한 효과를 제대로 보려면 상속재산이 거액이어야 한다.

조세기 씨는 자녀에 대한 문제라면 만사 제쳐놓을 만큼 그 사랑이 각별하다. 그래서 한 신문에서 '사전증여를 통해 상속세를 줄일 수 있다'라는 기사를 접하고 곧바로 증여할 계획을 세웠다. 자녀들은 자세한 영문은 모르지만 아버지의 뜻이니 따르기로 결정하고, 증여계약서 작성과 함께 증여세 신고와 납부를 마쳤다. 그런데 조세기 씨의 재산을 관리해주던 세무사가 보내준 이메일에 '사전증여는 무조건 이익이 되지는 않으니 반드시 사전에 절세 여부를 확인해야 한다'라는 내용이 있었다. 조세기 씨는 혹시라도 자신이 괜한 일을 해 재산상의 손해가 발생한 것은 아닌지 불안하기만 하다.

'상속세는 피상속인의 재산 전체에 대해 과세하기 때문에 사전증여를 통해 상속재산의 일부를 분리시키면, 비록 사전증여로 인한 증여세를 부담하더라도 그보다 더 큰 상속세를 줄일 수 있다'라는 것이 사전증여의 핵심 요지다.

상속재산이 거액이라면
사전증여는 좋은 절세수단이다

사전증여를 고려할 때 꼭 주의해야 할 부분이 있다. 그것은 바로 상속재산의 규모다. 피상속인의 사망으로 인한 상속인들의 경제적 충격을 고려해 비교적 거액의 상속공제 제도를 두고 있다. 하지만 증여는 자발적으로 행해지는 재산의 무상 이전이기 때문에 공제 부분이 미약하다.

상속의 경우 피상속인의 배우자가 생존해있고 자녀도 있다면 최소한 10억 원의 재산에 대해서는 상속세가 과세되지 않는다. 만약 배우자가 사망하고 자녀만 있을 경우에도 최소한 5억 원의 재산에 대해서는 상속세가 부과되지 않는다.

반면에 증여세는 증여하는 재산에 대해 개별적으로 과세하는데 배우자에게 증여시 6억 원, 자녀에게 증여시 5천만 원(미성년자 자녀는 2천만 원), 기타 친족에게 증여시 1천만 원까지 증여세부담 없이 증여가 가능하다. 다시 말해 자녀에게 증여할 때 증여재산가액이 5천만 원 이상이면 증여세를 부담해야 한다는 의미다.

이렇게 상속세와 증여세 간 공제 기준에 커다란 차이가 있기 때문에 사전증여를 할 때는 예상되는 상속재산의 규모를 반드시 따져 봐야 한다. 무턱대고 사전증여를 하면 낭패를 볼 수 있다.

재산이 10억 원 이하인
경우를 따져보자

예를 들어 아버지의 재산이 10억 원이고, 상속재산을 줄이기 위해 자녀 2명에게 각각 2억 원씩 사전증여를 했다고 가정해보자. 증여시 각각 1,800만 원씩 세금도 부담했다. 그런데 증여 후 2년 만에 아버지가 사망했고, 사망 당시 배우자는 살아있었다.

이 경우 비록 증여를 했지만, 증여 후 10년 이내에 사망했기 때문에 증여재산도 상속재산에 합산된다. 따라서 과세 대상이 되는 금액은 10억 원이 된다. 정상적으로 상속되었다면 10억 원을 상속공제 받아서 전액 비과세되었을 것이다.

상속공제는 실제 상속재산에 대해서만 적용된다. 즉 실제 상속재산이 아니지만 상속세법상 필요에 의해 가산했던 사전증여재산에 대해서는 상속공제를 적용하지 않고 기존의 증여공제만 적용하는 것이다.

결과적으로 상속공제액은 10억 원에서 사전증여재산 4억 원을 차감한 금액인 6억 원을 기준으로 산정된다. 따라서 10억 원과 6억 원 중에 적은 6억 원이 공제 한도가 되고, 여기에 기존의 증여공제 1억 원(1인당 5천만 원씩)을 가산한 7억 원이 증여 후 상속받은 경우의 공제 한도가 된다.

새롭게 산정된 공제 한도를 적용해 상속세를 산정하면 4,500만 원의 상속세가 산정된다. 여기에 기존에 납부한 증여세 3,600만 원을 차감하면 추가로 납부할 상속세는 900만 원이 된다. 즉 가만히 상속을 받았다면 내지 않아도 될 4,500만 원을 사전증여함으로써 부담하게 된 것이다.

1분 절세 칼럼 ●●● 사전증여할 경우 증여 후 10년 이내 상속이 이루어지면 기 증여한 재산을 상속재산에 합산해 상속세를 계산한다. 이때 합산되는 재산가액은 증여 당시의 평가액이다. 부동산의 경우 통상 시간이 흐를수록 가치가 증가하는 바, 사전증여를 통해서 상속재산평가액을 낮추는 효과를 볼 수 있다.

의외의 증여세를
더 내야 하는 상황도 있다

미성년자처럼 증여세를 납부할 능력이 없는 사람에게 증여할 경우
증여세를 납부할 현금이 있는지 감안해 증여해야 한다.

조세기 씨는 얼마 전 '미성년자인 자녀에게 재산을 물려주기 위해 10년 단위로 미리 증여를 하고 증여세를 내면 절세에 도움이 된다'라는 신문기사를 봤다. 아직 초등학교에 다니는 손자에게 임대 수입이 있는 오피스텔 1채를 증여하면서 정당하게 증여 신고를 하고 세금도 납부했기 때문에 마음이 가벼웠다. 또한 '증여한 오피스텔에서 발생하는 임대 수입은 손자의 정당한 소득이 될 수 있겠구나'라는 생각에 뿌듯하기도 했다. 하지만 갑자기 세무서에서 증여세를 추가 고지한다는 통지서를 받았다.

증여를 하면 재산을 증여받은 수증자에게는 증여세 납부 의무가 발생한다. 법으로 정해진 증여세의 납세의무자는 재산을 증여받은 수증자이므로 세금은 반드시 수증자가 납부해야 한다. 하지만 미성년자처럼 소득이 없는 사람에게 증여할 경우에는 '증여세를 과연 누구의 돈으로 낼 것인가'라는 문제가 발생한다.

할아버지가 손자에게 증여하면
증여세가 더 나온다

　미성년자처럼 소득이 없는 사람에게 부동산을 증여하면 증여세와 취득세는 증여자나 그 부모 등이 대신 납부한다. 이렇게 증여에 부대되는 비용을 현금 증여로 보아 증여세를 과세한다. 따라서 납부할 능력이 없는 자녀 등에게 증여시 납부 재원에 대해 누가 증여할 것인지 결정해야 한다. 증여공제를 활용하지 않는 친족 등이 있다면 부동산은 부친이 증여하고, 증여세 등은 삼촌 등이 증여해 전체적인 증여세를 줄일 수 있다.

　상속은 원칙적으로 그다음 세대에게 이루어진다. 할아버지가 사망하면 상속재산은 아버지가 상속받는 것이 원칙이다. 하지만 어차피 아버지가 사망하면 그 아들에게 다시 상속이 발생해 상속세를 또 내야 하므로, 이럴 바에는 손자가 할아버지의 상속재산을 상속받는 것이 낫겠다고 생각할 수 있다.

　상속의 경우처럼 사전증여를 할 때에도 기왕에 아버지를 거쳐 손자에게 갈 재산이라면 할아버지의 재산을 손자에게 사전증여해도 된다고 생각할 수 있다. 물론 이렇게 한 세대를 생략해 두 세대 간의 증여가 이루어져도 법적으로는 전혀 문제가 없다. 하지만 증여세를 좀더 내야 한다. 할아버지의 재산을 곧바로 손자가 상속받거나 사전증여받으면 상속세 또는 증여세를 한 번만 내고 재산을 이전시킬 수 있어서 생략된 세대에 대한 세금조로 내야 할 상속증여세액의 30%를 가산해 세금으로 부과한다. 따라서 할아버지가 자신의 아들에게 증여할 경우 내야 할 세금이 100만 원이라면, 아들이 아닌 손자에게 증여를 하면 그 손자는 동일한 재산을 증여받았는데도 130만 원의 증여세를 부담해야 한다.

신고 기한 내에
신고·납부하지 않으면 증가한다

증여세는 증여를 받은 날(부동산은 증여 등기를 접수한 날)에서 3개월이 되는 달의 말일까지 신고·납부해야 한다. 이 기한 내에 증여세를 신고하면 세금을 10% 할인받는다. 기한 내에 신고를 하지 않으면 이러한 할인 혜택은 없다. 또한 내야 할 세금의 20%를 가산세로 납부해야 한다. 다만 신고 기한 내에 신고했으나 재산을 과소하게 신고한 경우에는 10%의 추가 가산세를 부담해야 한다.

하지만 과소신고 사유가 탈세를 적극적으로 도모하는 등 부당한 사유에 해당한다면 내야 할 세금의 40%라는 높은 가산세를 부과한다. 또한 지연해 세금을 내는 것에 대한 가산세도 있는데, 이 경우 신고 기한이 지난 날부터 매일 납부해야 할 세금의 0.03%씩 연체료가 붙는다.

예를 들어 증여세 100만 원을 내야 하는데, 신고 기한까지 신고만 하고 납부하지 않다가 신고 기한을 5일 경과해 납부한다고 가정해보자. 이 경우에는 원래 내야 할 세금 100만 원에 1,500원의 가산세 (100만 원×0.03%×5일)를 추가로 납부해야 한다. 연 10.95%의 이자가 매일매일 붙는다고 보면 된다.

1분 절세 칼럼 ●●● 증여시에는 검토해야 할 사항이 많다. 조세기 씨처럼 미성년자에게 증여하면 증여세를 누가 부담할지도 생각해볼 필요가 있다. 증여세의 특징상 할아버지가 오피스텔을 증여하고, 증여세부담은 삼촌이 하는 경우 기타친족공제 1천만 원과 별도합산에 따른 누진공제 혜택을 볼 수 있어서 전체적인 증여세부담이 줄어들 수 있다. 자녀에게 재산을 물려줄 때 반드시 부모 혼자서 증여할 필요는 없다는 사실을 기억하자.

부동산의 관점에서 상속은 피상속인의 입장에서는 청산이지만, 상속인의 입장
에서는 새로운 취득이다. 피상속인은 상속이라는 법 절차를 통해서 생전에 보
유했던, 또는 보유한 재산에 대한 마지막 세금을 정산한다. 상속인은 상속받은
부동산을 임대하거나, 처분 또는 개발하는 의사결정을 해야 한다. 피상속인과
상속인 모두 상속세에 대한 대비를 어떻게 하느냐에 따라서 세금과 부동산의
활용도가 달라진다. 상속세는 과거에서는 증여세의 연장이고, 미래로 볼 때는
양도소득세의 출발이다. 그에 대한 대비 역시 관련된 세금을 종합적으로 검토
해 결정해야 한다.

7장

부동산을 상속할 때
꼭 알아야 할
절세 비법

상속세는
부자들만의 세금이 아니다

사망 당일 현재 피상속인이 보유한 재산 전체에 대해 상속세가 매겨진다.
상속세는 '누가 유산을 가져갔느냐'와는 상관없다는 점을 기억하자.

조세기 군은 부친이 갑작스러운 사고로 돌아가시는 바람에 가족과 함께 실의에 빠져 있었다. 장례를 가까스로 치르고 기운을 차려 정상적인 생활로 돌아가야겠다는 결심을 하고 있는데 평소 즐겨보던 경제신문에서 상속세와 관련된 칼럼을 읽게 되었다. 그 글을 보는 순간 갑자기 '아버지가 남기신 유산 때문에 상속세를 내야 하는 것은 아닌가' 하는 걱정이 들기 시작했다. 곧바로 유산을 정리해보니 거주하는 주택과 금융재산을 포함해 거의 10억 원에 가까운 재산을 남기셨음을 확인했다.

상속이 개시되면 피상속인(돌아가신 분)이 남긴 상속재산을 파악하는 절차가 가장 먼저 이루어진다. 이후 재산을 상속인 간에 어떻게 분배할 것인지 고민한다. 상속세와 관련해서는 원칙적으로 분배문제는 그리 중요하지는 않다. 증여세와 달리 누가 가져갔느냐에 상관없이 상속일 현재 피상속인의 실소유 재산 전체에 대해 세금을 과세하기 때문이다.

상속세 과세가액에서 상속공제를 뺀 것이
상속세의 과세표준

상속세를 계산하기 위해서는 먼저 과세 대상이 되는 재산이 결정되어야 한다. 과세 대상은 순수하게 상속받게 되는 재산이며, 사망하신 분의 상속개시일 현재의 재산에서 장례비와 미래에 사망인의 명의로 부과되는 세금 또는 채무 등을 공제해 구하게 된다. 여기에 10년 이내에 증여한 재산을 합하게 되는데, 이는 사전증여를 통해서 상속세의 높은 세율을 피하는 것을 방지하기 위해서다. 이때 사전에 납부한 증여세는 상속세 계산시 공제해준다.

또 사망한 사람이 불입한 보험료, 사망으로 받게 되는 퇴직금도 상속재산에 가산한다. 사망일로부터 2년 이내에 처분한 재산, 인출한 예금, 빌린 돈에 대해서는 그 사용처를 밝혀야 한다. 또한 소비되지 않고 남은 재산 및 사용처를 소명하지 못하고 없어진 돈에 대해서는 비록 사망한 사람의 명의로 되어 있지 않아도 재산에 합산해서 과세한다. 다만 그 금액이 5억 원(1년 이내는 2억 원) 이내인 경우에는 그 사용처를 세무서에 소명하지 않아도 된다.

위와 같이 계산된 상속세 과세가액에서 상속공제를 차감하고 합목적적 사유로 감정평가를 했다면 평가수수료를 추가 공제해서 과세표준을 구하게 된다.

상속공제는 기본으로 다른 조건은 전혀 상관없이 무조건 2억 원을 공제해주는데 이를 기초공제라고 한다. 여기에 배우자가 있는 경

| 표 7-1 | 상속공제 중 기타 인적공제

기타 인적공제		
공제 종류	공제대상자	공제액
자녀 공제	자녀	1인당 5천만 원
미성년자 공제	상속인 또는 상속인이 아닌 동거가족 중 미성년자	19세가 될 때까지 1인당 연간 1천만 원
연로자 공제	상속인 또는 상속인이 아닌 동거가족 중 65세 이상인 사람	1인당 5천만 원
장애인 공제	상속인 또는 상속인이 아닌 동거가족 중 장애인	기대여명까지 1인당 매년 1천만 원

우 가장 큰 공제인 배우자 공제를 적용해주고, 상속인 또는 피상속인의 동거가족이 어떻게 구성되어 있느냐에 따라 기타 인적공제를 추가로 적용한다. 이때 기초공제와 기타인적공제의 합계액이 5억 원을 넘지 않으면 일괄공제를 선택할 수 있는데, 일괄공제를 선택하면 5억 원을 공제받는다.

배우자 공제는 원칙적으로 배우자가 실제로 상속받은 금액을 공제해준다. 다만 배우자의 법정상속분을 한도로 하며, 최대 30억 원을 넘지 못한다. 한편 배우자가 전혀 상속을 받지 않고 모두 자녀가 상속받기로 한 경우에도 배우자 상속공제액은 5억 원을 적용해준다. 상속재산이 거액이고, 상속인의 수가 적은 경우 배우자 공제를 적극 활용한다면 상속세를 크게 줄일 수 있다.

배우자와 자녀를 두고 사망시
최소 10억 원이 공제된다

앞에서 살펴본 바와 같이 배우자 생존시 기본 10억 원의 상속공제를 받을 수 있고, 배우자가 없는 경우에도 5억 원까지는 공제가 된다. 즉 정상적인 경우 상속재산이 10억 원을 넘지 않는다면, 상속공제를 차감하고 과세될 금액이 없으므로 상속세는 전혀 없다.

상속공제액이 위와 같이 정해진 시점은 매우 오래전이다. 과거의 부동산의 가치와 지금 현재의 부동산의 가치를 비교해볼 때, 과거에 아파트 1채 가격이 10억 원을 넘는 경우는 매우 드물었다. 그러나 지금은 소형 아파트도 10억 원을 훌쩍 넘어서는 시대가 되었다. 과거의 상속세가 부자들만의 세금이라면, 현재의 상속세는 집 1채 가진 보통 사람들도 준비해야 할 세금이 되어버렸다.

1분 절세 칼럼 ●●● 상속공제를 잘만 활용하면 다른 세금을 줄일 수 있다. 예를 들어 부친이 토지 한 필지를 남겨두고 사망했는데, 토지의 기준시가가 5억 원이고 시가가 10억 원이라고 해보자. 배우자가 생존하고 있는 경우 10억 원까지는 상속세가 없기 때문에 토지를 시가로 평가해 신고해도 세금은 없다. 향후 상속받은 토지를 양도할 때 그 토지의 취득가액은 10억 원으로 인정된다. 만약 상속세 신고를 하지 않았다면, 상속 당시 토지평가액은 별도 평가가 없었으므로 기준시가로 평가된다. 결국 토지의 취득가액은 5억 원이 되고, 매매가 10억 원과의 차이에 대해서 거액의 양도소득세를 부담하게 된다.

상속세에 영향을 미치는
요인을 파악하자

상속세를 과세할 때는 상속재산의 가액을 평가하는 문제가 매우 중요하며,
원칙적으로 상속재산은 상속 개시 당시의 시세로 평가해야 한다.

3개월 전 큰형님의 사망으로 상속세 신고를 준비하던 조세기 씨는 예금이나 적금 등은 부동산에 비해 상속세부담이 커질 수 있다는 주변의 이야기를 듣고 '형님이 보유하던 예금을 미리 인출해 부동산을 사놓을걸'이라는 생각에 후회가 컸다. 큰형님은 결혼하지 않아 배우자가 없고 자녀도 없다. 부모님이 1순위 상속을 받아야 하지만 연세가 많으시니 상속을 포기하시고, 형제들이 상속을 받자는 의견이 나왔다. 부모님 역시 굳이 큰아들의 유산을 가져갈 필요는 없다고 생각해 형제들이 유산을 상속받기로 했다. 기분 좋게 정리되기는 했는데 식구들끼리 자의적으로 상속재산을 나누면 문제가 되지 않을지 걱정이 많다.

상속세는 상속재산의 규모와 종류, 상속받는 사람이 누구인지에 따라서 큰 차이가 발생하게 된다. 그 이유는 재산의 종류별로 평가 방식에 차이가 있고, 규모별로 세율이 달라지기 때문이다. 또한 누가 상속받느냐에 따라서 동일한 상속재산임에도 불구하고 전혀 상속세가 발생하지 않는 경우도 있다.

금융재산은 부동산에 비해
상대적으로 높게 평가된다

금융재산은 실제 금액 그대로 과세되므로 부동산을 보유하는 것에 비해 상속세 측면에서 불리하다. 예를 들어 5억 원의 예금을 인출해 5억 원짜리 상가를 구입했다고 가정해보자. 만약 예금을 그대로 보유했다면 5억 원에 대해 상속세가 과세된다.

하지만 상가로 전환되어 2년이 경과된 경우 실제 가치와는 무관한 기준시가로 평가되어 과세될 수 있다. 통상 상가 기준시가가 시세의 60%에 못 미치기 때문에 금융재산을 부동산으로 전환하는 경우 상속세 절세가 가능해진다. 물론 똑똑한 상가에 투자해야 시세 하락의 위협에서 벗어날 수 있다.

여하튼 부동산의 상대적 저평가로 인한 금융재산의 불이익을 감안해 금융재산에 대해서는 일정 부분의 추가 공제를 해준다. 공제방식은 [표 7-2]와 같다. 금융재산이 2천만 원이 안될 경우 전부 공제해주고, 10억 원까지는 금융재산의 20%를 공제한다. 10억 원이 넘

| 표 7-2 | 순금융재산가액 규모별 공제액

순금융재산가액(금융재산 − 금융채무)	공제액
2천만 원 이하	순금융재산가액
2천만 원 초과 1억 원 이하	2천만 원
1억 원 초과 10억 원 이하	순금융재산가액×20%
10억 원 초과	2억 원

는 경우 무조건 2억 원만 공제해준다.

다만 금융재산에서 최대 주주가 보유한 주식은 제외한다. 즉 상속재산 중 A기업의 주식이 있고, 피상속인이 A기업의 최대 주주라면 그 주식이 금융재산이더라도 금융재산 상속공제를 적용받지 못한다. 또 금융실명법 위반 금융재산으로, 상속세 신고 기한까지 신고하지 않는 경우에도 금융 재산 공제를 배제한다.

10년 이상 동거한 주택은 추가로 공제한다

금융재산 상속공제 이외에도 피상속인과 상속인이 10년 이상 동거한 주택에 대해서는 동거주택 상속공제를 적용받을 수 있다. 동거한 주택가액(상속주택에 담보된 채무는 공제)의 80%를 공제해주는데, 그 공제액은 5억 원을 한도로 한다.

다만 동거주택 상속공제를 적용받기 위해서는 피상속인과 상속인이 1세대 1주택자여야 하며, 상속인이 무주택자 상태에서 당해 동거주택을 상속받아야 한다. 종전에는 배우자도 인정했으나, 현재는 성년인 자녀가 함께 10년 이상 동거한 경우에만 인정된다. 즉 부모님을 자녀가 모시고 10년 이상 같이 살면 상속세가 줄어든다.

감정평가 수수료도 상속공제 대상이 된다. 상속재산의 시가를 알 수 없는 경우에는 일반적으로는 기준시가로 과세하지만, 상속인이 희망 할 경우 감정평가법인 등에서 감정을 받아 시가로 상속재산을 평가할 수 있다. 부동산을 감정평가한 경우에는 감정평가 수수료를 500만 원 한도로 공제해주며, 비상장 주식을 감정평가받은 경우에는 1천만 원을 한도로 실제 지불한 평가 수수료를 공제해준다.

상속공제는
1순위 상속인에게만 적용된다

상속공제는 별도 한도를 정해두고 있다. 따라서 상속재산이 10억 원이 되지 않아도 공제 한도를 초과할 경우에는 과세되므로 방심하면 안 된다.

- 상속세 과세가액 – 상속인이 아닌 자에게 유증·사인 증여한 재산가액 – 상속인의 상속 포기로 다음 순위의 상속인이 받은 재산가액 – 10년 내 증여한 재산가액(단, 받은 경우 공제 후 금액)
  = 상속공제의 종합 한도

상속인이 아닌 사람에게 유언 등을 통해 상속하거나, 사전에 증여되어 상속재산에 가산된 경우에는 그 재산가액만큼 상속공제 한도가 줄어든다. 또한 선순위 상속인이 상속을 포기해서 그다음 순위의 상속인이 상속받은 재산이 있으면 그 재산가액만큼 상속공제의 한도가 줄어든다.

따라서 조세기 씨의 경우 선순위 상속인인 부모님이 상속을 포기하고, 다음 순위인 형제들이 상속을 받으면 상속재산이 전부 후순위 상속인에게 이전되는 것이므로 상속공제액이 0원이 된다. 만약 부모님이 상속받았다면, 기본공제액 5억 원이 적용되어 그 초과분에 대해서만 상속세가 과세되므로 상속세가 발생하지 않을 수도 있는 상황이다.

1분 절세 칼럼 ●●● 상속공제는 원칙적으로 상속인에게만 적용해준다. 따라서 상속인이 아닌 2차 상속인, 사전 재산 수증자들에게 증여한 재산은 비록 상속세 과세표준에는 포함되어도 공제 한도를 계산할 때는 차감하게 된다. 따라서 상속재산이 그리 많지 않은 경우 사전증여 등을 계획할 때는 이로 인해 기본적인 상속공제를 못 받을 가능성까지 고려해야 한다.

배우자 공제의 법정상속분을
이해해야 절세한다

배우자가 상속받는 재산에 대해서는 배우자 공제가 적용된다.
이때 민법상 법정상속비율과 30억 원 중 적은 금액을 한도로 한다.

조세기 씨의 부친은 절세 세미나를 즐겨듣는다. 힘들게 모은 재산을 세금으로 내기 아까워서 세법에 대한 관심이 많다. 다만 세무 컨설팅에 대한 수수료가 아까워 자문을 받지는 않는다는 단점이 있었다. 결국 반쪽짜리 지식으로 상속 문제를 대비하고 있는데, 그가 얻은 결론은 자녀에게 모든 재산을 넘기는 것이었다. 배우자에게 재산이 갔다가 배우자가 사망해 다시 자녀에게 재산이 넘어가면 이중으로 세금을 내야 한다고 판단한 결과였다. 법적 효력이 있는 유언을 남기지는 않았지만, 평소에 자녀와 배우자에게 본인의 취지를 설명하고 사후에 그리 정리해달라고 신신당부했다.

상속세의 과세표준은 상속재산에서 상속공제를 차감해 계산한다. 기초공제, 기타 인적공제 또는 일괄 공제는 상속 개시와 함께 확정되는 금액이라 볼 수 있으나 배우자 공제는 배우자가 상속재산을 어떻게 분배받느냐에 따라 최소 5억 원에서 최대 30억 원까지 공제 금액이 달라진다.

배우자는 최대 30억 원까지
세금 없이 상속된다

배우자 공제는 원칙적으로 사망한 사람의 배우자가 상속받는 재산을 공제액으로 한다. 비록 피상속인 명의로 된 재산이지만 부부가 공동의 노력으로 이룩한 재산이라고 보아도 크게 틀리지 않기 때문이다. 이러한 관점에서 '배우자가 상속받는 재산에 대해서는 상속세를 과세하지 않겠다'라는 취지다.

또한 상속을 통한 세대 간의 재산 이전에 대해 상속세를 과세한다는 관점에서 본다면 상속재산이 바로 자녀에게 가지 않고 배우자에게 상속되는 경우, 차후 배우자가 사망하면 어차피 자녀에게 상속이 발생하기 때문에 자녀에게 상속되기까지 과세를 유예해준다는 측면도 있다. 이러한 취지에 따라 배우자가 상속받는 재산에 대해 배우자 공제를 적용한다. 다만 이 경우에도 민법상 법정상속비율과 30억 원 중 적은 금액을 한도로 공제받을 수 있다.

예를 들어 상속재산 30억 원 중 15억 원을 배우자가 상속받는 경우로, 상속인에게 자녀 한 명과 배우자가 있다고 하자. 이때 민법상 배우자의 법정상속비율은 60%(1.5÷2.5)이고, 공제 한도는 18억 원(30억 원×60%)이 된다.

즉 15억 원 전액이 한도 내의 금액이므로 공제받을 수 있다. 여기에 일괄 공제 5억 원을 적용하면 기본 20억 원의 상속공제가 적용된다. 따라서 전체 30억 원 중에서 20억 원을 제외한 10억 원을 과세표준으로 보고 세액을 계산한다.

상속재산이 총 100억 원이고 배우자의 법정상속비율이 40%인데 배우자가 35억 원을 상속받은 경우도 살펴보자. 법정상속비율에 의한 한도액 40억 원은 초과하지 않았으나 배우자 상속공제의 최고 한도인 30억 원을 넘는다. 이 경우 30억 원만 배우자 상속공제액이 된다.

배우자의 상속 지분은
자녀의 1.5배다

현행 민법에서는 배우자는 1순위 상속인인 직계비속(아들·딸)과 공동 상속인이 된다. 만약 직계비속이 없는 경우에는 2순위인 직계존속과 공동 상속인이 된다.

상속인의 경우 원래 상속 지분이 동일하다. 다만 배우자의 경우 다른 상속인 대비 50%를 할증 적용해준다. 따라서 자녀 2명과 배우자가 상속받는 경우 각각의 상속 지분은 자녀들이 각각 1만큼, 배우자가 1.5만큼 가지므로 이 경우 배우자의 법정상속비율은 '1.5÷3.5(1+1+1.5)×100'인 약 43%가 된다.

배우자 상속공제는 이러한 민법상 법정상속비율을 한도로 실제 상속받은 금액을 공제해주는 구조다. 따라서 배우자가 실제 상속받은 금액이 5억 원이 되지 않는 경우에는 오히려 배우자 공제액이 줄어들 수가 있다. 이 경우 5억 원과 비교해 더 큰 금액을 공제해준다. 그러므로 사망한 부친의 배우자인 모친이 전혀 상속받지 않아도 상속공제는 배우자 공제 5억 원과 기본공제 5억 원을 합계해 10억 원의 공제를 결국 적용받게 된다. 따라서 상속재산이 10억 원 정도라고 하면, 모친의 상속 없이 자녀만 상속재산을 분배받아도 상속세는 없다.

반대로 상속재산은 30억 원인데 전액 배우자가 상속받는 사례를 보자. 자녀가 없는 경우의 배우자 상속공제액은 법정상속지분 100%와 실제 상속받은 금액 중 적은 금액이다. 법정상속지분이 100%이므로 30억 원이 법정지분이며, 배우자가 전액 상속받기 때문에 배우자 상속공제액은 30억 원이 된다. 즉 30억 원의 상속재산에 대해서 전혀 상속세를 내지 않아도 되는 것이다.

1분 절세 칼럼 ●●● 배우자 공제는 일반적으로 활용할 수 있는 상속공제액 중 가장 크다. 다만 현실적으로 배우자에 대한 기본공제액 5억 원보다 더 많은 공제를 받기 위해서는 4인 가족 기준으로는 15억 원, 5인 가족 기준으로는 20억 원은 넘어야 5억 원을 초과하는 배우자 공제액이 나온다. 즉 고액자산가일수록, 또 자녀가 적을수록 공제 혜택을 더 받을 수 있다. 심지어 자녀가 없는 경우라면 상속재산 30억 원까지 상속세 없이 상속 가능하게 된다.

증여하고 10년 이내에 사망하면
세금을 다시 계산한다

상당한 재산을 소유하고 있는 고액자산가가 사전증여를 하고자 할 때는
10년을 내다본 후에 미리 계획하고 실행해야 한다.

상당한 재산을 소유하고 있는 조세기 씨는 자신이 사망하고 나서 남겨진 유족들이
거액의 상속세를 낼 수 있을지 걱정이다. 차라리 상속을 하느니 미리 증여를 해 생활
기반이나 마련해주는 것으로 결정하고, 장기증여플랜에 돌입했다. 혹시 미리 알고 진
행하면 좋은 정보가 없는지 세무사에게 자문을 구하는 중이다.

상속이 발생해 상속세를 계산할 경우 사망 당시 피상속인 명의의
재산을 기준으로 과세한다. 다만 상속 개시일에서 역산해 10년 이내
에 상속인에게 증여한 재산이 있거나, 5년 이내에 상속인이 아닌 사
람에게 증여한 재산이 있는 경우에는 비록 피상속인의 소유재산은
아니지만, 상속재산에 합산해 과세한다. 단, 수증자들이 이미 납부
한 증여세는 선납한 상속세이기 때문에 상속세에서 빠진다.

　이는 생전증여를 통해 상속세의 누진세를 회피하지 못하도록 만
든 제도다. 역으로 증여 후 10년(또는 5년)이 경과하면 상속재산에

합산되지 않기 때문에 사전증여를 통해서 최저 1천만 원에서 최고 4억 6천만 원의 혜택을 본다.

10년 이내에 증여한 재산은 상속재산가액에 포함된다

증여의 경우도 10년을 단위로 합산하게 되고, 사전증여 후 상속되는 경우도 10년을 단위로 합산하게 된다. 합산의 이유가 누진공제를 이 중으로 적용받지 못하게 하기 위함이라면, 10년을 단위로 증여가 이루어지도록 계획하는 것도 절세를 위한 한 방법이라고 할 수 있다.

비록 10년 이내에 사망하는 경우에도 사전증여는 의미를 갖는다. 사전증여 후 10년이 지나기 전에 사망하면 사전증여재산이 상속재 산에 포함된다. 그러나 만약 그 가치가 시간이 지나면서 계속 상승 하는 재산이라면 사전증여는 절세의 좋은 수단이 될 수 있다. 사전 증여재산을 상속재산으로 포함할 때 그 재산의 가치는 상속 당시가 아닌 증여 당시의 가액을 기준으로 하기 때문이다.

결국 현재 5억 원인 재산이 5년 후 10억 원이 될 것이라 예상해 사전증여를 한 다음 5년 후에 사망한다고 가정하자. 이 경우 증여한 재산이 사전증여 여부와 상관없이 상속재산에 포함된다는 점은 동 일하다. 하지만 사전증여를 하지 않았다면 상속 개시 당시의 가액인 10억 원으로 평가되어 상속세가 과세된다. 사전증여를 한 경우에는 증여 당시의 가액인 5억 원으로 평가되어 합산된다. 결국 증여 시기와 상속 개시일 간의 평가차액만큼 상속세 과세표준의 규모가 줄어드는 효과가 발생한다.

특히 며느리나 사위에게 증여하는 경우에는 5년만 지나도 상속재산에 합산되지 않는다. 따라서 자녀의 배우자에게 증여하는 것도 사전 증여를 통해 상속재산의 규모를 줄이는 좋은 방법이 될 수 있다.

1분 절세 칼럼 ●●● 비록 사전증여 후 10년(또는 5년) 이내에 상속이 발생할지도 모르는 상황이라도 사전증여를 고려하는 대상 재산의 가치가 시간이 지나면서 지속적으로 상승할 것으로 예상되면 사전증여는 상속세 절세의 좋은 수단이 될 수 있다. 다만 전체적인 상속재산의 합계가 10억 원 이하인 경우에는 사전증여로 인해 자칫 상속공제 혜택을 놓칠 수 있으므로 유의해야 한다.

추정 상속재산을 모르고
재산을 숨기면 오히려 더 위험하다

세법에서는 상속세 과세표준을 줄여 상속세를 탈루하는 것을 막기 위해
일정한 재산은 상속재산으로 추정하는 규정을 두고 있다.

조세기 씨는 아버지가 오랫동안 병환으로 누워계셔서 조만간 돌아가실 것에 대비해 상속 계획을 세워야겠다고 생각했다. 부친이 상당액의 부동산을 보유하고 있기 때문에 상속세부담이 클 것으로 예상한 조세기 씨는 상속세를 한 푼이라도 줄이고 싶은 마음이 더욱 간절하다. 마침 친구인 세무사가 "아버지 소유의 재산을 미리 처분해 현금으로 받는 것은 어떤가"라는 조언을 해주어 실행 여부를 신중히 검토중이다.

상속세는 사망할 당시 본인 명의의 부동산뿐만 아니라, 받을 것으로 확정된 재산 전체가 과세 대상이다. 따라서 피상속인의 사망으로 지급되는 퇴직금이나 피상속인이 보유하고 있는 신탁재산 역시 상속재산에 포함한다. 피상속인의 사망으로 지급받게 되는 생명보험과 손해보험의 보험금 역시 사망한 사람이 보험료를 실부담했다면 상속재산에 포함된다.

사망 직전에 은행에서
현금인출을 하면?

상속세 과세 대상은 상속이 발생할 당시 피상속인이 보유하고 있는 재산이다. 원칙적으로 현금도 상속재산에는 포함되나 실무상 현금까지 일일이 밝혀내기에는 어렵다. 이런 점 때문에 상속세를 줄이기 위해 피상속인의 사망 직전에 피상속인 소유의 부동산을 처분해 그 처분대금을 현금으로 숨기거나, 피상속인의 예금통장에서 현금을 인출하려는 시도를 했었다. 부동산 담보대출을 받아서 현금으로 인출하는 것도 같은 맥락이다.

부동산을 매각한 금액을 현금으로 가지고 있을 경우 가택을 압수수색하지 않으면 그 현금을 세무서에서 찾아내기가 사실상 불가능하다. 이러한 탈세를 방지하기 위해서 상속 개시 전에 재산을 처분하거나 예금을 인출하는 경우에는 그 사용처를 객관적으로 입증하지 못할 때 용도가 불분명한 금액에 대해서 상속재산으로 추정한다.

사용처를 밝혀야 하는 대상은 재산 종류별로 판단한다. 재산의 종류는 '현금·예금·유가증권', '부동산 및 부동산에 관한 권리', '그 외 기타의 재산'으로 나눈다. 해당 재산이 상속 개시일 전 1년간 2억 원 이상 또는 상속 개시일 전 2년간 5억 원 이상 인출되거나 처분된 경우에 해당 자금의 사용처를 입증할 책임을 상속인이 지게 된다.

예를 들어 사망 직전에 주식을 1억 5천만 원에 처분하고, 은행에서 인출한 돈이 6천만 원, 부동산 처분이 1억 8천만 원이라고 해보

자. 주식과 현금인출이 하나의 재산이 되어 2억 원이 초과되었으므로 소명 대상이 된다. 부동산의 경우 해당 재산처분가액이 2억 원이 되지 않으므로 사용처 소명 대상에서 제외된다.

소명 못하는 금액 전체가 과세 대상은 아니다

예를 들어 피상속인이 사망하기 6개월 전에 10억 원의 부동산을 처분했고, 처분한 매매대금 중 금융재산의 형태로 남은 6억 원을 상속재산으로 가산했다고 가정해보자.

우선 상속 개시 1년 전에 처분한 재산이 2억 원을 넘기 때문에 상속인들은 그 사용처에 대해 소명할 의무가 발생한다. 만약 그 처분재산가액이 2억 원을 넘지 않았다면 과세관청에서 그 사용처를 밝혀 증여세 등을 추가로 부과한다. 그런데 2억 원이 넘었기 때문에 소명에 대한 책임이 납세자인 상속인에게 넘어오게 된 것이다.

하지만 10억 원 전체에 대해서 사용처를 소명하기는 쉬운 일이 아니다. 고인이 현금을 어떻게 사용했는지 일일이 지켜보고 메모해놓을 수도 없기 때문이다. 그래서 소명하지 못한 금액이 매매대금 등의 20%(단, '처분재산 등의 가액이 10억 원을 초과시 2억 원' 이하 동일)에 미달하는 경우 별도로 과세하지 않는다. 20%를 초과하는 경우에도 20%까지는 과세하지 않는다. 조세기 씨 사례의 경우 10억 원의

20%인 2억 원을 제외한 8억 원까지만 소명하면 된다. 10억 원이 넘는 경우 해당 금액의 20%가 아닌 2억 원까지만 과세하지 않는다.

즉 가액의 20%(10억 원 초과시 2억 원)까지는 상속재산에 합산하지 않는다는 의미다. 만약 10억 원 중에서 금융재산으로 남아있는 6억 원만 소명된 경우라면 4억 원이 소명 불가한 금액이 되고, 이 금액에서 2억 원을 차감한 2억 원에 대해서만 용도 불명 금액으로 상속재산에 가산한다.

1분 절세 칼럼 ●●● 최근 자산관리 상담을 받아 사망 전에 피상속인의 현금을 고의로 인출하는 사례가 늘어나고 있다. "통상 2억 원까지는 괜찮다"라는 말에 2억 원을 인출하고 그 사용처를 모른다고 소명하는데, 소명이 세금의 보호막이 되지는 않음을 유의해야 한다. 그 사용처는 수표 및 계좌추적을 통해 밝혀지게 되고, 현금으로 인출되는 경우에도 상속인의 계좌조회를 통해서 자금출처조사를 병행하기 때문에 쉽사리 결정할 문제는 아니다.

상속이 임박했다면
부동산 처분 시기를 주의하라

상속개시일에 임박해 부동산을 처분하면
그 부동산의 실제 거래가액이 재산평가액으로 된다.

조세기 씨는 상속세를 줄이기 위해 '부친이 소유한 부동산을 팔아서 현금으로 보유하는 것이 어떨까' 생각하고 있다. 현금으로 보유하면 세무서에서 모를 것이라고 생각했기 때문이다. 이후 세월이 흘러 상속을 대비해야 하는 상황이 되었다. 조세기 씨는 부친 사망 전에 부친 소유의 부동산을 처분했고, 처분자금을 본인의 통장에 입금해놓았다. 상속세가 많이 나와도 아직 부친 소유의 부동산이 꽤 있어 상속세를 낼 때 큰 문제가 없을 거라고 생각하고 있다.

상속세는 사망 당일 현재 피상속인이 소유한 재산을 파악해 그 재산가액에 대해 과세한다. 그러므로 그 재산이 얼마의 가치가 있는지, 즉 시가를 정확히 알아야 상속세를 계산할 수 있다. 하지만 재산의 시가를 안다는 것은 쉽지 않다. 양도소득세처럼 재산을 매각할 때 과세가 이루어지는 경우 그 매각한 금액을 시가로 보면 되지만, 상속의 경우 재산 매각 등의 실제 거래가 발생하지 않기 때문이다.

대부분의 부동산은
기준시가로 평가해 상속세가 과세된다

아파트는 정확하지는 않더라도 어느 정도 객관적인 시세가 형성되어 있고, 국토교통부 실거래가 공개시스템(rt.molit.go.kr)을 통해 같은 단지의 비슷한 평형이 최근 어느 정도의 가격으로 거래되었는지 가늠해볼 수도 있다.

하지만 단독주택, 토지 등과 같은 대부분의 부동산은 객관적인 시세를 파악하기가 상당히 어렵다. 비록 해당 시스템에서 인근의 거래 사례를 제공하고 있을지라도 아파트처럼 비교 가능한 물건을 찾는 것은 매우 어렵다. 따라서 단독주택 등에 대해서는 통상 '보충적 평가가액'으로 재산을 평가해서 상속세를 신고한다.

상속개시일 전후
6개월 이내에 매매할 경우

시가라고 하는 것은 제3자 간의 거래에서도 통상적으로 받아들여질 수 있는 가격을 말한다. 그렇기 때문에 객관적이고 누구라도 쉽게 확인할 수 있어야 한다. 상속세의 경우 상속개시일 전후 6개월 이내에 발생되는 4가지의 유형(매매, 수용, 경·공매, 감정가액)에 대해 이를 시가로 보아 재산평가액으로 삼고 있다.

가장 대표적인 것이 매매다. 예를 들어 상속개시일이 7월 1일이라고 할 때 상속개시일 전후 6개월에 해당하는 기간은 상속개시일이 속하는 해의 1월 1일부터 다음해 1월 1일까지라고 할 수 있다. 이 기간 내에 당해 상속재산이 매수 또는 매도되었다면 그 거래가액이 시가가 된다. 또한 당해 상속재산과 동종 유사한 부동산이 해당 기간 내에 거래된 경우에도 그 거래 사례가액을 시가로 보아 재산을 평가한다.

이와 동일한 논리로 상속개시일 전후 6개월 동안 그 재산 또는 동종 유사한 재산이 수용이나 경매·공매된 경우, 또는 둘 이상의 감정평가법인으로부터 감정평가되어 감정가액이 있는 경우 그 가격을 시가로 보아 재산을 평가한다. 따라서 상속이 개시되고 6개월 이내에 대출 등을 이유로 재산을 감정평가한다면 그 감정가액이 상속재산의 평가액이 될 수도 있다. 결국 기준시가로 신고할 수 있었던 자산을 감정평가액인 시가를 기준으로 신고해야 하므로 예상치 못한 상속세를 더 부담하는 꼴이 된다.

사례의 경우 보유한 부동산을 처분해 상속세를 낼 때 해당 부동산이 상가인 경우 상속재산의 평가는 기준시가로 신고할 수 있다. 그런데 상가를 상속 개시 전 6개월 이내에 처분해 실거래 매매가가 확인되는 순간 기준시가는 무시된다. 비록 기준시가로 신고했다고 하더라도 실거래가액과의 차이에 대해서 추가적인 상속세가 과세된다.

2019년부터 시가로 인정하는 기간이 대폭 늘어난다. 상속의 경우 상속일이 속하는 달부터 15개월 이내에 거래 사례, 감정평가 등이 있는 경우 그 금액을 시가로 본다. 따라서 상속세를 신고한 이후에 발생한 사례로 인해 추가로 세금을 내야 하는 경우가 생긴다. 증여의 경우는 그 기간이 증여일이 속하는 달부터 9개월까지로 연장되므로 특별한 주의를 요한다.

기준시가로 평가시 양도소득세는 늘어난다

기준시가로 재산을 평가하는 것이 유리한 경우는 향후 해당 부동산을 처분할 때 비과세 또는 감면받는 부동산일 때다. 예를 들어 단독주택의 경우 상속 개시 후 2년이 경과하고 양도 당시 1주택에 해당할 경우 양도소득세를 비과세받을 수 있다. 따라서 굳이 상속세를 물면서까지 취득가액을 올리는 작업을 할 필요가 없다.

반대로 현시세로 상속받는 것이 유리한 경우를 살펴보자. 상속개시 후 단기간 내에 처분할 계획인 부동산의 경우에는 시가로 상속재산을 평가하는 것이 유리할 수 있다. 특히 중과세를 적용받는 부동산이라면 기준시가로 상속재산을 평가할 경우에는 취득가액이 시가에 비해 현저히 낮게 평가되어 거액의 양도차익이 발생하고, 결국 거액의 양도소득세부담이 발생한다.

또한 상속공제 범위 내에 있어 재산이 높게 평가되어도 상속세를 내지 않는 경우, 또 상속세를 내도 적용되는 세율이 적용될 양도소득세율보다 현저히 저렴한 경우에는 적극적으로 시가를 확인해 상속재산을 평가할 필요가 있다.

1분 절세 칼럼 ●●● 만약 부동산을 처분해 상속세를 낼 요량이라면, 평가방법을 어떻게 할지 고민해야 한다. 실제 시세로 신고시 양도소득세는 0원이지만 상속세는 많이 나올 것이고, 기준시가로 신고시 상속세는 적지만 양도소득세는 많이 나올 것이기 때문이다. 부동산의 평가는 기준시가로 해서 신고하고, 이를 처분하는 것보다는 대출 등을 활용해 세금을 내는 것이 합리적이다. 물론 대출 목적의 감정평가시 시가로 적용되지 않도록 유의해야 한다.

상속세와 보험은
떨어질 수 없는 찰떡궁합이다

보험을 계약할 때 계약자 명의만 형식적으로 상속인으로 해놓고,
실제로는 피상속인이 보험료를 부담했다면 이는 상속재산에 합산된다.

조세기 씨는 우연히 안내받은 세금 설명회에 참가했다가 상속세와 증여세에 대한 설명을 들었다. 부동산이 많으면 나중에 상속이 발생할 때 큰 문제가 될 수도 있겠다는 생각을 했다. 그래도 아직까지는 부동산이 투자 매력이 있다고 생각해 부동산 위주로 투자자산을 구성했고, 다행히 지금까지는 투자 결과가 좋았다. 그런데 나중에 상속세를 낼 만한 현금이 없다는 큰 문제점을 깨달았다. 그렇다고 지금 부동산을 처분하기에는 이래저래 어려움이 많고, 부동산투자를 접기에도 아쉬움이 남아 상속세 납부를 위한 자금을 마련하고자 어떤 대책을 강구해야 할지 고민이 많다.

상속이 개시되어 상속세를 신고·납부하는 경우 일반적으로 세금은 현금으로 일시에 납부해야 하며, 상속세 또한 예외가 아니다. 하지만 상속세는 일반적으로 거액인 경우가 많고, 이를 징수의 편의만을 위해 일시에 현금으로 납부하라고 강요한다면 상속인의 상황이 어려워질 수도 있다.

따라서 2개월 이내에 절반 정도를 나누어 낼 수 있는 분납 제도와

함께 5년(가업상속의 경우 15년까지 가능)에 걸쳐 상속세를 나누어 낼 수 있는 연부연납 제도를 두고 있다. 또한 일정한 요건을 갖춘 경우 상속세를 상속받은 재산으로 낼 수 있는 물납제도도 함께 두고 있다. 그러나 이것이 거액의 상속세에 대한 완벽한 대안이 될 수는 없다는 것을 알아야 한다.

상속세 납부계획을
꼼꼼히 세우자

일반적으로 세금을 줄이기 위한 절세 대책도 중요하지만, 상속세는 그 금액이 거액일 수 있다는 특성이 있다. 따라서 상속세 납부를 위한 계획 역시 매우 중요한 절세 대책의 일부분이 된다. 연부연납과 물납의 선택을 배제한다면 결국 선택할 수 있는 대안은 일시의 현금 납부뿐인데, 부동산이 재산의 대부분을 차지하는 고액자산가의 경우 상속세 납부재원이 부족해 곤란에 처할 수 있다.

물론 보유한 부동산을 처분하는 것을 생각해볼 수 있으나 급하게 처분할수록 가격은 떨어질 수밖에 없고, 호재가 없는 부동산은 시장성이 없기 때문에 급매로 처분하고 싶어도 못하는 경우가 비일비재하다. 또한 상속 개시일 전후 6개월 이내의 매매는 상속재산의 과세표준에도 영향을 미치기 때문에 신중하게 선택해야 한다.

이러한 여러 가지 문제를 발생시키지 않으면서 안정적으로 상속

| 표 7-3 | 보험 계약자와 수익자에 따른 상속세 과세 여부

계약자	피보험자	수익자	상속세 과세 여부
본인(피상속인)	본인(피상속인)	배우자·자녀	사망보험금에 대해 상속세를 과세함
배우자·자녀	본인(피상속인)	배우자·자녀	사망보험금에 대해 상속세를 과세하지 않음

세 납부를 위한 재원을 마련할 방법은 종신보험을 활용하는 것이다. 종신보험의 피보험자를 피상속인으로 계약할 경우 피상속인 사망 시 거액의 사망보험금을 수령할 수 있기 때문이다.

이 경우 수익자는 상속인(배우자 또는 자녀 등)이 될 것이며, 계약자가 피상속인 자신이 된다. 단, 계약자가 피상속인이고 보험료를 실부담하기 때문에 보험금도 상속재산에 포함된다. 이는 물론 상속세를 증가시키는 요인이 되기는 하나 어차피 보험계약 기간에 불입한 보험료만큼 상속재산의 감소가 있었고, 보험금에 대해서는 금융재산 상속공제의 혜택도 볼 수 있다는 장점도 있다. 보험금이라는 현금을 상속개시시점에 확보하게 되므로 상속세를 내기 위해서 재산을 처분해야 한다거나 연부연납 또는 물납을 선택해야 하는 상황보다는 훨씬 매력적인 대안이 될 수 있다.

보험계약의 피보험자와 수익자에는 변화가 없으나 예정 상속인(배우자 또는 자녀 등)이 보험료를 불입할 충분한 경제적 능력이 있는 경우에는 계약자를 배우자 또는 자녀로 해 보험을 계약하는 방안을 모색해야 한다. 이 경우 보험료를 낸 사람과 보험을 타는 수익자가 동일하기 때문에 원인은 비록 피보험자의 사망으로 타는 것이지만 자기 돈을 자기가 받아가는 결과와 다를 바 없다. 따라서 상속재산에 합산되지 않으며, 증여의 문제도 발생하지 않는다. 물론 계약자의 명의만 형식적으로 상속인으로 해놓고, 실제로는 피상속인이 보험료를 부담했다면 해당 부분은 상속재산에 합산되어 과세된다.

▍1분 절세 칼럼 ●●● 보험의 경우 계약자와 수익자가 동일인인지 여부에 따라 상속재산에 포함되는지가 결정된다. 즉 돈을 낸 사람을 보험금을 타는 사람과 동일인으로 만들어주는 사전작업이 필요한 것이다. 미성년 자녀에게 수익용 부동산을 증여해 월세로 보험료를 납부하도록 한다면, 상속세의 재원도 마련하면서 자녀가 성년이 될 때까지 안정적으로 운용할 수 있는 투자수단이 된다.

6개의 이슈로 경제의 핵심을 이해한다!

경제를 모르는 그대에게

박병률 지음 | 값 15,000원

인구가 줄어들면, 정부가 곳간을 풀면, 부동산시장은, 가상통화는, 삼성전자는, 중국은 어떻게 될까? 베테랑 경제부 기자가 콕 짚어주는 6개의 경제 이슈로 한국경제의 미래를 전망한다. 각 키워드를 중심으로 '흥한다'는 의견과 '망한다'는 의견을 함께 소개한다. 경제에는 변수가 많기 때문에 저자가 본인의 주장만을 일방적으로 늘어놓고 정답이라고 주장하는 경제서적은 위험하다. 이 책이 돋보이는 이유도 거기에 있다.

다가올 3년, 아직 부동산 투자 기회는 남아있다

혼돈의 부동산시장, 그래도 기회는 있다

김인만 지음 | 값 16,000원

부동산시장의 흐름을 읽을 수 있는 노하우, 그리고 부동산 투자자라면 꼭 알아야 필수지식과 투자전략을 한 권에 담은 책이 나왔다. 이 책은 현재 부동산시장의 정확한 진단, 과거부터 현재까지의 부동산 정책 흐름, 인구변화, 입주물량, 금리인상 등 부동산가격에 영향을 주는 여러 요인들을 팩트로 분석해 최대한 정확한 예측을 할 수 있도록 안내하는 책이라고 할 수 있다.

지하 단칸방에서 시작해 어떻게 반포 아파트 2채를 소유하게 됐을까?

반지하에서 반포 아파트 입성하기

이재국 지음 | 값 16,000원

신혼을 지하 단칸방에서 보낸 저자가 어떻게 반포 아파트 2채를 소유하게 됐는지 생생한 경험과 투자 노하우를 담은 책이다. 저자는 오랫동안 건축과 부동산 분야에 몸담으면서 내집 마련을 위한 고민과 성공적인 투자 방법을 항상 생각하며 활동해왔다. 이 책에는 성공한 이야기뿐만 아니라 실패한 이야기까지 가감 없이 담겨있다. 따라서 다양한 사례를 통해 자신의 투자 성향을 되돌아보고, 재테크 방향을 올바로 잡을 수 있을 것이다.

다가올 3년, 부동산 상승장은 계속된다!

2019~2021 부동산의 미래

김혜경 | 값 16,000원

다가올 3년, 부동산시장을 어떻게 해석해 성공적인 투자 타이밍을 잡을 것인지, 리스크에는 어떻게 대비할 것인지 알려주는 부동산 예측서가 나왔다. 미래 시장의 흐름과 가치 분석, 개발요인의 효과를 통해 성공적인 투자 모델을 어떻게 만들 것인가에 중점을 두고, 부동산시장 흐름 분석을 통해 투자 방향을 명쾌하게 제시한다. 투자 전문가이자 '부동산 멘토스쿨'의 대표로서 활동하며 터득한 노하우와 미래 예측을 위한 지침을 고스란히 담았다.

1인 디벨로퍼로 3년 안에 건물주 되기
나는 2천만 원으로 시작해 20억 건물주가 되었다
김동철 지음 | 값 16,000원

종잣돈 2천만 원으로 시작해 도심의 20억짜리 건물을 가지게 된 저자의 소중한 경험과 노하우를 이 한 권의 책에 모두 담았다. 공·경매를 통해 도심의 자투리땅에 있는 단독주택을 시세보다 싸게 낙찰 받고 이를 직접 용도에 맞게 기획해 신축함으로써 투자비용은 최소화하고 수익을 극대화하는 '건물주 되기 노하우'를 공개한다. 돈도, 경제지식도, 부자 마인드도 없던 평범한 남자가 20억 건물주가 되기까지의 과정을 생생하게 소개한다.

모든 재산굴리기의 기본은 금리다
금리지식이 이렇게 쓸모 있을 줄이야
장태민 지음 | 값 16,000원

이 책은 투자와 재테크에 관심이 많지만 금리지식이 부족한 일반인들에게 도움이 되기 위해 쓰여졌다. 지금은 금리에 대한 이해도를 높여야 다른 투자도 효율적으로 할 수 있는 시대다. 주식시장, 채권시장, 외환시장 모두 금리의 영향을 받는다. 그렇기에 엉뚱한 투자로 돈을 날리고 싶지 않다면 반드시 금리를 알아야 한다. 이 책을 통해 금리지식을 쌓고 주식, 부동산 등의 가격 상황을 비교하는 연습을 해보자.

우리 가족의 안정된 삶을 위한 진짜 공부
엄마를 위한 심플한 경제 공부, 돈 공부
박지수 지음 | 값 15,000원

반복되는 금융 위기와 저성장 속에서 살아남으려면 가계의 중심이 되는 엄마가 최소한의 경제와 돈은 알아야 한다. 이 책은 '몰라서, 바빠서' 등의 이유로 돈에 대한 스위치가 꺼져있는 엄마들을 위해 심플하게 본질과 핵심만 소개한다. 이 책을 통해 경제를 읽고 내 재무제표에 따라 자산 계획을 실천해가며 기초 체력을 키우다보면 엄마인 당신이 가정경제의 꽃을 활짝 피울 수 있을 것이다.

경제 공부, 하루 30분이면 충분하다
매일 경제 공부
곽수종 지음 | 값 18,000원

경제를 공부하고 싶지만 막막하게 느껴져 쉽게 접근하지 못한 일반인들에게 이 책은 든든한 지도이자 나침반이 될 것이다. 경제 변화의 주기가 빨라지고 있는 요즘, 이 책에 담긴 개념들을 머릿속에 잘 넣어둔다면 경제 지식의 기반을 튼튼히 만들고, 나아가 자신의 경쟁력을 더욱 키울 수 있을 것이다. 경제 용어 자체가 어렵고 난해해 그간 경제에 쉽게 접근하지 못했던 독자들에게 사이다 같은 책이다.

■ **독자 여러분의 소중한 원고를 기다립니다** ─────────────────

메이트북스는 독자 여러분의 소중한 원고를 기다리고 있습니다. 집필을 끝냈거나 집필중인 원고가 있으신 분은 khg0109@hanmail.net으로 원고의 간단한 기획의도와 개요, 연락처 등과 함께 보내주시면 최대한 빨리 검토한 후에 연락드리겠습니다. 머뭇거리지 마시고 언제라도 메이트북스의 문을 두드리시면 반갑게 맞이하겠습니다.

■ **메이트북스 SNS는 보물창고입니다** ─────────────────

메이트북스 홈페이지 www.matebooks.co.kr

책에 대한 칼럼 및 신간정보, 베스트셀러 및 스테디셀러 정보뿐만 아니라 저자의 인터뷰 및 책 소개 동영상을 보실 수 있습니다.

메이트북스 유튜브 bit.ly/2qXrcUb

활발하게 업로드되는 저자의 인터뷰, 책 소개 동영상을 통해 책에서는 접할 수 없었던 입체적인 정보들을 경험하실 수 있습니다.

메이트북스 블로그 blog.naver.com/1n1media

1분 전문가 칼럼, 화제의 책, 화제의 동영상 등 독자 여러분을 위해 다양한 콘텐츠를 매일 올리고 있습니다.

메이트북스 네이버 포스트 post.naver.com/1n1media

도서 내용을 재구성해 만든 블로그형, 카드뉴스형 포스트를 통해 유익하고 통찰력 있는 정보들을 경험하실 수 있습니다.

메이트북스 인스타그램 instagram.com/matebooks2

신간정보와 책 내용을 재구성한 카드뉴스, 동영상이 가득합니다. 각종 도서 이벤트들을 진행하니 많은 참여 바랍니다.

메이트북스 페이스북 facebook.com/matebooks

신간정보와 책 내용을 재구성한 카드뉴스, 동영상이 가득합니다. 팔로우를 하시면 편하게 글들을 받으실 수 있습니다.

STEP 1. 네이버 검색창 옆의 카메라 모양 아이콘을 누르세요.　STEP 2. 스마트렌즈를 통해 각 QR코드를 스캔하시면 됩니다.
STEP 3. 팝업창을 누르시면 메이트북스의 SNS가 나옵니다.